示范校重点专业建设成果教材
职业教育技能型实用人才培养系列规划教材

CHENGSHI GONGJIAO CHELIANG WEIHU

城市公交车辆维护

主　编　张　睿

副主编　刘永平　赵甲进　何　川

西南交通大学出版社
·成　都·

图书在版编目（CIP）数据

城市公交车辆维护 / 张睿主编. —成都：西南交通大学出版社，2018.10

示范校重点专业建设成果教材　职业教育技能型实用人才培养系列规划教材

ISBN 978-7-5643-6578-3

Ⅰ. ①城… Ⅱ. ①张… Ⅲ. ①公交车辆－车辆检修－职业教育－教材 Ⅳ. ①U469.13

中国版本图书馆 CIP 数据核字（2018）第 250906 号

示范校重点专业建设成果教材
职业教育技能型实用人才培养系列规划教材

城市公交车辆维护

主编　张　睿

责任编辑　罗在伟
封面设计　何东琳设计工作室

出版发行　西南交通大学出版社
（四川省成都市二环路北一段 111 号
西南交通大学创新大厦 21 楼）
邮政编码　610031
发行部电话　028-87600564　028-87600533
网址　http://www.xnjdcbs.com
印刷　四川森林印务有限责任公司

成品尺寸　185 mm × 260 mm
印张　14.75
字数　313 千
版次　2018 年 10 月第 1 版
印次　2018 年 10 月第 1 次
定价　44.00 元
书号　ISBN 978-7-5643-6578-3

课件咨询电话：028-87600533
图书如有印装质量问题　本社负责退换

市级中职示范校重点专业建设
教材编写委员会

主　任　李　灿　彭　超

副主任　钟晓芬　田跃红

委　员　（以姓氏拼音排序）

蔡　继　陈茂贤　蔡咏梅　邓文杰　戴　鑫　邓　宇
何　川　何加龙　何　鹏　黄永波　姜　雪　蒋　勇
匡　鹏　康元博　林　波　李　广　罗宏亮　刘　君
李进才　李施其　罗　潇　李小燕　李　怡　刘永平
彭月秋　庞远智　邱川鄂　任金花　冉原野　孙　静
苏　峻　孙纪胜　帅　林　涂　波　谭　忱　唐艳红
唐　炽　温承钦　吴　刚　王　焦　汪　亮　吴　鹏
王　谦　蔚衍娟　谢文静　夏晓波　肖应刚　杨昌玉
尹红安　袁　佳　杨　杰　杨炎锋　郑才敏　郑国秀
周海涛　赵甲进　张　余　张云川　张芸聆　周益权
张　睿

总　序

近 5 年来，国家先后颁布了《国务院关于加快发展现代职业教育的决定》（国发〔2014〕19 号）、《国家教育事业发展“十三五”规划》（国发〔2017〕4 号）、《国务院办公厅关于深化产教融合的若干意见》（国办发〔2017〕95 号），重庆市为贯彻落实国家颁布的相关政策文件，特制定了《重庆市人民政府关于加快发展现代职业教育的实施意见》（渝府发〔2015〕17 号）等政策文件，大力推进职业教育改革发展。

为积极响应国家政策，更好地适应重庆经济转型和产业结构调整的需要，2014 年，重庆市教委、市人力社保局、市财政局决定实施市级中等职业教育改革发展示范学校建设计划，2014—2016 年，在全市范围内重点支持建设不超过 30 所市级中等职业教育改革发展示范学校。项目学校通过人才培养模式改革、专业课程体系建设、校企合作、师资队伍建设等，促进学校改革创新、内涵发展，成为全市中等职业学校改革创新的示范、提高质量的示范、办出特色的示范，在中等职业教育改革发展中发挥引领骨干和辐射作用，为经济社会发展培养高素质劳动者和高技能技术人才。

2016 年 8 月，重庆市公共交通技工学校成功申报为市级中职示范校项目建设学校。经过两年的建设，在课程改革和教材建设上取得了可喜成绩，为进一步总结经验，固化成果，特组织骨干教师编写了 20 余门系列优质课程配套教材，并交由西南交通大学出版社审核出版。

本系列教材是在相关企业专家的悉心指导以及参与下完成的。教材以强化学生职业能力和培养综合素质为主线，以工作过程为导向，以典型工作任务和生产项目为载体，立足行业岗位要求，参照相关职业资格标准和行业技术标准，遵循中职学生成长规律、中职教育规律和行业生产规律进行开发建设。教材按照项目导向、任务驱动、模拟情境等教学模式要求，构建学习任务单元，注重学生可持续发展能力、创新能力、综合技术能力的培养，具有典型的工学结合特征。

本系列教材是重庆市公共交通技工学校不断深化教学改革的结果，更是市级中职示范校建设的一项重要成果，其中凝聚了各位编审人员的大量心血与智慧，也凝聚了众多行业专家的智慧。同时，在编写过程中得到了有关兄弟院校的大力支持，在此一并表示诚挚感谢！希望该系列教材的出版能有助于促进中职相关专业人才培养质量的提高，能为交通运输类职业院校的教材建设起到积极的引领和示范作用。本系列教材涉及专业面广，加之编者对现代职业教育理念的学习和认知仍需不断地改进和提高，书中难免存在不妥之处，恳请专家、同行不吝赐教，以促使我们不断提高教材编写的质量和水平。

李 灿

2018 年 5 月

前言 PREFACE

为深入贯彻《国务院关于加快发展现代职业教育的决定》（国发〔2014〕19号）和全国职业教育工作会议精神，加强优质职教资源建设，根据重庆市委、市政府《关于人力发展职业技术教育的决定》（渝委发〔2012〕11 号）有关要求，重庆市教育委员、重庆市人力和社会保障局、重庆市财政局自 2014 年启动重庆市市级中等职业教育改革发展示范学校建设工作。2016 年 8 月，重庆市公共交通技工学校立项重庆市第三批市级中等职业教育改革发展示范学校建设单位。

本教材是重庆市公共交通技工学校市级中职示范校重点建设专业——汽车驾驶专业的建设成果之一。本教材总结了学校多年的专业教学经验，结合行业企业对城市公交客车维护修理等岗位的特殊要求，以学生就业为导向，以能力为本位，按照城市公交客车维护保养的工作程序循序渐进，以培养学生对公交客车维护保养的职业能力为主线，将城市公交车辆保养、维修服务的相关知识和技能融于一体，在编写过程中尽量体现教材的职业性、实用性、操作性和先进性。通过此教材的教学，可使学生具备城市公交客车维护保养的基本知识、掌握维护保养基本操作技能 以及常见故障应急处理方法，掌握城市公交客车 CNG 发动机、底盘、电器、车身附属设备的各级维护保养中的具体项目及技术标准，并具备初步的维修技能。全书内容共划分 5 个项目 19 个学习任务，项目一为城市公交客车维护基础知识，项目二为城市公交车辆发动机维护作业，项目三为城市公交车辆底盘维护作业，项目四为城市公交车辆电气维护作业，项目五为城市公交车辆常见故障及应急处置。每个学习项目由若干个学习任务组成。

重庆公共运输职业学院汽车工程系张睿任本教材主编，并编写教材的前言、项目一、项目五；重庆两江公交维修公司工程师刘永平、赵甲进以及重庆公共运输职业学院汽车工程系何川老师任副主编，并分别编写了项目二、项目三、项目四；重庆两江公交维修公司的夏晓波、何鹏、邓文杰、李进才等维修技师也参与本教材编写。本教材是重庆市公共交通技工学校示范校建设的阶段性成果，尚有许多需要改进的地方。

本书在编写过程中参考了部分书籍、论文以及重庆公交集团《公共汽车保养作业规范》《公共汽车修理技术条件》《玉柴CNG天然气发动机维护保养手册》及相关培训资料等文献资料，并引用了一些研究成果，在此对撰写这些资料的专家和学者表示深深的谢意。

鉴于编者水平有限，书中难免有不妥之处，敬请读者提出宝贵意见，以便再版时修订完善。

编 者

2018年5月

目 录 CONTENTS

项目一

城市公交车辆维护基础

知识目标

（1）了解城市公交客车分类、分级。
（2）掌握城市公交客车基本结构组成。
（3）了解城市公交客车维护的分级。
（4）掌握城市公交客车二级维护的作业项目。
（5）掌握汽车上常见螺栓的基本知识。

技能目标

（1）能够对回厂的城市公交客车按规定项目进行检验。
（2）学会对城市公交客车日常维护作业。
（3）掌握常见螺纹的防松方法及使用注意事项。

任务一　城市公交客车类型及总体结构

一、城市公交客车分类及分级

城市公交客车主要是指用于城市市区和城郊载运乘客的客车。按照其运行范围的不同可将其分为市区客车和城郊客车。市区客车主要是指用于城市市区，供公众乘用并按运距收费的市内客运汽车和电车；城郊客车主要是用于城郊、城镇短途客运的客车，车内设有座席及少量立席，另外配置有行李舱等设施。

（一）基本概念

中华人民共和国《机动车运行安全技术条件》（GB 7258—2017）中的概念术语对我们常说的客车做了如下定义区分：

客车是指设计和制造上主要用于载运乘客及其随身行李的汽车，包括驾驶员座位在内，座位数超过 9 个。根据是否设置有站立乘客区，分为未设置乘客站立区的客车和设有乘客站立区的客车。

1. 未设置乘客站立区的客车

指设计和制造上无乘客站立区、不允许乘客站立、全体乘客均乘坐在座位上或卧睡的客车，包括公路客车、旅游客车、未设置乘客站立区的公共汽车、专用客车等。

2. 设有乘客站立区的客车

指最大设计车速小于 70 km/h、设有座椅及乘客站立区，并有足够的空间供频繁停站时乘客上下车走动，有固定的公交营运线路和车站，主要在城市建成区运营的客车；也包括无轨电车，即以电机驱动，与电力线相连的客车。

3. 未设置乘客站立区的公共汽车

指为城市内运输乘客设计和制造，有固定的公交营运线路和车站，主要在城市道路运营的客车。

4. 专用客车

指设计和制造上用于载运特定人员并完成特定功能的客车，如专用校车，也包括装置有专用设备或器具，座位数（包括驾驶员座位）超过 9 个的专用汽车。

5. 公路客车（通常所指的长途客车）

指为城间（城乡）运输乘客设计制造、专门从事旅客运输的客车，包括卧铺客车，即设计和制造供全体乘客卧睡的客车。

6. 旅游客车

指为旅游设计和制造、专门用于运载游客的客车。

（二）常见的公交客车

常见的公交客车在不同的城市运用不同厂家生产制造的客车，其车型及风格亦有所不同。市区公交客车如图 1-1-1 所示，城郊客车如图 1-1-2 所示。

图 1-1-1　市区公交客车

图 1-1-2　城郊客车

客车的分类有多种分法，按照车辆长度分级可分为：

微型客车：长度在 3.5 m 以下，如图 1-1-3（a）所示；

轻型客车：长度为 3.5～7 m，如图 1-1-3（b）所示；

中型客车：长度为 8～10 m，如图 1-1-3（c）所示；

大型客车：长度为 10～12 m，如图 1-1-3（d）所示；

特大型客车：包括车辆长度大于 12 m 的铰接式客车[见图 1-1-3（e）]和长度为 10～12 m 的双层客车[见图 1-1-3（f）]两种。

（a）微型客车

（b）轻型客车

（c）中型客车

（d）大型客车

（e）铰接式特大型客车

（f）双层客车

图 1-1-3　客车类别

按城市公交客车的底盘结构设计又可将其分为低地板城市公交客车和低入口城市公交客车。

低地板城市公交客车是指城市公交客车车厢内（双层客车为下层车厢）从前至后的主要通道区的地板形成一个没有台阶的单一平面区域，到达此区域的每个乘客门是一级踏步。

低入口城市公交客车是指城市公交客车车厢内（双层客车为下层车厢）从前乘客门至后乘客门后立柱的地板形成一个没有台阶的单一平面区，到达此区域的每个乘客门是一级踏步。

（三）城市公交客车的分级

按照城市公交客车乘坐的舒适性以及容客量的大小，一般将城市公交客车分为四级：普通级、中级、高级、超级；三类：中型、大型、特大型（双层）。

各个级别客车的配置都有所不同，整车动力、环保要求和部分配置要求等见表1-1-1、表1-1-2、表1-1-3、表1-1-4。

表 1-1-1　普通级城市公交客车配置要求

项目			客车类型					
			中型		大型		特大型（双层）	
客车长度 l/（m）			$8<l\le 9$	$9<l\le 10$	$10<l\le 10.5$	$10.5<l\le 12$	$10<l\le 11$	$11<l\le 12$
额定轴载总质量≥（t）		前轴	4	4	5	5	6	6
		驱动桥	8	9	10	11	12	8/4
动力性能	比扭矩[a]≥（N·m/t）	市区客车	40	40	45	45	45	
		城郊客车	45	45	50	50	50	
	比功率≥（kW/t）	市区客车	10	10	9	9	9	
		城郊客车	11	11	10	10	10	
	最高车速（城郊）≥（km/h）		85		85		80	
	加速时间[b]≤（s）		符合 CJ/T 162—2002 的有关要求					
	最大爬坡度（满载）≥（%）		25					
底盘配置	动力转向		装					
	自动变速器		符合 CJ/T 162—2002 的有关要求					
	集中润滑系统		符合 CJ/T 162—2002 的有关要求					
	缓速器		—		—	—	选装	选装
	制动器磨损自动补偿装置		选装		装		装	
	制动结构		应符合 GB12676 汽车制动系统结构、性能和试验方法的有关规定					

续表

项目			客车类型					
			中型		大型		特大型（双层）	
客车长度 l/（m）			8<l≤9	9<l≤10	10<l≤10.5	10.5<l≤12	10<l≤11	11<l≤12
环保要求	车内匀速噪声≤　dB（A）		80					
	车外加速噪声≤ dB（A）		82		85			
	制动摩擦片		不含有石棉					
	驻车制动排气噪声控制装置		装					
车身要求	防雨密封性限值		应符合 QC/T 476 客车防雨密封限值的规定					
	车身漆面		主要技术性能指标见附录 A					
安全设施	车辆信息记录	市区客车	选装					
		城郊客车	选装					
服务设施	显示路牌及车内动态显示屏		装					
	电脑报站器及车用监视系统		装					
	收费设备		装（有人售票车不装投币机），技术要求应分别符合 CJ/T 116 和 CJ/T 3087 的有关规定					
	乘客门应急开启系统		装					
	安全报警装置		设压缩空气压力、冷却液温度、机油压力、发动机舱温度报警					
a. 动力性能首先要满足比扭距要求，其次满足比功率要求。 b. 整车加速时间：指从原地起步、连续换挡加速到 50 km/h 的时间应小于 30 s。								

注：城市公交客车的基本结构安全要求和安全运行基本技术条件应符合 GB 13094、GB 7258 的有关规定。

表 1-1-2　中级城市公交客车配置要求

项目			客车类型					
			中型		大型		特大型（双层）	
客车长度 l/（m）			8<l≤9	9<l≤10	10<l≤10.5	10.5<l≤12	10<l≤11	11<l≤12
动力性能	比扭矩[a]≥（N·m/t）	市区客车	50	52	55	55	60	
		城郊客车	55	60	60	60	65	
	比功率≥（kW/t）	市区客车	11	11	11	11	11	
		城郊客车	12	12	11	12	13	
	最高车速（城郊）≥（km/h）		90		85		85	

续表

项目		客车类型					
		中型		大型		特大型（双层）	
客车长度 l/（m）		$8<l\leq 9$	$9<l\leq 10$	$10<l\leq 10.5$	$10.5<l\leq 12$	$10<l\leq 11$	$11<l\leq 12$
发动机怠速提升装置		非独立空调：装					
空调系统（冷、暖、通风调节）及温度显示		选装，应符合 CJ/T 134 的规定，且必须有新风换气装置，风球出风口风速≥2.0 m/s；温度传感器安装在回风口					
安全设施	车辆信息记录	选装					
环保要求	车内匀速噪声≤（dB）（A）	78					
车身	地板结构形式	前客门至后客门的乘客区地板为没有台阶的单一平面区；一级踏步离地高度≤380 mm，地板离地高度≤750 mm					
车厢布置与座椅要求	驾驶座椅	功能：纵向移动，高度升降，调节机构动作灵活，锁止可靠，解锁方便					
	乘员座椅尺寸/（mm）	单人座椅座垫宽度≥420，双人座座椅座垫宽度≥840，座椅深度≥420，靠背高度≥650					
	乘员座椅间距/（mm）	同方向座椅间距≥680，面对面座椅间距≥1 300					
	座椅结构	驾驶座垫、靠背、头枕外包与内饰应软化，乘员座椅座垫与靠背应包阻燃的软质护面					
	座椅布置	通道两侧双排座椅排列					
	乘客区通道宽度≥（mm）	550，无人售票车按有关要求设置					
服务设施	立体声音响装置	装					
	多媒体视听设备	选装					

表 1-1-3　高级城市公交客车配置要求

项目		客车类型	
		大型	特大型（双层）
客车长度 l/（m）		$10<l\leq 12$	$10<l\leq 12$
动力性能	比扭矩≥（N·m/t）	65	65
	比功率≥（kW/t）	12	12
	最高车速（城郊）≥（km/h）	90	85
底盘配置	防抱死（ABS）装置	装	
	带有缓速功能的自动变速器	选装	
	集中润滑系统	润滑点数超过 14 点，装	
	空气悬架	装	
空调系统（冷、暖、通风调节）及温度显示		装	

续表

项　目			客车类型	
			大型	特大型（双层）
客车长度 l/（m）			$10<l\leqslant 12$	$10<l\leqslant 12$
环保要求	车内匀速噪声≤（dB）（A）		76	
	车外加速噪声≤（dB）（A）		84	
乘员座椅要求	乘员座椅尺寸（mm）		单人座椅座垫宽度≥440，座椅深度≥440，靠背（含头枕）高度≥680	
	乘员座椅间距（mm）		同方向座椅间距≥720	
车身	地板结构形式		优先选用低入口；通道地板离地高度（空载）≤650 mm	
	最小离地间隙≥（mm）		180	
	乘客门结构形式与净宽度≥（mm）		前、后门双内摆结构，前门宽 850，后门宽 1 100	
车辆智能管理系统			选装，选装电子控制模块（ECM）系统	

表 1-1-4　超级城市公交客车配置要求

项　目			客车类型	
			大型	特大型（双层）
动力性能	比扭矩≥（N·m/t）		13	
	比功率≥（kW/t）		70	75
	最高车速≥（km/h）	市区客车	85	75
		城郊客车	115	90
底盘配置	带缓速自动变速器		装	
	防抱死（ABS）装置		装	
	防侧滑（ASR）装置		装	
	空气清新装置		装	
	车厢内可放童车或残疾车		装，专用位置处粘贴正黄色地板革和示意图（见附录 M 图形标志）	
环保要求	发动机排放限值≤（g/kW·h）		NO_x：5.0；HC：0.66；PM：0.10；CO：2.1	
	车内匀速噪声≤dB（A）		75	
车身	地板结构形式		低入口或低地板，乘客通道宽度≥800 mm	
车辆智能管理系统			满足相关要求	

二、客车基本结构参数

根据 GB3730 规定，客车基本结构参数一般指客车的车长、车宽、车高、质量、轴距、轮距、前悬、后悬、最小离地间隙、接近角、离去角、转弯直径，动力性能，如图 1-1-4 所示。

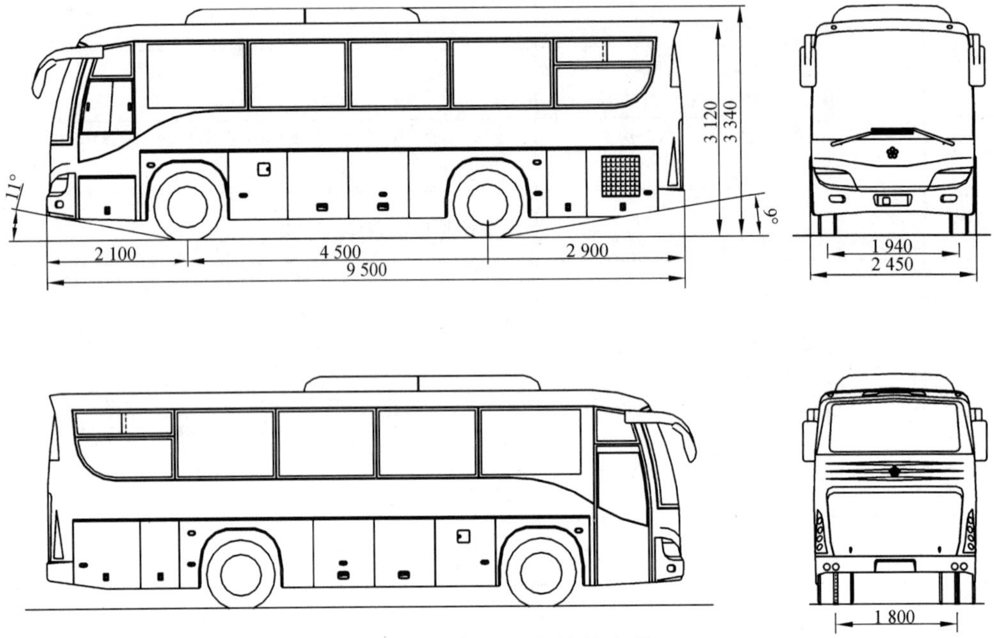

图 1-1-4　客车基本结构参数

1. 质量参数

整车整备质量：装备完毕的车辆（含全部电气装备、辅助装置及制造厂作为标准装备或选装装备）加上冷却液、润滑剂、燃油（不少于 90%）、备胎、灭火器、标准备件、随车工具等的质量。

最大设计总质量：车辆制造厂规定的最大车辆质量。

最大装载质量：最大设计总质量减去整备质量（客车一般指装载人数）。

2. 动力性能参数

最高车速：指在无风的条件下，在平坦的路面上车辆能达到的最高稳定车速。

加速性能：衡量汽车后备功率大小的指标，是高档车的重要指标。

原地起步加速性能：汽车由低挡起步并以最大加速度逐步换到高挡后达到某一车速所需的时间。

超车加速性能：指汽车用最高挡或直接挡从某一车速达到某一高速时所需的时间。

爬坡性能：最大爬坡度是指汽车满载在良好路面上，以 1 挡等速行驶的最大坡度。

滑行性能：这是表征各部分装配质量的指标，是以初速 50 km/h 稳速后，脱挡滑行所能达到的距离。

三、客车基本结构组成

城市客车是为城市内公共交通运输而设计和装备的客车，车辆设有座椅及乘客站立的区域，由于乘客上下频繁，所以车厢内地板低、过道高、通道宽、座椅少、车门多，车窗大，并有足够的空间供频繁停站时乘客上下车走动使用。

随着城市交通的发展，城市公交客车也在向大型化、低地板化、环保化、高档化发展，部分客车底盘选装了大功率低排放的发动机，低地板专用的前后桥、自动变速器、空气悬架、ABS 等装置。高速公路的快速发展，对客运车辆要求具有更高的可靠性、安全性、乘座舒适性和高速行驶等性能，客车底盘选配大功率发动机、低噪音的后桥总成、空气悬架、缓速器、盘式制动器、ABS 等装置和适应高速行驶的轮胎等。

客车整体结构大体上由底盘和车身两部分组成。

（一）客车底盘

客车底盘的技术性能是客车动力性、经济性、平顺性、安全性、可靠性等性能的基础，客车技术性能的好坏主要取决于底盘。客车底盘的性能不仅取决于组装底盘的发动机、离合器、变速器、前后桥和悬架装置等各总成的技术性能指标，还取决于各总成之间的良好匹配。

（二）客车车身

客车车身的作用在于安全可靠地容纳客、货以及保护客、货免受外界侵袭和恶劣气候影响。客车品种繁多，所以车身的分类形式也是多种多样的，常见的分类方法有按客车的用途、承载形式和车身结构进行分类。

车身主要包括：车身壳体、车门、车窗、内外装饰件、安全防护装置、附属设备、车身内部装备，如图 1-1-5 所示。

（a）常见城市公交客车车身

（b）常见城市公交客车车身内部

图 1-1-5 城市公交客车

1. 车身壳体

车身壳体是一切车身部件的安装基础，是由车身骨架和车身蒙皮相互连接共同组成的钢性空间结构。车身壳体有全钢结构、全铝结构、钢骨架铝蒙皮结构、钢骨架玻璃钢蒙皮结构等。车身按受力情况可分为：非承载式车身、半承载式车身，承载式车身。

（1）非承载式车身

非承载式车身是指在底盘车架上组装而成的车身结构形式。常见后置发动机客车车身及底盘，如图 1-1-6（a）所示；前置发动机客车车身及底盘，如图 1-1-6（b）所示。非承载式车身客车的底盘有较强的车架，车身骨架是通过多个橡胶衬垫或弹簧沿车身总长安装在车架上的。车身骨架与车架弹性连接，安装在车架上的车身对车架的加固作用不大，车架是支承全车的基体，承受着安装在其上面的各个总成的各种载荷。车身只在很小程度上承受由车架弯曲和扭转所引起的载荷，所以严格说来，车身并非完全不承载。车架的振动通过弹性元件传到车身上，由于弹性元件的挠性作用，大部分来自路面的振动和冲击能被减弱或消除，在坏路行驶时可以对车身起到保护作用。

车身作为一个独立的整体与车架通过弹簧或橡胶垫作柔性连接，车身仅承受自身的重力，所载人和物的重力以及车辆行驶时所引起的惯性力和空气阻力。而发动机及底盘各部件的重力，及这些部件工作时所产生的力，以及车辆行驶时由路面通过车轮和悬架传来的力则由车架承受。

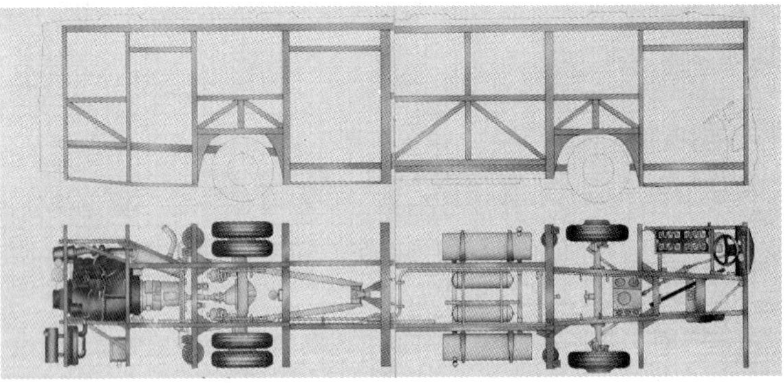

（a）后置发动机客车车身及底盘

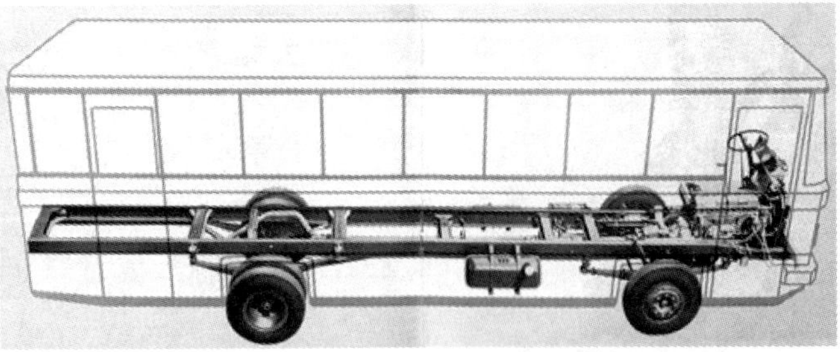

（b）前置发动机客车车身及底盘

图 1-1-6　常见客车车身及底盘

非承载式和半承载式车身结构都是属于有车架式的，而承载式车身则属于无车架式的。从设计的角度看，这类分法是比较合理的。按承载形式对车身结构进行分类，表征了不同形式的车身结构的组成以及车身制造工艺过程中的差异。

（2）半承载式客车车身

半承载式车身就是车身与车架刚性连接，车身部分承载的结构形式，有纵梁式和三段式。其结构特点是底盘仍保留有车架，车身通过焊接、铆接或螺钉与车架作刚性连接，是一种介于非承载式车身和承载式车身之间的车身结构。它的车身本体与底架（此时的车架也可称之为“底架”）用焊接或螺栓刚性连接，将车身骨架侧壁立柱与车架纵梁两侧的外伸横梁连接在一起，加强了部分车身底架而起到一部分车架的作用，故车身也可以分担一部分弯曲和扭转载荷，例如发动机和悬架都安装在加固的车身底架上，车身与底架成为一体共同承受载荷。

半承载式车身结构的优点是结构简单，对车辆进行改装容易，可以适当地降低地板的高度；同时车身部分参与了承载作用，可在一定程度上降低对底架的强度和刚度的要求，减轻客车的自身重量。但由于保留有底架，半承载式车身还是一种过渡结构，车身地板的高度受底架的限制而难以很大地降低；整车的轻量化仍受到一定的限制；车架纵梁的制造需要大型锻压设备、装焊夹具及校验等一系列昂贵复杂的生产设备；此外，底盘的结构调整也比较繁琐，改进成本高，开发周期长。

图 1-1-7 所示为典型的半承载式客车车身结构，一般是在现有的客车专用底盘（其车架由两根前后直通的纵梁 27 与若干横梁 10、23 等组成）上将车架用若干悬臂梁 25 加宽并与车身侧壁立柱刚性连接，使车身骨架也承担车架的一部分载荷。

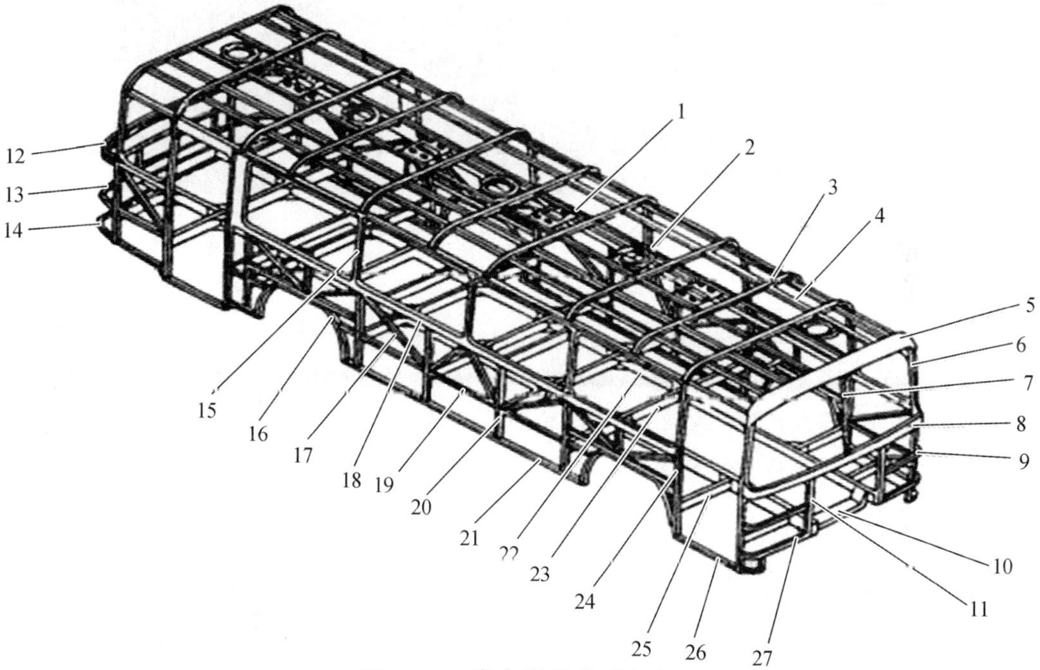

图 1-1-7　客车半承载式车身

1—顶灯地板；2—换气扇框；3—顶盖横梁；4—顶盖纵梁；5—前风窗框上横梁；6—前风窗立柱；7—前风窗中立框；8—前风窗框下横梁；9—前围搁梁；10—车架前横梁；11—前围立柱；12—后风窗框下横梁；13—后围搁梁；14—后围裙边梁；15—侧围窗立柱；16—车轮拱；17—斜撑；18—腰梁；19—侧围搁梁；20—侧围立柱，21—侧围裙边梁；22—上边梁；23—车架横梁；24—门立柱；25—车架悬臂梁；26—门槛；27—车架纵梁

（3）承载式客车车身

应用在客车上的全承载车身技术是高档豪华客车制造技术中的重要项目，如图 1-1-8 所示。承载式车身是无独立车架的整体车身结构，车身作为发动机和底盘各大总成的安装基础，在此种情况下，上述的载荷全部由车身承担。其结构特点是底盘不是传统的冲压成型铆接车架式结构，而是由矩形钢管构成的格栅式结构。底架、前围、后围、左右侧围、车顶六大片组成全承载式车身。车身采用封闭环结构，由于没有车架，故可降低地板和整车高度。载荷由整个车身承受，车身上下部结构形成一整体，在承受载荷时，整个车身壳体可以达到稳定平衡状态。在具有较大的抗扭刚度的格栅式结构的底架上，配置发动机、前后桥等总成，可以保证各总成正确的相对位置关系。承载式车身除了其固有的承载功能外，还要直接承受各种负荷。

图 1-1-8　承载式客车车身结构骨架

2. 车　门

车门按开启方式可分为顺开式、逆开式、水平移动式、上掀式、折叠式等，图 1-1-9（a）所示为水平移动式车门。按结构和功能可分为：司机门、乘客门（又分为外摆式门、内摆式门、折叠式门）、边舱门、后舱门等，图 1-1-9（b）所示为外摆式车乘客门，图 1-1-9（c）所示为内摆式乘客门，图 1-1-9（d）所示为折叠式乘客门。

（a）水平移动式车门

（b）外摆式乘客门

（c）内摆式乘客门　　　　（d）折叠式乘客门

图 1-1-9　客车车门

（1）司机门

司机门是供司机进出驾驶区的通道门，一道用于前置发动机，或仅开中门的车型，对于后置发动机的车型，现很少开司机门。

（2）后舱门

后舱门一般都为上掀式，对前置发动机，后舱可作为行李舱或工具箱；对后置发动机，后舱门作为检修发动机用。图 1-1-10 所示为常见客车后舱门。

图 1-1-10　常见客车后舱门

（3）边舱门

边舱门一般为铁门、铝门、玻璃钢门，分上掀式和平移式两种。

① 上掀式：开启时，要求有足够的外部空间，关闭时基本不占用行李舱空间，行李舱利用率高，且开启和关闭都比较轻松。图 1-1-11 所示为常见客车边舱门。

② 平移式：开启时，不要求有较大的外部空间，但关闭时占用行李舱空间，行李舱利用率低，且开启和关闭都比较费力。

图 1-1-11 常见客车边舱门

3. 车　窗

车窗包括前后风窗、侧窗、司机窗，车窗玻璃要求为安全玻璃（钢化玻璃、夹层玻璃）。车窗按结构可分为：全封闭式、全推拉式、上封闭下推拉式、下封闭上推拉式、混合式。

4. 车内外饰件

车内外饰件主要有橡胶条、铝型材、皮革、吸塑成型件、玻璃钢件等。车内饰件不仅是为了美化车内环境，提供乘座舒适性，更重要的是为了软化车内空间，消除车内尖锐突出物及外露的金属件，提高车内的安全防护性。图 1-1-12 所示为常见公交客车车窗及车内设置。

外饰件：包括侧防撞条、玻璃周边铝压条、腰线装饰条等。

图 1-1-12 常见公交客车车窗及车内设置

5. 安全防护装置

车外防护：前后保险杠、侧防撞条、前后缓冲区。

车内防护：安全带、头枕、安全玻璃、室内软包、司机及乘客护栏。

6. 附属设备

附属设备包括汽车仪表、照明装置及信号装置、风窗刮水器及洗涤器、后视镜、倒车监视系统等。

7. 车身内部装备

包括空调系统、暖风系统、座椅、视听系统、卫生间、饮水机、食品柜等。

任务二　汽车维护基础知识

车辆在使用过程中，随着行驶里程的增加，各零部件将产生磨损、变形疲劳、松动、老化或损伤，导致车辆技术状况变坏，使汽车的动力性下降、经济性变差、安全可靠性降低。车辆在使用过程中，可根据使用情况及磨损规律，对易于磨损、松动、脏污和出现故障的部位，分级分期强制进行润滑、调整、检查、紧固等维护作业，则能改善各零部件的工作条件，减轻磨损，消除隐患，降低运输成本，保证行车安全，可有效延长汽车的使用寿命。因此，车辆维护应贯彻“预防为主，强制维护”的原则，保持车容整洁，及时发现和排除故障、隐患，防止车辆早期损坏。

一、汽车维护的定义

汽车行驶一定里程或时间后，根据汽车维护技术标准，按规定的工艺流程、作业范围、作业项目及技术要求所进行的预防性作业，称为汽车维护。

二、汽车维护的目的

汽车维护的目的是保持车辆技术状况良好，确保行车安全，充分发挥汽车的使用效能并降低运行消耗，以取得良好的经济效益、社会效益和环境效益。如维护不及时或缺少维护，可能导致车辆在行驶过程中发生故障，或引发交通事故。

三、汽车维护制度

汽车维护制度是指对汽车进行维护工作而规定的技术性组织措施。国家标准GB/T18344—2016《汽车维护、检测、诊断技术规范》中对汽车的各类维护做了明确的规定，国家标准 GB7258—2017《机动车运行安全技术条件》中对汽车的技术状态做了明确的要求。因此，在进行汽车维护作业时，必须遵循相关的国家标准和各省、市政府制定的行业标准，以及各汽车生产厂家的维护标准和要求。

四、汽车维护的分级

汽车维护按照维护的时间不同可分为定期维护和不定期维护。其中定期维护根据交通运输部《汽车运输业车辆技术管理规定》分为日常维护、一级维护和二级维护，非定期维护包括走合维护、换季维护和对长期行驶或封存汽车的维护等，如图 1-2-1 所示。

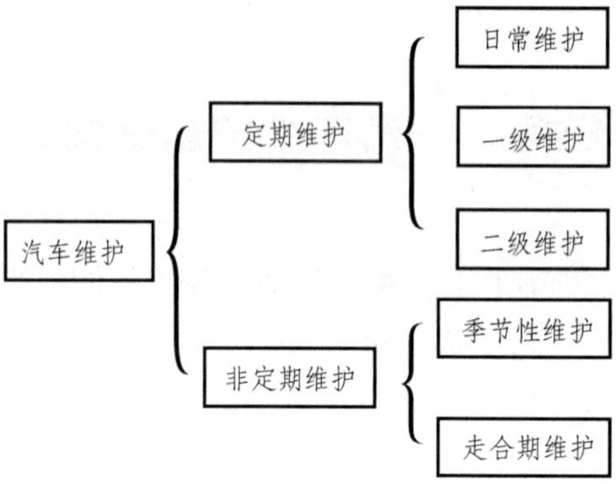

图 1-2-1　汽车维护分级

汽车各级维护作业内容见表 1-2-1。

表 1-2-1　汽车各级维护作业内容

维护类型	维护内容
日常维护	（1）坚持“三检”，即在出车前、行车中、收车后检视车辆的安全机构及各部位机件连接的紧固情况； （2）防止“四漏”，即检查是否有漏水、漏油、漏气、漏电等现象； （3）保持“四清”与油液充足，即保持机油、空气、燃油三个滤清器及蓄电池的清洁，保持各种油液的充足
一级维护	一级维护作业的中心内容包含了日常维护作业内容，主要以清洁、润滑和紧固作业为主，还要检查有关制动、操纵等安全部件的功能
二级维护	二级维护作业的中心内容包含了一级维护作业内容，主要以检查并调整转向节、转向摇臂、制动蹄片、悬架等经过一定时间的使用后容易损坏或变形的安全部件为主，并进行拆检轮胎和轮胎换位等操作
季节性维护	由于冬、夏两季的温差大，为使车辆在冬、夏两季的合理使用，在换季之前应结合定期维护，并附加一些相应的维护项目，使汽车适应气候变化后的运行条件，此种附加性的维护称为季节性维护
走合期维护	新车运行初期所进行的走合期维护，主要目的是使各相对运转的零部件进行磨合，以达到改善零件摩擦表面几何形状和表面层的物理机械性能的目的

（一）定期维护

1. 日常维护

以清洁、检查补给为中心内容，由驾驶员负责执行的车辆保养（指出车前、行驶中、收班后对车辆的保养）作业，见表 1-2-2。

表 1-2-2　日常保养作业规范

序号	作业项目	作业性质	技术要求
1	发动机及仪表	检查	运转正常、无异响；不漏油、漏水、漏气、漏电；各种仪表作用正常，外表清洁，线路无松动
2	燃料（天然气）供给系	检查	各部无泄漏、碰擦；系统工作正常，燃料足够，口盖齐全
3	散热器冷却液及机油油平面高度	检查	无泄漏，口盖齐全，液量及机油油面高度符合原厂规定
4	水泵、空压机及皮带	检查	固定良好，工作正常无异响，皮带挠度在 30 ~ 50 N 作用力下为 10 ~ 15 mm
5	空滤器及管路	检查	固定良好，作用正常
6	发动机起动要求		每次起动时间不得超过 5 s，连续起动的间隔时间不得短于 15 s；第三次起动前必须检查排除故障并间隔 2 min 后再进行
7	转向系	检查	固定良好，自由转动量符合原厂规定。转向灵活、准确、可靠
8	制动踏板、拉（推）杆	检查	固定良好，连接可靠，销锁齐全。自由行程符合原厂规定
9	控制阀、气室、储气筒、管路、总泵、储油罐	检查	无泄漏，工作正常，储油罐油量足够，储气筒无积水
10	行车制动、驻车制动、应急制动	检查	制动性能良好，不跑偏、不发咬
11	半轴螺栓	检查	齐全、紧固
12	离合器、变速器、传动轴、主减速器、差速器、缓速器	检查	无泄漏、无异响，不打滑、不发抖、分离彻底，踏板自由行程符合要求
13	钢板弹簧	检查	无断裂、移位
14	车轮	检查	气压符合要求，轮胎螺栓齐全紧固，轮胎间无杂物，轮胎无异常磨损，轮辋无裂损
15	电气	检查	发电正常；蓄电池清洁、液面高出防护板 10 ~ 15 mm；灯具齐全完好
16	刮水器、后视镜	检查	完好、有效、安装牢靠
17	车厢	检查	各类门、窗完好，启闭灵活，锁止可靠；玻璃稳固；灭火器、座椅、靠背、扶手、应急锤等齐全有效；车内外清洁；车身外表无明显擦挂
18	报站器、监视器、IC 卡机、投币机电子路牌、时温显示器	检查	作用正常

2. 一级维护

一级保养是以清洁、检查、润滑、补给、紧固为主，并辅以部份调整、校验、修复，按照技术要求对整车的各系统进行检修，使其达到技术要求规定的标准，详细技术要求见表 1-2-3。

表 1-2-3　一级保养主要检查的销轴、开口销部位表

序号	部　位	检查项目
1	横拉杆	开口销
2	直拉杆	开口销
3	制动凸轮轴	开口销
4	制动分泵推杆与调整臂	销轴、开口销
5	脚制动操纵传动机构与制动总阀	销轴、开口销
6	手制动操纵传动机构	销轴、开口销
7	离合器操纵传动机构	销轴、开口销
8	变速器操纵传动机构	销轴、开口销
9	油门操纵传动机构	销轴、开口销

一级维护内容包括：检查、紧固汽车外部的螺纹连接件，特别是大梁、横梁支架连接螺栓、转向机构及悬挂系统螺栓的紧固；检查前轮前束、驻车制动器、行车制动器制动性能；检查调整皮带松紧度，检查各电器部件、线路及保险装置；检查各油管、接头、油箱无破损、漏油、堵塞现象，油管与其他机件无磨擦现象，安装牢固可靠；在规定部位添加润滑油或润滑脂，各润滑点的润滑脂加注量适合使用要求；检查、清洁空气滤清器的间隔时间不能超过 7 天。

销轴与孔配合间隙不大于 0.20 mm，不得有磨损起坑、裂纹等现象，开口销与孔配合间隙不大于 0.20 mm，且销尾部向两端张开，作用正常。详细见表 1-2-3 一级保养主要检查的销轴、开口销部位表。

3. 二级维护

除一级维护作业外，以检查、调整转向节、转向摇臂、制动摩擦片、悬架等经过一定时间的使用容易磨损或变形的安全部件为主，并拆检轮胎，进行轮胎换位，检查调整发动机工作状况和排气污染控制装置等，由维修企业负责执行的车辆维护作业。

二级保养以清洁、检查、润滑、紧固、调校、修复和检换为主，按照技术要求对整车各系进行检修，使其达到技术要求规定的标准。主要作业内容为：检查调整发动机及传动系和转向系的工作状况；检查制动阀和四轮制动器；检查调整电器设备；检查车厢内外蒙皮；对车辆中线传动系统须根据车辆维修档案资料，结合二保进行离合器、飞轮等的拆检维修作业，其中公路营运及小巴车型每隔一个二保周期进行一次，

而城市公交车型（小巴车型除外）如果资料反映在本次二保前 45 天之内未进行该项目作业的，都必须拆检、清洁；公路车型在二保后行驶到 2.5 万千米时，安排更换发动机机油、清洁“三滤”和按有关标准进行轮胎调位。

（1）汽车二级维护作业过程

汽车二级维护首先要进行检测，汽车进厂后，根据汽车技术档案的记录资料（包括车辆运行记录、维修记录、检测记录、总成修理记录等）和驾驶人员反映的车辆使用技术状况（包括汽车动力性、异响、转向、制动及燃料、润料消耗等）确定所需检测项目，依据检测结果及车辆实际技术状况进行故障诊断，从而确定附加作业。附加作业项目确定后与基本作业项目一并进行二级维护作业。二级维护过程中要进行过程检验，过程检验项目的技术要求应满足有关的技术标准或规范；二级维护作业完成后，应经维护企业进行竣工检验，竣工检验合格的车辆，由维护企业填写“汽车维护竣工出厂合格证”后方可出厂。

二级维护作业流程图如图 1-2-2 所示。

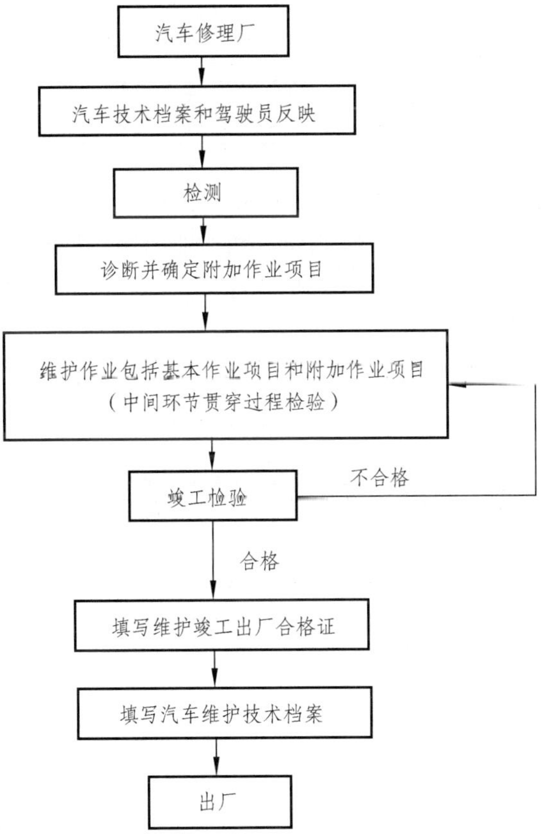

图 1-2-2 二级维护作业流程图

（2）汽车二级维护检测、诊断

对汽车二级维护检测项目进行检测时，应选用专用检测仪器，仪器精度须满足有关规定。

汽车二级维护检测项目的技术要求应参照国家有关的技术标准或原厂要求。维护检测项目见表 1-2-4。

表 1-2-4　汽车二级维护检测项目

序号	检测项目
1	发动机功率，气缸压力
2	汽车排气污染物，三效催化转化装置的作用
3	电控燃油喷射系统
4	柴油车检查供油提前角、供油间隔角和喷油泵供油压力
5	制动性能，检查制动力
6	转向轮定位，主要检查前轮定位角和转向盘自由转动量
7	车轮动平衡
8	前照灯
9	操纵稳定性，有无跑偏、发抖、摆头
10	变速器，有无泄漏、异响、松脱、裂纹等现象，换挡是否轻便灵活
11	离合器，有无打滑、发抖现象，分离是否彻底，接合是否平稳
12	传动轴，有无泄漏、异响、松脱、裂纹等现象
13	后桥，主减速器有无泄漏、异响、松动、过热等现象

汽车二级维护附加作业项目的确定，根据检测结果进行汽车故障诊断，确定以消除汽车故障为目的的二级维护附加作业项目和作业内容，恢复汽车的正常技术状况。附加作业项目确定后与基本作业项目一并进行二级维护作业。

（3）二级维护过程检验

二级维护过程中，要始终贯穿过程检验，并作检验记录。过程检验中各维护项目的技术要求，需满足相关技术标准或出厂说明书的有关规定。

（4）二级维护基本作业项目

二级维护作业内容包含一级维护作业内容，二级维护基本作业项目及技术要求见表 1-2-5。

表 1-2-5　二级维护基本作业项目

序号	维护项目	作业内容	技术要求
1	发动机润滑油、机油滤清器	（1）更换润滑油； （2）视情更换机油滤清器	（1）润滑油规格性能指标符合规定； （2）液面高度符合规定； （3）机油滤清器密封良好，无堵塞，完好有效
2	检查润滑油油面高度	检查转向器、变速器、主减速器等润滑油规格和液面高度，不足时按要求补给	符合出厂规定
3	空气滤清器	清洁空气滤清器	空气滤清器清洁有效，安装可靠恒温进气装置真空软管安装可靠，进气转换阀工作灵敏、准确

续表

序号	维护项目	作业内容	技术要求
4	(1)燃油箱及油管;(2)燃油滤清器;(3)燃油泵	(1)检查接头及密封情况;(2)清洁燃油滤清器,并视情更换;(3)检查燃油泵,必要时更换	(1)接头无破损、渗漏,紧固可靠;(2)燃油滤清器工作正常;(3)燃油泵工作正常,油压符合规定
5	燃油蒸发控制装置	检查清洁,必要时更换	工作正常
6	曲轴箱通风装置	检查、清洁	清洁畅通,连接可靠,不漏气,各阀门无堵塞、卡滞现象,灵敏有效,符合规定
7	散热器、膨胀箱、百叶窗、水泵、节温器、传动皮带	(1)检查密封情况、箱盖压力阀、液面高度、水泵;(2)检视皮带外观,调整皮带松紧度	(1)散热器及软管无变形、破损及渗漏;箱盖接合表面良好,胶垫不老化、箱盖压力阀开启压力符合要求;水泵不漏水,无异响;节温器工作性能符合规定;(2)皮带应无裂痕和过量磨损,表面无油污,皮带松紧度符合规定
8	(1)进、排气歧管、消声器、排气管;(2)气缸盖	(1)检查、紧固,视情补焊或更换;(2)按规定次序和扭紧力矩校紧气缸盖	(1)无裂纹、漏气,消声器性能良好;(2)扭紧力矩符合规定
9	增压器、中冷器	检查、清洁	符合规定
10	发动机支架	检查、紧固	连接牢固,无变形和裂纹
11	化油器及联动机构	清洁、检查、紧固	清洁,联动机构运动灵活,连接牢固,无漏油、气现象,工作系统和附加装置工作正常
12	喷油器、喷油泵	检查喷油器和喷油泵的作用,必要时检测喷油压力和喷油状况,视情调整供油提前角	(1)喷油器雾化良好,无滴油、漏油现象,喷油压力符合规定;(2)供油提前角符合规定
13	分电器、高压线	清洁、检查	分电器无油污,调整触点间隙在规定范围内,无松旷、漏电现象,高压线性能符合规定
14	火花塞	清洁、检查或更换火花塞,调整电极间隙	电极表面清洁,间隙符合规定
15	气门间隙	检查调整	符合规定
16	电控燃油喷射系统供油管路	检查密封状况	密封良好,作用正常
17	三效催化装置	检查三效催化装置的作用,必要时更换	作用正常
18	离合器	检查调整离合器踏板自由行程	离合器踏板自由行程符合规定
19	前轮制动	检查前轮制动器调整臂的作用	作用正常
		拆卸前轮毂总成、制动蹄、支承销;清洗转向节、轴承、支承销,清洁制动底板等零件	清洁,无油污

续表

序号	维护项目	作业内容	技术要求
19	前轮制动	检查制动盘、制动凸轮轴，校紧装置螺栓	（1）制动底板不变形，按规定力矩扭紧装置螺栓； （2）凸轮轴转动灵活，无卡滞，转向间隙符合规定
		检查转向节及螺母、保险片及油封、转向节臂，校紧装置螺栓	（1）转向节无裂纹，螺纹完好，与螺母配合应无径向松旷，保险片作用良好，油封完好不漏油； （2）转向节轴径与轴承的配合间隙符合要求，转向节臂装置螺栓扭紧力矩符合规定
		检查内外轴承	滚柱保持架无断裂，滚柱不脱落，无裂损和烧蚀，轴承内圈无裂损和烧蚀
		检查制动蹄及支承销	（1）制动蹄无裂纹及明显变形，摩擦片不破裂，铆接可靠，摩擦片厚度符合规定； （2）支承销无过量磨损，支承销与制动蹄承孔衬套配合间隙符合规定
		检查制动蹄复位弹簧	复位弹簧应无明显变形，自由长度、拉力符合规定
		检查前轮毂、制动鼓及轴承外座圈，校紧轮胎螺栓内螺母	（1）轮胎无裂损； （2）轴承外座圈无裂纹，无麻点，无烧蚀； （3）制动鼓无裂纹，外边缘不得高出工作表面，检视孔完整，内径尺寸、圆度误差、左右内径差符合规定； （4）轮胎螺栓齐全完好，规格一致，按规定力矩扭紧
		装复前轮毂、调整前轮轴承松紧度及制动间隙	（1）装复支承销，制动蹄支承销孔均应涂润滑脂，开口销或卡簧齐全有效； （2）润滑轴承； （3）制动鼓、制动片表面清洁，无油污； （4）制动片与制动鼓的阀隙应符合规定，转动无碰擦现象或声响，检视孔挡板齐全； （5）轮毂转动灵活，用拉力计测量时可转动，且无轴向间隙； （6）锁紧螺母按规定力矩扭紧； （7）保险可靠，防尘罩、衬垫完好，螺栓垫圈齐全紧固（螺栓规格一致）
20	后轮制动	拆半轴、轮毂总成、制动蹄、支承销，清洗各零件及制动底板、半轴套管	（1）轮毂通气孔畅通； （2）各零件及制动盘、后桥套管清洁无油污
		检查制动底板、制动凸轮轴，校紧连按螺栓	（1）制动底板不变形，连接螺栓按规定力矩紧固； （2）凸轮轴转动灵活，无卡滞，轴向间隙和径向间隙符合规定
		检查后桥半轴套管、螺母及油封	（1）套管无裂纹及明显松动，与螺母配合无径向松旷； （2）油封完好，无损坏，无漏油； （3）套管颈与轴承配合间隙符合规定

续表

序号	维护项目	作业内容	技术要求
20	后轮制动	检查内外轴承	（1）轴承保持架无断裂，滚柱不脱落，无裂损和烧蚀； （2）轴承内座圈无裂纹、烧蚀
		检查制动蹄及支承销	（1）制动蹄无裂纹及变形，摩擦片不破裂，铆接可靠，摩擦片厚度符合规定； （2）支承销与制动蹄承孔衬套配合间隙符合规定； （3）支承销无过量磨损
		检查制动蹄复位弹簧	复位弹簧无变形，自由长度符合规定，拉力良好
		检查后轮毂、制动鼓及轴承外座圈，检查扭紧半轴螺栓，检查轮胎螺栓，校紧内螺母	（1）轮毂无裂损； （2）轴承外座圈不松动，无损坏； （3）制动鼓无裂纹，内径、圆度误差、左右内径差符合规定，外边缘不得高出工作表面，制动鼓检视孔完整； （4）半轴螺栓齐全有效
		检查半轴	半轴无明显弯曲，不磨套管，无裂纹，花键无过量磨损或扭曲变形
		装复后轮毂，调整制动间隙	（1）装复支承销、制动蹄片时，承孔均应涂润滑脂，开口销或卡簧齐全可靠； （2）润滑轴承； （3）套管轴颈表面应涂机油后再装上轴承； （4）制动蹄片、制动鼓面应清洁，无油污； （5）制动蹄片与制动鼓的间隙应符合规定，转动无碰擦现象或声响，检视孔挡板齐全紧固； （6）轮毂转动灵活，拉力符合规定； （7）锁紧螺母按规定力距扭紧
21	转向器、转向传动机构	（1）检查转向器传动机构的工作状况和密封性，校紧各部螺栓； （2）检查调整转向盘自由转动量	转向盘自由转动量符合规定，转向轻便、灵活，无卡滞和漏油现象，垂臂及转向节臂无弯曲及裂损，各部螺栓连接可靠
22	前束及转向角	调整	符合规定
23	变速器、差速器	检查密封状况和操纵机构，清洁通气孔	密封良好，通气孔畅通，操纵机构作用正常，无异响、跳动、乱挡现象
24	传动轴、传动轴承支架、中间轴承	（1）检查防尘罩； （2）检查传动轴万向节工作状态； （3）检查传动轴承支架； （4）检查中间轴承间	（1）口防尘罩不得有裂纹、损坏，卡箍可靠，支架无松动； （2）万向节不松旷，无卡滞，无异响； （3）传动轴承支架无松动； （4）中间轴承间隙符合规定

续表

序号	维护项目	作业内容	技术要求
25	空气压缩机、储气筒、安全阀	清洁，校紧	清洁、连接可靠，无漏气，安全阀工作正常
26	制动阀、制动管路、制动踏板	（1）检查制动踏板自由行程； （2）检查紧固制动阀和管路接头； （3）检查制动管路内是否有气	（1）制动踏板自由行程符合规定； （2）制动阀和管路接头连接可靠，无漏气； （3）液压制动管路内无气
27	驻车制动	检查驻车制动性能，检查驻车制动器自由行程	符合规定，作用正常
28	悬架	检查、紧固，视情补焊、校正	不松动、无裂纹，无断片，按规定扭紧力矩紧固螺栓
29	轮胎（包括备胎）	检查紧固，补气，进行轮胎换位，磨损严重时更换轮胎	气压符合规定，清洁，无裂损、老化、变形，气门嘴完好，轮胎螺栓紧固，轮胎的装用符合规定
30	发电机、发电机调节器、起动机	清洁，润滑	符合规定
	蓄电池	检查，清洁，补给	清洁，安装牢固，电解液液面符合规定
31	前照灯、仪表、喇叭、刮水器、全车电器线路	检查、调整，必要时修理或更换	（1）前照灯、喇叭、各仪表及信号装置功能齐全、有效，符合规定； （2）刮水器电机运转无异响，连动杆连接可靠； （3）全车线路整齐，连接可靠，绝缘良好
32	车身、车架、安全带	检查、紧固	性能可靠，工作良好 无变形、断裂、脱焊，连接螺栓、铆钉紧固
33	内装饰	检查、紧固	设备完好，无松动
34	空调装置	检查空调系统工作状况、密封状况	（1）制冷系统密封，制冷效果良好； （2）暖气装置工作正常
35	润滑	全车加注润滑脂的部位全部润滑	润滑脂嘴齐全有效，润滑良好

注：技术要求栏中的“符合规定”指符合实际应用中有关技术规定或技术要求。

（5）二级维护竣工检验

汽车在维修企业进行二级维护后，必须进行竣工检验。各项参数符合国家或行业及地方标准，竣工检验合格的车辆填写“维护竣工进厂合格证”后方可出厂。检验不合格的车辆应进行进一步的检验、诊断和维护，直到达到维护竣工技术要求为止。二级维护竣工检验项目及技术要求见表 1-2-6。

表 1-2-6　二级维护竣工要求

序号	检测部位	检验项目	技术要求	备注
1	整车	清洁	汽车外部、各总成外部、三滤应清洁	检视
		面漆	车身面漆、腻子无脱落现象，补漆颜色应与原色基本一致	检视
		对称	车体应周正，左右对称	汽车平置检查
		紧固	各总成外部螺栓、螺母按规定力矩扭紧，锁销齐全有效	检查
		润滑	发动机、变速器、转向器、减速器润滑符合规定，各通气孔畅通。各部润滑点润滑脂加注符合要求，滑脂嘴齐全有效，安装位置正确	检视
		密封及电器	全车无油、水、气泄漏，密封良好，电器装置工作可靠，绝缘良好	检视
		前照灯、信号、仪表、刮水器、后视镜等装置	稳固、齐全、有效；符合有关规定	检视
2	发动机	发动机工作状况	发动机能正常起动，低、中、高速运转均匀及稳定，水温正常，加速性能良好，无断缸、回火、放炮等现象，发动机运转稳定后应无异响	路试
		发动机功率	无负荷功率不小于额定值的 80%	检测
		发动机装备	齐全有效	检视
3	离合器	踏板自由行程	符合原厂规定	检测
		离合情况	接合平稳，分离彻底，无打滑、抖动及异响	路试
4	转向系	转向盘最大转动量	符合规定	检查
		横直拉杆装置	球头销不松旷，各部螺栓螺母紧固，锁止可靠	检查
		转向机构	操作轻便、转动灵活，无摆振、跑偏等现象，车轮转到极限位置时，不得与其他部件有碰擦现象	路试
		前束及最大转向角	符合规定	检测
		侧滑	符合 GB 7258 中的有关规定	检测
5	传动系	变速器、传动轴、主减速器	变速器操纵灵活，不跳挡，不乱挡。变速器传动轴、主减速器各部无异响，传动轴装配正确	路试
6	行驶系	轮胎	轮胎磨损应在规定范围内，同轴轮胎应为相同的规格和花纹，转向轮不得使用翻新轮胎，轮胎气压符合规定，后轮辋孔与制动鼓观察孔对齐	检查

续表

序号	检测部位	检验项目	技术要求	备 注
6	行驶系	钢板弹簧	钢板弹簧无断裂、位移、缺片，U 形螺栓紧固，前后钢板支架无裂纹及变形	检查
		减振器	稳固有效	路试
		车架	车架无变形，纵横梁无裂纹，铆钉无松动，拖车钩、备胎架齐全，无裂损变形，连接牢固	检查
		前后轴	无变形及裂纹	检查
7	制动系	制动性能	应符合 GB 7258 中的有关规定	路试或检测
		制动踏板自由行程	符合规定	
		驻车制动性能	应符合 GB 7258 中的有关规定	路试或检测
8	滑行	滑行性能	符合规定	路试或检测
9	车身、车箱	车身	驾驶室装置紧固，门锁链灵活无松旷，限动装置齐全有效，驾驶室门关闭牢靠，无旷动，挡风玻璃完好，窗框严密，门把、门锁、玻璃升降器齐全有效。发动机罩锁扣有效，暖风装置工作正常	检查
		车箱	车箱不歪斜，整体不变形，底板无损坏，边板、后门平整无变形，铰链完好，关闭严密，前后锁扣作用可靠	检视
10	排放	尾气排放测量	符合有关标准的规定	检测

（二）不定期维护

1. 走合维护

走合维护是指新车或大修后的车辆开始投入运行的最初阶段所做的维护。在此期间零件表面不平的部分被磨去，逐渐形成了比较光滑、耐磨且可靠的工作表面，以承受正常的工作负荷。同时，通过磨合可暴露出一些制造或修理中的缺陷并及时加以消除，使汽车在常用阶段时的故障率趋于较低水平。

2. 换季维护

由于冬、夏两季的温差大，为使车辆在冬、夏两季的合理使用，在换季之前，应结合定期维护，并附加一些相应的项目，使汽车适应气候变化后的使用条件。

3. 年度保养

年度保养是在车辆二级保养的基础上，结合年审或在每年年审月份到之前增加全车车容修复项目。以检查，调校和修复为中心，其主要作业内容为：检查调整发动机及传动系、转向系的工作状况，拆检制动阀、四轮制动器，检修供油系、冷却系、悬挂部分，检查修复调整电器设备、车厢内外蒙皮。

作业安排：

（1）新车投产满两年、中修后满一年，结合年审，每年年审月份到之前进行一次。

（2）当年计划中修及报废的车辆不安排年保。

任务三　城市公交客车运营保养规定

一、城市公交客车保养常用术语

（一）常用名词术语

1. 清　洁

清除积炭、油污及杂物等，使物体达到洁净状态。

2. 清　洗

对需要清洗部位进行清洁作业。

3. 润　滑

对需润滑部位按规定及标准加注润滑剂。

4. 检　查

按 Q/CGJ1—2013 公共汽车修理技术条件（以下简称修理标准）要求对机件进行检查，对不符合标准者应进行修理、紧固、调整或更换，使之达到标准要求。

5. 紧　固

按修理标准对紧固件或连接件进行校紧，使之达到标准要求。

6. 拆　检

将机件或总成按需拆解，并进行仔细检查，凡不符合修理标准要求者应进行修理或更换。

7. 视情修理

按技术文件规定对客车技术状况进行诊断或检测后，决定修理内容并进行修理。

8. 互换（更换）

用完好的总成或部件，替换不合技术要求的总成或部件。

9. 调　校

对应调校部位按修理标准进行调整、校准。

10. 换　新

更换新的同类型总成或零部件。

11. 齐全有效

指数量、规格、技术条件和工作性能都符合标准要求。

12. 不正常磨损

指零部件或总成在使用过程中超过正常磨损规律的现象。

13. 异　响

客车总成或部件在工作中，严重超过技术标准规定的不正常响声。

14. 发抖（振抖）

客车运行中产生技术标准所不允许的自身振动现象。

15. 泄　漏

客车上有密封要求的部位，漏气（液）量超过技术标准规定的现象。

16. 检　测

测量检查的统称。

17. 使用极限

零部件总成可继续使用的限度。

18. 原厂规定

指制造厂产品图纸和技术文件给定的范围。

19. 原厂尺寸

指制造厂产品图纸所标明的尺寸。

（二）客车保养的分类

按照 GB/T 18344《汽车维护、检测、诊断技术规范》将汽车维护分为日常维护、一级维护、二级维护。而实际在一些大型运输企业的修理厂，在实施过程中有时需要确定是否进行三级维护。

很多城市公交企业按客车的运行状况，对客车进行不同种类的保养。目前客车保养分类有走合保养、例行保养、运行保养、一级保养、二级保养、三级保养、空调保养、车身整修、车身中修等九类。

（三）客车各级保养定义

为维持汽车完好技术状况或工作能力而进行的作业。

各级保养都有一个周期，周期的确定应以车辆行驶里程为主要依据。

1. 走合保养

简称走保，指新车、新总成、大修总成等初期使用周期内的保养。走合保养包括车辆走合前的检查，走合期结束的保养。

2. 例行保养

简称例保，指以清洁、检查补给为中心内容，由驾驶员负责执行的车辆保养（指出车前、行驶中、收班后对车辆的保养）作业。

3. 运行保养

简称运保，指以检查安全部位、紧固、润滑、调整制动间隙为中心的保养作业。由驻站或厂、场维修人员负责作业。

4. 一级保养

简称一保，指以清洁、润滑、紧固、检查、调校为中心的保持客车运行性能的作业。由维修企业负责执行作业。

5. 二级保养

简称二保，指除完成一保作业外，以检测发动机，拆检转向传动机构、转向机构、传动机构及车轮等为中心，维持汽车寿命平衡性的作业。由维修企业负责执行作业。

6. 三级保养

简称三保，指除完成二保作业外，以主要总成的互换、恢复车辆技术性能、节约保养作业时间等为中心，延长客车寿命的作业。由维修企业负责执行作业。

7. 空调保养

指以空调使用前的检查、使用中的定期保养、清洁、检查、润滑以及停用后的换季保养为主要内容的作业。

8. 车身整修

对客车车身内、外容貌进行恢复性维护和罩漆为主，以维持客车车身寿命平衡性为目的的作业。

9. 车身中修

对客车车身的车架、骨架、内外蒙皮等按需进行维修、更换、更新，以延长客车车身寿命为目的的作业。

二、城市公交客车保养作业参照标准

随着现代汽车制造业的不断进步，新技术、新工艺、新材料得到广泛应用，使汽车的技术性能和使用寿命都有了很大的改善。但随着汽车行驶里程的增加，其零部件会逐渐磨损，技术状况会不断变差。同时，磨损程度会因使用、保养情况的不同而有很大差异。因此，只有根据零部件的磨损规律制订切实可行的维护保养措施，才能使其保持完好的技术状态，这便是汽车维护保养的意义所在。汽车行驶一定里程和时间后，根据汽车维护技术标准，按规定的工艺流程、作业范围、作业项目和技术要求所进行的预防性作业即为汽车维护。其目的是保持车辆技术状况良好，确保行车安全，充分发挥汽车的使用效能并降低运行消耗，提高车辆使用寿命。

城市公交客车保养作业是根据国家标准《营运车辆综合性能要求和检验方法》GB18565，《机动车运行技术条件》GB7258，《汽车维护、检测、诊断技术规范》GB/T18344 和《机动车安全检验项目和方法》GB18832 等有关规定及生产厂家的有关技术要求，结合当地城市公交车和公路客运车的不同使用性质要求而制定。城市公交客车保养是为减少在用汽车零部件的磨损速度，消除隐患，使车辆保持良好技术状况而采取的预防性养护作业，是为乘客提供安全、舒适、快捷的交通服务的技术保障措施。

三、客车保养周期确定

按照 2016 年新修订的国标 GB/T 18344《汽车维护、检测、诊断技术规范》中的要求，汽车一、二级维护周期的确定，应以汽车行驶里程为基本依据，行驶里程间隔执行车辆维修资料等有关技术文件规定。对于不便用行驶里程统计、考核的汽车，可用行驶时间间隔确定一、二级维护周期。表 1-3-1 为 GB/T—18344 中给出的道路运输车辆一级维护、二级维护推荐周期表。

表 1-3-1　道路运输车辆一级维护、二级维护推荐周期表

适用车型		维护周期	
		一级维护行驶里程间隔上限值或行驶时间间隔上限值	二级维护行驶里程间隔上限值或行驶时间间隔上限值
客车	小型客车（含乘用车）（车长≤6 m）	10 000 km 或 30 日	40 000 km 或 120 日
	中型及以上客车（车长>6 m）	15 000 km 或 30 日	50 000 km 或 120 日
货车	轻型货车（最大设计总质量≤3 500 kg）	10 000 km 或 30 日	40 000 km 或 120 日
	轻型以上货车（最大设计总质量>3 500 kg）	15 000 km 或 30 日	50 000 km 或 120 日
挂车		15 000 km 或 30 日	50 000 km 或 120 日
注： （1）道路运输车辆一级维护、二级维护周期以行驶里程间隔或行驶时间间隔先到达者为准； （2）对于以山区、沙漠、炎热、寒冷等特殊运行环境为主的道路运输车辆，可适当地缩短维护周期			

城市公交客车在新车投产使用 6 ~ 10 年后退役或报废；现目前大部分企业执行时都按照交通运输部的行业标准 JT/T 1045—2016《道路运输企业车辆技术管理规范》，这一标准来实施的，这个标准中明确说了企业应依据 GB / T 18344《汽车维护、检测、诊断技术规范》、GB/T 27876《压缩天然气汽车维护技术规范》、GB/T 27877《液化石油气汽车维护技术规范》、JT/T 1009《液化天然气汽车维护技术规范》等标准以及车辆维修手册、使用说明书等技术文件，结合车辆类别、运行状况、行驶里程、道路条件、使用年限等因素，确定车辆维护周期（用维护间隔时间或间隔里程表示）。各企业在不突破 GB18344 中上限值的情况下要结合车辆类别、运行状况、行驶里程、道路条件、使用年限等因素，确定车辆维护周期，还要参考车辆维修手册、使用说明书等技术文件。

大多数的城市公交车根据实际情况，一级保养每 20 ~ 30 天进行一次，二级保养（新车行驶至 2.5 万千米按生产厂家的保养要求一次强保后）每隔三个月进行一次；公路客运车一级保养每行驶 5 000 千米作业一次，二级保养（新车行驶至 2.5 万千米按生产厂家的保养要求一次强保后）每行驶 5 万千米或行驶三个月（按最早达到计算）作业一次；整车中修两次，新车投产行驶 3.5 ~ 4.5 年进行第一次中修，行驶 6.5 ~ 7 年进行第二次中修（公交车第二次中修可视需进行）。

年度保养是新车投产两年后结合年审进行保养（当年计划中修或报废的车辆除外）。

（一）公路客运车

一级保养每 5000 千米一次，二级保养每 50 000 千米或 3 月一次，3.5 ~ 4 年整车中修，如图 1-3-1 所示。

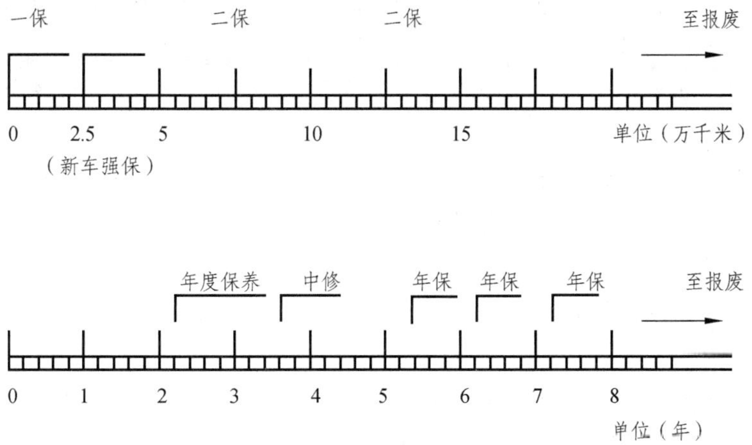

图 1-3-1　公路客运车辆保养里程间隔示意图

（二）城市公交客车

一级保养每 20 ~ 30 天一次，二级保养每 4 个月一次，如图 1-3-2 所示。

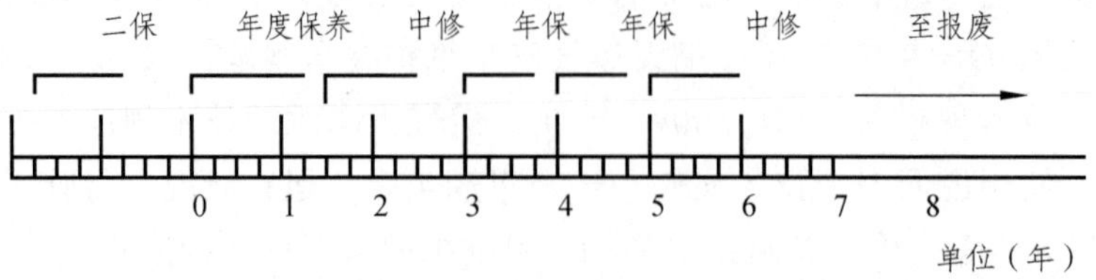

图 1-3-2　城市公交车辆保养间隔里程

第一次整车中修 4 ~ 4.5 年；第二次整车中修 6.5 ~ 7 年（视需）。

四、公交车回场检项目规定

城市公交客车在各运行路队设立了车辆回场检修小组，每日车辆回场后，需要检查项目如下：

（1）检查各部有无漏油、漏气、漏水现象，气、油管路安装是否牢固可靠。检听发动机运转情况和响声。检查、调整风扇皮带、空气压缩机皮带、空调压缩泵皮带的松紧度。

（2）检视各部仪表工作情况是否正常，刮水器的工作情况是否良好，照明、信号和喇叭的工作情况是否正常，以放水的方式检测水位警报器是否正常。检查车辆辅助电器设施是否正常（包括报站器、安全监视器、投币机自动翻板装置、视听系统、数字移动电视、行车记录仪、显示器、电冰箱、底盘中央润滑系统、电子线路牌、智能调度、GPS、行车记录仪等信息化电子设备），检查电源总开关是否正常，熔断丝（器）是否按规格安装。发现车载电子设备出现故障后，可由本单位专业人员修理或送修配厂、专业维修单位修理。

（3）检查转向机构、制动系统以及一切安全部件的保险装置是否齐全牢固，作用正常。

（4）检查轮胎、半轴、传动轴、钢板弹簧、空调机组悬挂等处的螺母是否紧固，转向装置与横直拉杆等各连接部分的螺丝是否牢固可靠，检查前后钢板弹簧有无折断变形，检查轮胎气压及磨损情况。

（5）检查车厢内的设施，如座椅、扶手、扶手环、地板胶和内蒙皮螺（铆）钉是否松脱及有无破损。

（6）检视全车的装备是否齐全，并做好记录，特别注意座椅靠背，灭火器、后视镜、油箱盖、窗玻璃、安全锤的装备情况。

（7）检查 ABS 线束、电缆，底盘中央润滑系统油管应固定完好，与其他机件应无摩擦现象。

（8）每周一次清洁视听系统（收音机、可卸式控制面板 DCP、VCD 机、解码器、显示器、电源稳压器、音箱、数字移动电视）、安全监视器（摄像头、显示器）、行车记录仪 GPS（读卡机、存储卡、传感器、主机、卫星定位仪、天线）、智能调度系统。

（9）每周检查清洁空气滤清器滤芯，间隔时间不得超过 7 天。

（10）检测发动机尾气排放是否达标，如尾气排放超标的应查找原因，并立即报修处理。

五、公交车进厂保养前要求

城市公交客车应按保修计划进行保养，分公司应根据保养计划编排运行计划，修配厂（车间）应及时掌握车辆的实际里程，编制保修计划。送保或送修车辆，必须保持能行驶状态，装备齐全，不得拆换零部件或缺件。总成送修也宜完好无缺。凡缺件，运行单位应填写缺件清单，费用由运行单位负责。若因肇事或其他特殊情况，车辆不能行驶或缺件的应向保修单位说明，征得保修单位同意后，才可入厂。非车辆部件（如：随车证件等），原则上由分公司自行妥善保管，二保作业前要做好有关设备资料记录。凡二级保养以上作业内容的送修车辆，应在送保前一天进厂洗车，保证车厢内外清洁干净，发动机、底盘、空调机组车身各部分应无油泥污垢，否则不能进保。车辆送保送修时要填写清楚附加的保修项目及特殊的技术要求，办妥各项交接事宜，建立保修技术资料。

六、公交车走合期的规定

城市公交车所用发动机一般为天然气（CNG）发动机或柴油发动机，通常情况下，车辆大修走合里程为 1000 千米；新车走合里程为 2000 千米。走合期应遵守以下规定：

（1）发动机应加装限速装置，非有关人员不得随便调整发动机。空气滤清器必须齐全，作用良好。并悬挂走合标志。

（2）发动机冷车起动后，不可猛踩油门，应使发动机怠速运转 3 min，水温升至 50 °C 后才能起步。

（3）走合期内应以中速行驶，最大时速不得超过 70 千米。

（4）走合期内应安排短途线路运行，并减载乘客 20% ~ 30%。

（5）新车发动机走合期满后，应到发动机厂指定的维修服务站进行新车走合保养或在其技术人员认可下，自行完成以下项目的保养，并填好走合保养手续（以下项目对发动机大修走合期满后同样适用）。

① 更换发动机机油和机油滤清器滤芯；

② 清洗发动机油底壳、清洁干净机油泵吸滤网（有关规定的发动机型除外）；

③ 按技术要求顺序紧固缸盖螺栓和紧固排气管螺栓，并调整气门间隙。

（6）清洗机油滤清器细滤器转子和更换粗滤芯，更换发动机润滑油，清除空气滤清器纸质滤芯的积尘。

（7）其他按一级保养项目进行，并拆除限速装置和走合标志。

七、公交车保修保行期的规定

公交车辆的保行里程以保养出厂之时起计算，保行时间以保养出厂的第二天起计算，保行期以行驶里程或出厂时间先到者为限，具体见表 1-3-2。

表 1-3-2　汽车保修出厂后的保行期

作业项目	发动机大修	发动机三保	空调压缩机大修	一级保养	二级保养	年保	整车中修	
							底盘	车厢
保行里程（千米）	20 000	10 000		800	1 500	1 500	10 000	
保行时间（天）	90	15	30	3	5	5	15	180

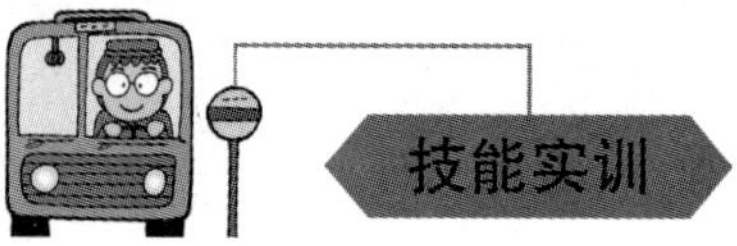

城市公交客车的日常维护操作

1. 安全要求及注意事项

（1）不准赤脚或穿拖鞋、高跟鞋和裙子参加实训，留长发者要戴工作帽。

（2）进入车辆实训场地后，未经老师批准，不得动用实训车辆的各项设备。

（3）实训时，未经老师批准，不准进入车厢内，防止车辆意外起动造成重大事故。

（4）发动机运行时，严禁将手伸入发动机舱内。

（5）进气道及三元催化器清洗实训过程中必须严禁烟火，并在实训区域内配有灭火器。

2. 设备/工具/耗材要求

（1）设备：CNG 公交车整车一台，常用工具一套。

（2）耗材：清洁棉纱。

3. 日常维护项目

针对实训车辆按照表 1-3-3 给车辆实施日常维护作业。

表 1-3-3　城市公交客车日常维护作业项目操作项目

序号	作业项目	作业性质	技术要求
1	发动机		
1.1	发动机及仪表	检查	运转正常、无异响；不漏油、漏水、漏气、漏电；各种仪表作用正常，外表清洁，线路无松动
1.2	燃料（天然气）供给系	检查	各部无泄漏、碰擦；系统工作正常，燃料足够，口盖齐全
1.3	散热器冷却液及机油油平面高度	检查	无泄漏，口盖齐全，液量及机油油面高度符合原厂规定
1.4	水泵、空压机及皮带	检查	固定良好，工作正常无异响，皮带挠度在 30～50 N 作用力下为 10～15 mm
1.5	空滤器及管路	检查	固定良好，作用正常
1.6	发动机起动要求		每次起动时间不得超过 5 s，连续起动的间隔时间不得短于 15 s；第三次起动前必须检查排除故障并间隔 2 min 后再进行
2	底盘		
2. 1	转向系	检查	固定良好，自由转动量符合原厂规定。转向灵活、准确、可靠
2.2	制动系		
2.3	制动踏板、拉（推）杆	检查	固定良好，连接可靠，销锁齐全。自由行程符合原厂规定
2.4	控制阀、气室、储气筒、管路、总泵、储油罐	检查	无泄漏，工作正常，储油罐油量足够，储气筒无积水
2.5	行车制动、驻车制动、应急制动	检查	制动性能良好，不跑偏、不发咬
2.6	半轴螺栓	检查	齐全、紧固
2.7	离合器、变速器、传动轴、主减速器、差速器、缓速器	检查	无泄漏、无异响，不打滑、不发抖、分离彻底，踏板自由行程符合要求
2.8	钢板弹簧	检查	无断裂、移位
2.9	车轮	检查	气压符合要求，轮胎螺栓齐全紧固，轮胎间无杂物，轮胎无异常磨损，轮辋无裂损
3	电器		
3.1	电气	检查	发电正常；蓄电池清洁、液面高出防护板 10～15 mm；灯具齐全完好
3.2	刮水器、后视镜	检查	完好、有效、安装牢靠
3.3	车厢	检查	各类门、窗完好，启闭灵活，锁止可靠；玻璃稳固；灭火器、座椅、靠背、扶手、应急锤等齐全有效；车内、外清洁；车身外表无明显擦挂
3.4	报站器、监视器、IC 卡机、投币机电子路牌、时温显示器	检查	作用正常

任务四　汽车常用螺栓基本知识

一、螺纹的历史

螺纹是人类最早发明的简单机械零件之一，在古代，人们利用螺纹固定战袍上的铠甲、提升物体、压榨油料和酒制品等。18 世纪末，英国工程师亨利 · 莫斯利发明了螺纹丝杠车床。第一次工业革命后，1841 年英国人约瑟夫 · 惠特沃斯提出了世界上第一份螺纹标准（BS84，惠氏螺纹，B.S.W.和 B.S.F.）从而奠定了螺纹标准的技术体系。1905 年，英国人泰勒发明了螺纹量规设计原理（泰勒原理）。从此，英国成为世界上第一个全面掌握螺纹加工和检测技术的国家，英制螺纹标准是世界上现行螺纹标准的源头。

世界上最有影响的紧固螺纹有英国的惠氏螺纹、美国的赛氏螺纹、法国的米制螺纹三种。

二、螺纹的种类、要素

（一）螺纹的种类

螺纹按用途分为连接螺纹和传动螺纹两大类，见表 1-4-1。

表 1-4-1　螺纹的种类

螺纹分类	螺纹种类	外形及牙型图	牙型符号	螺纹种类	外形及牙型图	牙型符号
连接螺纹	粗牙普通螺纹	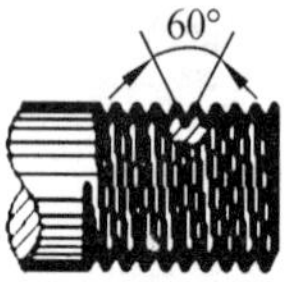	M	非螺纹密封的管螺纹	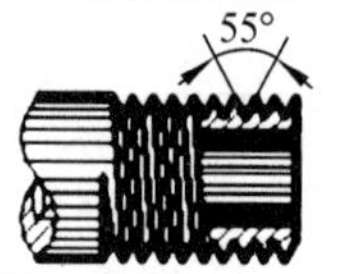	G
	细牙普通螺纹			用螺纹密封的管螺纹	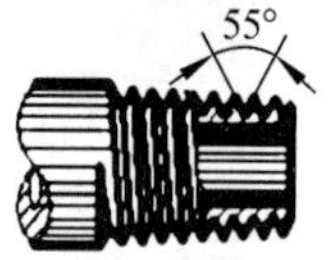	R_C R_P R
传动螺纹	梯形螺纹	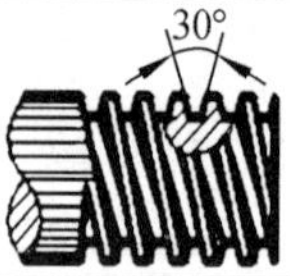	T_I	锯齿形螺纹	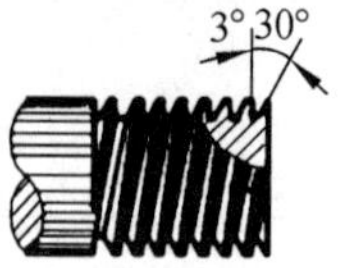	B

1. 连接螺纹

常用的标准螺纹有：粗牙普通螺纹、细牙普通螺纹、管螺纹、锥管螺纹四种。

上述四种螺纹牙形皆为三角形，其中普通螺纹的牙形为等边三角形（牙型角为 60°）。细牙和粗牙的区别是在大径相同的条件下，细牙螺纹比粗牙螺纹的螺距小。管螺纹和锥螺纹的牙形为等腰三角形（牙形角为 55°），螺纹名称以英寸为单位，并以 25.4 mm 螺纹长度中的螺纹牙数表示螺纹的螺距。管螺纹多用于管件和薄壁零件的连接，其螺距与牙形均较小。

2. 传动螺纹

传动螺纹是用作传递动力或运动的螺纹。常用的标准螺纹有如下两种：

（1）梯形螺纹 ——牙形为等腰梯形，牙形角为 30°，是最常用的传动螺纹。

（2）锯齿形螺纹 ——一种受单向力的传动螺纹，牙形为不等腰梯形，一边与铅垂线的夹角为 30°，另一边为 3°，形成 33°的牙形角。

（二）螺纹的要素

螺纹的要素：有牙形、直径、线数、螺距和旋向五要素。

（1）牙形：在通过螺纹轴线的剖面上螺纹的轮廓形状，如图 1-4-1 所示。

（2）螺纹的直径：螺纹有大径（外螺纹用 d，内螺纹用 D 表示）、小径和中径之分，如图 1-4-2 所示。

（3）螺纹线数：单线和多线之分，如图 1-4-3 所示。

（4）螺距 P、导程 S：单线螺纹的导程= 螺距；多线螺纹的导程=螺距 × 线数，如图 1-4-3 所示。

（5）旋向：螺纹有左旋和右旋之分，其结构如图 1-4-4 所示，常用右旋螺纹，左旋螺纹一般在特定场合使用。

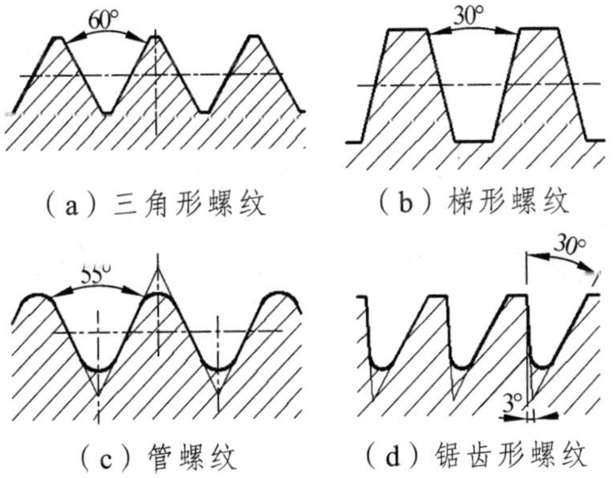

（a）三角形螺纹　（b）梯形螺纹

（c）管螺纹　（d）锯齿形螺纹

图 1-4-1　螺纹的牙形

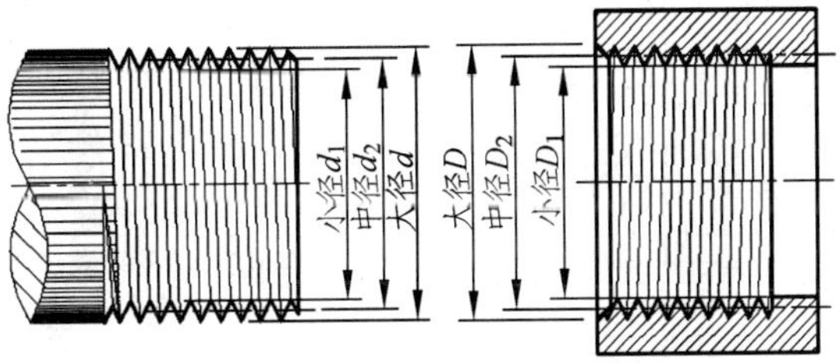

图 1-4-2　螺纹的直径

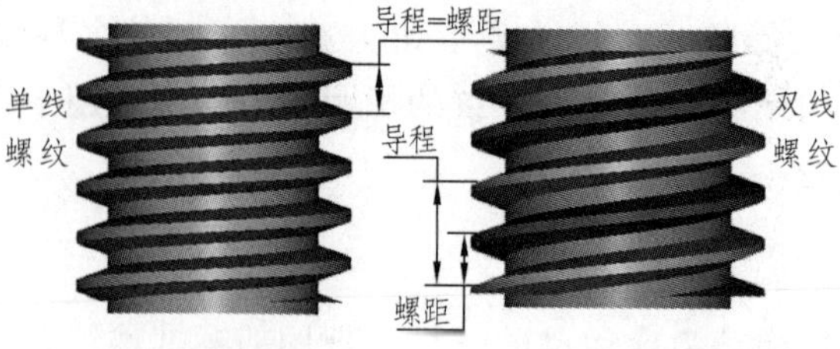

（a）单线螺纹　　（b）双线螺纹

图 1-4-3　螺纹线数、螺距、导程

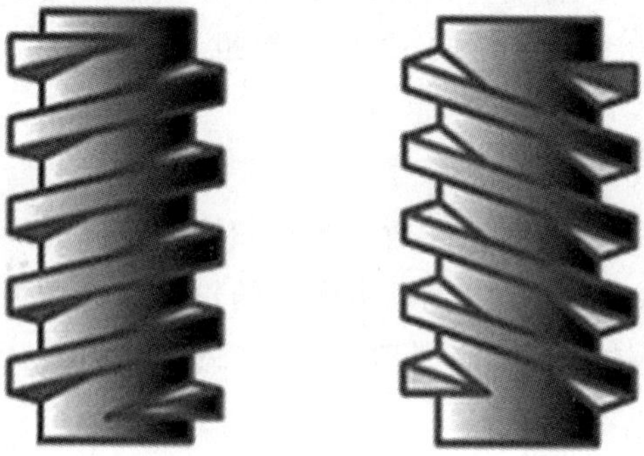

（a）右旋螺纹　　（b）左旋螺纹

图 1-4-4　螺纹旋向

（三）螺纹连接种类

1. 螺栓连接

螺栓穿过被连接件上的光孔并用螺母拧紧，可分为普通螺栓连接和铰制孔螺栓连接两种。

（1）普通螺栓连接——被连接件不太厚，通孔不带螺纹，螺杆穿过通孔与螺母配合使用。装配后孔与杆间有间隙，结构简单，装拆方便，可多个装拆，应用较广。主要用于被连接件不厚、通孔、经常拆卸的场合，如图 1-4-5 所示。

（2）铰制孔螺栓连接——装配后无间隙，主要承受横向载荷，也可作定位用，采用基孔制配合铰制孔螺栓连接，如图 1-4-6 所示。

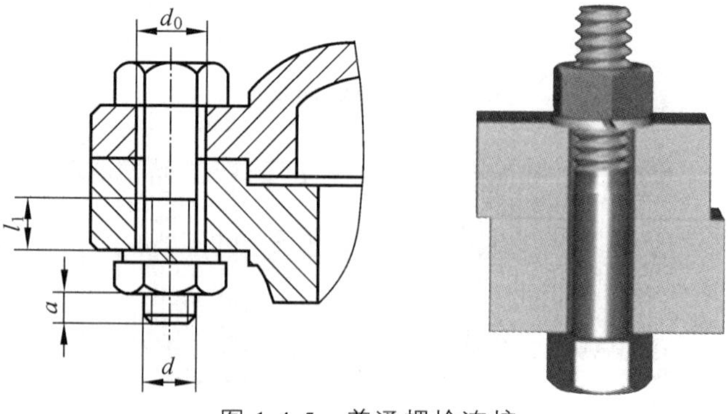

图 1-4-5　普通螺栓连接

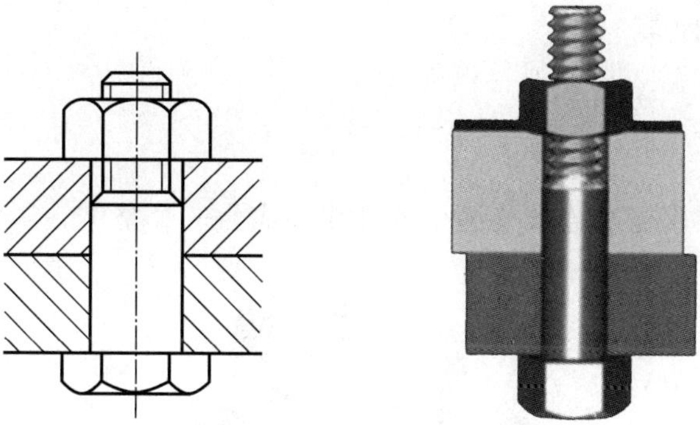

图 1-4-6 铰制孔螺栓连接

2. 双头螺柱连接

螺杆两端无钉头，但均有螺纹，装配时一端旋入被连接件，另一端配以螺母，如图 1-4-7 所示。拆装时只需拆螺母，而不将双头螺柱从被连接件中拧出。适用于被连接件之一较厚、盲孔且经常拆卸场合。

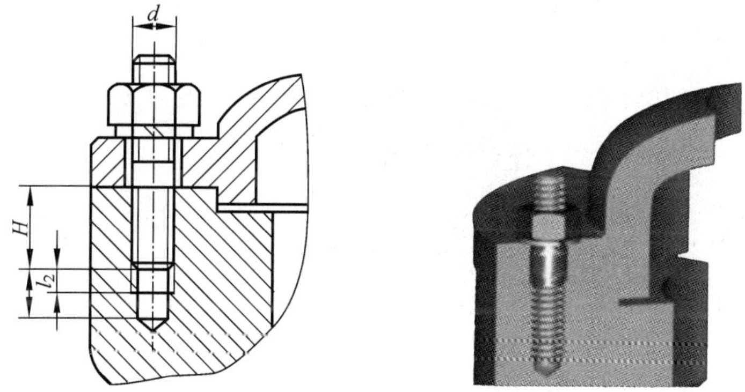

图 1-4-7 双头螺柱连接

3. 紧定螺钉连接

利用杆末端顶住另一零件表面或旋入零件相应的缺口中以固定零件的相对位置，可传递不大的轴向力或扭矩，根据螺钉形状不同可分为平端紧定、锥端紧定和圆柱端紧定，如图 1-4-8 所示。

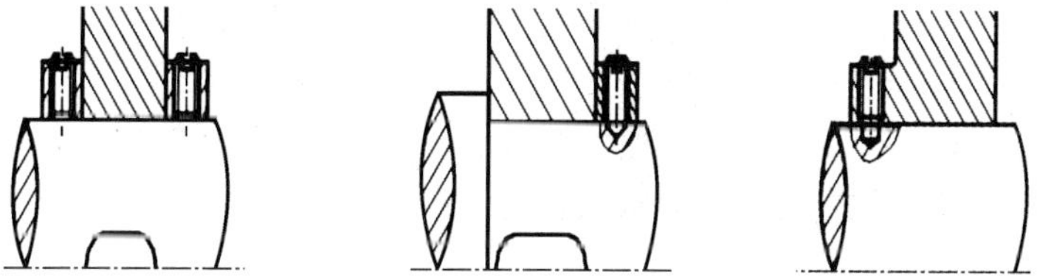

（a）平端紧定螺钉　（b）锥端紧定螺钉　（c）圆柱端紧定螺钉

图 1-4-8 紧定螺钉连接

（四）螺栓的种类

1. 六角螺栓（普通粗牙）

（1）用　途

与螺母配合，利用螺纹连接使两个零件连接成为一个整体，属于可拆卸连接，其结构如图 1-4-9 所示。

图 1-4-9　六角螺栓（普通粗牙）的结构

（2）标　记

螺纹规格 d=M12×1.5、公称长度 L=80 mm、性能等级为 8.8 级、表面氧化、A 级的六角头螺栓的完整标记为：GB578M12×1.5×80。

2. 六角螺栓（普通细牙）

（1）用　途

与螺母配合，利用螺纹连接使两个零件连接成为一个整体，属于可拆卸连接，其结构如图 1-4-10 所示。

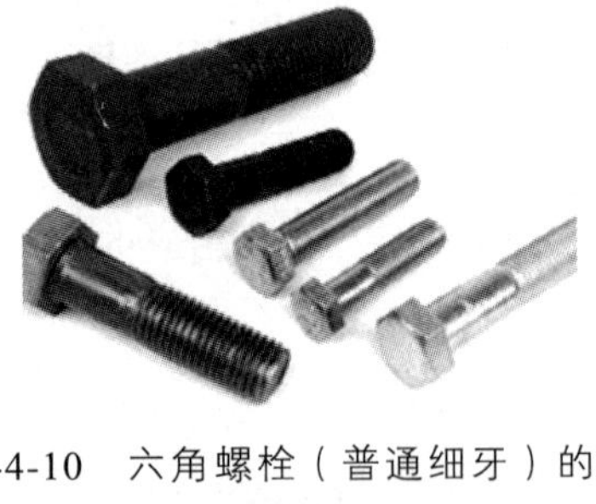

图 1-4-10　六角螺栓（普通细牙）的结构

（2）标　记

螺纹规格 d=M12×1.5、公称长度 L=80 mm、性能等级为 8.8 级、表面氧化、A 级的六角头螺栓的完整标记为：GB578M12×1.5×80。

3. 沉头类螺栓

（1）用　途

螺栓头部可埋入构件内，连接强度高。一般用在被连接件需要保证平面的情况下使用。如线耐磨板连接螺栓都是用沉头螺栓连接，其结构如图 1-4-11 所示。

（2）标　记

螺纹规格 d=M12×1.5、公称长度 L=80 mm、性能等级为 8.8 级、表面氧化、A 级的六角头螺栓的完整标记为：GB70.1M12×80。

图 1-4-11　沉头类螺栓

4. 吊耳、U 形螺栓

（1）用　途

吊耳螺栓用于起重、吊装机具做起吊重物用。一般用于电机等需要吊装的设备上。U 形螺栓一般作安装固定用，一般使用在管道的固定、钢丝绳固定等场合，其结构如图 1-4-12 所示。

图 1-4-12　吊耳（左）、U 形螺栓（右）

（2）标　记

螺纹规格 20 mm，材料为 20#钢，U 形吊耳螺栓标记为：GB825M20。

5. 紧定螺钉

（1）用　途

专供固定机件相对位置用的一种螺钉，有开槽式、内六角式、方头三种，一般多用在固定联轴器与平键的相对位置场合，其结构如图 1-4-13 所示。

图 1-4-13　紧定螺钉

（2）标　记

螺纹规格 d=M12×1.5、公称长度 L=10 mm 的紧定螺钉标记为：GB7185M12×10。

6. 双头螺栓、螺柱

（1）用　途

双头螺栓一头可埋入构件内，另一头连接另一零件。一般用在被连接件不能或不便安装带头螺栓的情况下使用。螺柱可代替双头螺栓使用，其结构如图 1-4-14 所示。

图 1-4-14　双头螺栓、螺柱

（2）标　记

螺纹规格 d=M12、公称长度 L=80 mm、性能等级为 4.8 级等长双头螺栓完整标记为：GB/T901M12×80。

7. 地脚螺栓、膨胀螺栓

（1）用　途

地脚螺栓：专门埋于混凝土地基中，做固定各机器、设备的底座用，其结构如图 1-4-15 所示。

膨胀螺栓：一般是把机器设备或结构件等安装在混凝土地基上、墙壁中的一种特殊螺纹连接，其结构如图 1-4-16 所示。

图 1-4-15　地脚螺栓

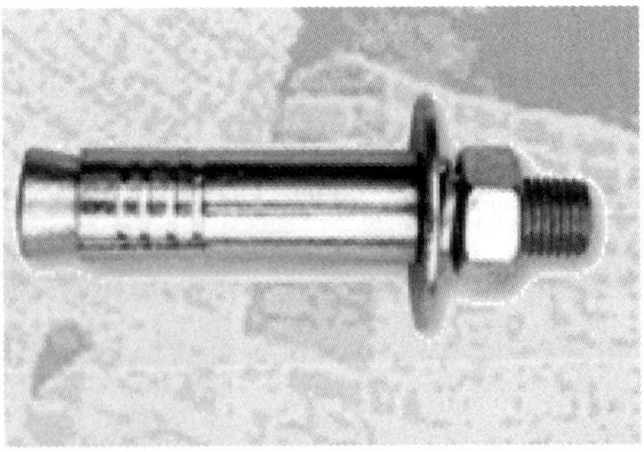

图 1-4-16　膨胀螺栓

（2）标　记

螺纹规格 D=M20，公称长度 l=400 mm 性能等级为 3.6 级，不经表面处理的地脚螺栓可标记为：GB799 M20 × 400。

8. 扭剪螺栓、活节螺栓

扭剪螺栓：一般用于对钢构件的连接，螺栓锁紧后扭剪螺栓的头部应断裂，其结构如图 1-4-17 所示。

活节螺栓：多用于需要经常拆开连接的场合或工装上，其结构如图 1-4-18 所示。

图 1-4-17　扭剪螺栓

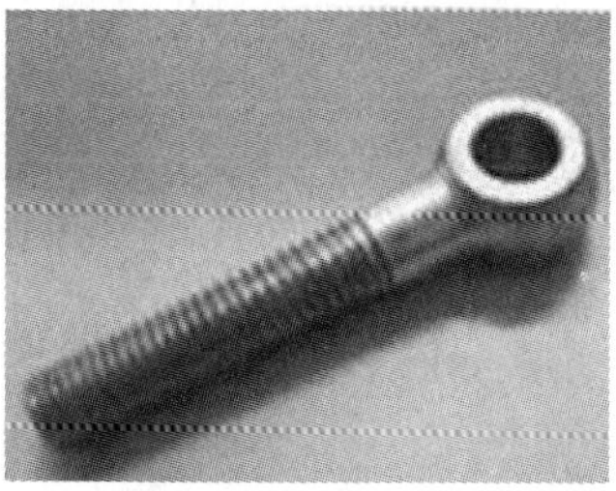

图 1-4-18　活节螺栓

9. 自攻螺钉

（1）用　途

一般用于薄金属制件的连接，如厂房浪板的固定。根据头部形状可分：六角头、十字槽盘头、十字槽沉头和开槽沉头自攻螺钉，其结构如图 1-4-19 所示。

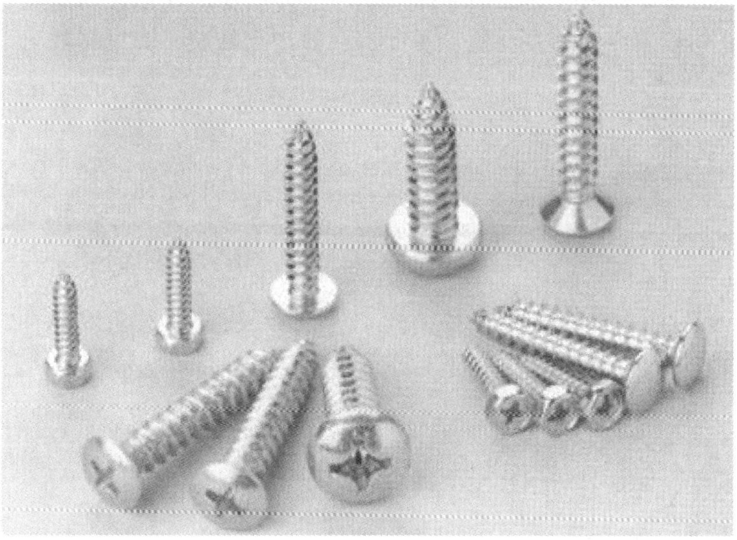

图 1-4-19　自攻螺钉

（2）标　记

螺纹规格 ST3.5，公称长度 L=16 mm，C 型开槽自攻螺钉标记为：GB/T5283 ST3.5 × 16。

10. 六角螺母

（1）用　途

六角螺母也称六角螺帽，与螺栓、螺钉配合使用，如图 1-4-20 所示。

（2）标　记

螺纹规格 *d*=M12、性能等级为 8.8 级、表面氧化、C 级的六角螺母的完整标为：GB/T41M12。

图 1-4-20　六角螺母

11. 开槽、法兰面螺母

（1）用　途

开槽螺母：用在与之配合的螺杆末端带孔的螺栓，用开口销插入固定锁紧，主要用于具有振动载荷的设备上，其结构如图 1-4-21 所示。

六角法兰面螺母：具有更大的支撑面积与应力面积的比值，因而能够承受更高的预紧力。所以一般用在汽车发动机、重型机械等产品领域，其结构如图 1-4-22 所示。

图 1-4-21　开槽螺母

图 1-4-22　六角法兰面螺母

（2）标　记

同普通螺母一样，只是国标号不同。

12. 圆螺母、蝶型螺母

（1）用　途

圆螺母：用于轴类零件上，以防止轴向位移，与止退垫圈使用，其结构如图 1-4-23 所示。

蝶型螺母：用于连接强度不高，需经常拆卸，可用手拧动的螺母，如钢锯弓、报纸夹等场合，其结构如图 1-4-24 所示。

（2）标　记

圆螺母标示为：GB/T812M12×1.5；蝶型螺母标示为：GB/T62 M10。

图 1-4-23　圆螺母

图 1-4-24　蝶型螺母

13. 锁紧螺母、盖型螺母

（1）用　途

自锁螺母：和普通六角螺母一样，但比普通螺母更具有防松的功能，一般用在振动的连接部位，其结构如图 1-4-25 所示。

盖型螺母：比普通螺母多了一个装饰的功能，其结构如图 1-4-26 所示。

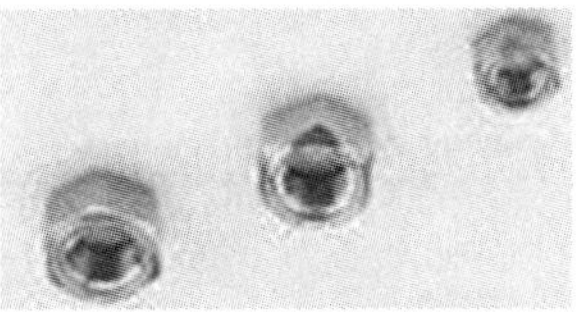

图 1-4-25　自锁螺母

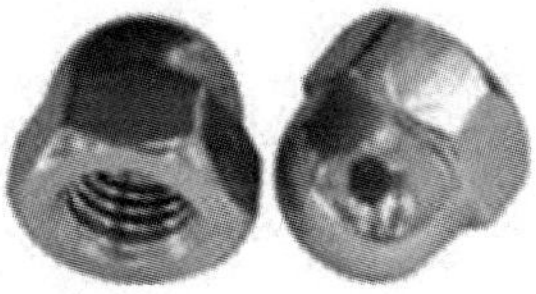

图 1-4-26　盖型螺母

（2）标　记

锁紧螺母的国标号为：GB/T6186—2000。

盖型螺母的国标号为：GB/T923-88。

14. 平垫圈

（1）用　途

装置于螺母或螺栓头部与被连接件表面之间，保护被连接件表面避免被螺母擦伤、增大被连接件与螺母间的接触面积、降低螺母作用在被连接件表面上的压力，其结构如图 1-4-27 所示。

图 1-4-27　平垫圈

（2）标　记

平垫圈标记为：GB/T97—10。

15. 弹簧垫圈

（1）用　途

弹簧垫圈是安装在螺母和构件之间，利用弹簧垫圈断口处的尖角和受到挤压后产生的反弹力，防止螺母松动。有标准、轻型、重型三种系列，其结构如图 1-4-28 所示。

图 1-4-28　弹簧垫圈

（2）标　记

规格 16 mm，材料为 45#的弹簧垫圈的标记为：GB/T 9316。

16. 止动垫圈、带爪垫圈

（1）用　途

配合螺母防止螺母松动，主要用于制有外螺纹的轴或紧定套上作固定作用，其结构如图 1-4-29 所示。

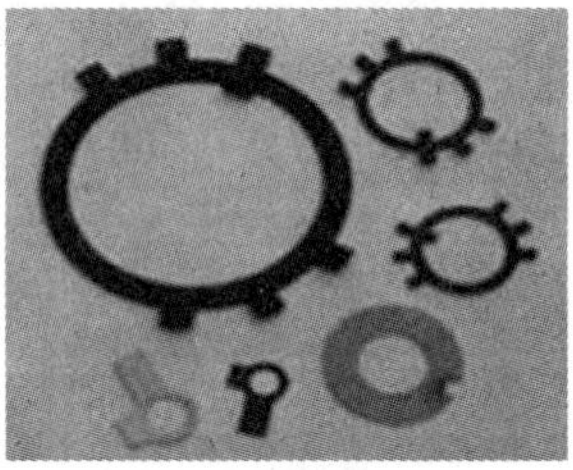

图 1-4-29　止推垫圈、带爪垫圈

（2）标　记

规格为 16 mm，材料为 Q235，表面氧化的圆螺母用止动垫圈标记为：GB/T 858 16。

三、高强度螺栓简介

（一）高强螺栓与普通螺栓区别

两者的区别是材料强度的不同。普通螺栓的材料是 Q235（即 A3）制造的。高强螺栓的螺杆、螺帽和垫圈都由高强度钢材制作，常用 45 号钢、40 硼钢、20 锰钛硼钢、35CrMoA 等。制成后还要进行热处理以提高强度。高强度螺栓可承受的载荷比同规格的普通螺栓要大。

从强度等级上看，高强螺栓常用 8.8 级和 10.9 级两个强度等级，其中 10.9 级居多。普通螺栓强度等级一般为 4.4 级、4.8 级、5.6 级。图 1-4-30 所示为汽车上常用的高强度螺栓。

图 1-4-30　汽车上常用的高强度螺栓

（二）从受力特点

高强度螺栓施加预拉力和靠摩擦力传递外力。普通螺栓连接靠栓杆抗剪和孔壁承压来传递剪力，拧紧螺帽时产生预拉力很小，其影响可以忽略不计，而高强螺栓除了其材料强度很高之外，还给螺栓施加很大的预拉力，使连接构件间产生挤压力，从而使垂直于螺杆方向有很大的摩擦力。高强度螺栓连接具有施工简单、受力性能好、可拆换、耐疲劳以及在动力荷载作用下不致松动等优点，是很有发展前途的连接方式，汽车上的连杆螺栓、制动底板螺栓、传动轴螺栓等都是用的高强度螺栓。

四、螺栓紧固参考力矩

汽车用一般螺纹紧固件拧紧力矩见表 1-4-2。

表 1-4-2　汽车用一般螺纹紧固件拧紧扭矩

螺纹直径/（mm）	螺距/（mm）	拧紧力矩（N·m）			
		4.6 级（15、A_3）	5.6 级（25、35）	8.8 级（45、35）	10.9 级（40Cr、15MnVB）
6	1	4.0	4.5	9	
8	1.25	8.0	10.6	23	
	1	8.5	11.0	25	
10	1.5	19.7	26.0	59	74
	1.25	20.8	28.0	63	78
	1	21.8	29.0	64	80
12	1.25	39.6	50.0	99	145
	1.5	38.5	47.0	97	142
	1.75	37.3	45.0	95	140

续表

螺纹直径/(mm)	螺距/(mm)	拧紧力矩(N·m)			
		4.6级(15、A_3)	5.6级(25、35)	8.8级(45、35)	10.9级(40Cr、15MnVB)
14	2	61.2	81.0	160	175
	1.5	74.6	90.0	180	210
16	2.5	142.9	190.0	268	437
	2	95.0	124.0	215	280
	1.5	105.0	132.0	240	305
18	1.5	157.6	200.0	316	467
20	2.5	188.0	231.6	430	528
	1.5	203.7	246.6	440	558

注：
(1)汽车上所用的螺纹连接紧固件，应按汽车使用说明书规定的拧紧力矩进行紧固。如无说明，又无特殊要求，应按本表相应规定值进行紧固。
(2)本表不适用于有特殊要求的部位

五、常见螺纹防松方法及使用注意事项

1. 弹簧垫圈防松

弹簧垫圈是一个用弹簧钢制作的开有斜口，断面扭曲，使之在水平面上错开一定角度，斜口锋利的圆形垫圈。使用时，垫在螺帽下面，直接接触机体。主要是靠当螺帽压平垫圈时产生的弹力防止螺帽松动，同时开口边的刃口在螺帽压力下，少量嵌入机体表面，产生嵌入阻力也防止了垫圈随螺母一起转动。该垫圈结构简单，但由于弹力不均且作用力不大、不十分可靠，多运用于一般性防松。重复使用时，如已压平无弹性者，不得使用。选用时弹簧垫圈的尺寸应与螺杆尺寸相对应。

2. 双螺母结构防松

利用两只螺母拧紧后的对顶作用，增大螺母与螺栓间的摩擦力来防松。为了节约空间，一般副螺母较薄，拧紧不便时，需用较薄的开口扳手。该结构主要用于汽车的调节拉杆、调节螺栓等处。使用时，首先要将主螺母拧至规定力矩，同时要把副螺母拧紧，使之产生对顶作用。

3. 自锁螺母

为便于叙述，以东风 EQ6100 型发动机连杆螺栓为例，其结构特点为螺母底部挖

有一直径ϕ14 mm、深 1 mm 的凹孔；顶部有与对角线成 100°以内夹角的 6 条槽，槽的开口较窄，不是常见的用于穿开口销的槽，仅为把螺母上部切开，当螺母用规定力矩拧紧时，螺母支承表面受到反作用力，使螺母上面开口部分向内收缩，紧紧抱住螺栓杆部螺纹，增大了螺母与螺栓间的摩擦力，起到防松作用。该螺母必须要拧紧使其上部变形才有防松作用，使用时必须拧到规定力矩。

4. 蝶形垫圈防松

蝶形垫圈是一只用弹簧钢冲压成的，中央凸出的带球面的特殊垫圈。蝶形垫圈受压后发生弹性变形，紧紧地顶住螺母，增大了螺母与螺栓间的摩擦力，且如果螺母略有松动，蝶形垫圈靠恢复变形迅速跟进，仍然紧紧地顶住螺母，起到防松作用。由于传动系统的振动较大，螺母易于松动，此结构常用于汽车传动系的变速器输出轴突缘，主减速器角齿突缘处的螺母防松。使用时，凸出面紧贴螺母，一般为多只重叠使用。蝶形垫圈出现永久变形成为平板垫圈或凹凸很浅无弹性时，不能继续使用。

5. 翘齿垫圈防松

翘齿垫圈类似于蝶形垫圈，但边上一般开有 8 个齿，使用时靠垫圈翘齿压平后产生的回弹力防止螺栓退出。垫圈弹力均匀，防松效果较好。该垫圈有内齿型与外齿型之分，外齿应用较多，但常拆卸和较软材料的连接时不宜使用。

6. 六角槽型螺母配开口销防松

常用于变载或振动较大的重要螺栓的防松。如连杆螺栓，横直拉杆球头螺纹连接及传动轴突缘大螺帽。该结构防松可靠，但螺杆上的销孔位置不易与螺母最佳位置槽口吻合，装配较难，如遇对锁止力矩有严格要求的部位，不能采用松退螺帽的方法时，应适当减少螺帽的厚度，装配时应注意开口销的直径应与孔径相匹配，长度合适，开口销应扳开成蝴蝶状，不能只扳开一边和重复使用。

7. 止动垫圈防松

利用单耳或双耳止动垫圈把螺母锁住，防松效果较好，但只能用于有让垫圈弯曲空间的螺纹连接。使用时应让弯耳紧贴螺母及防止转动的止口。常用于转向节等处的螺母防松。

8. 保险钢丝防松

用低碳钢丝穿入一组螺栓头部的专用孔后使其相互制约，防止螺栓松动。常用于螺栓组的螺纹防松。如变速器的变速叉与变速叉轴的连接螺栓。防松效果较为可靠，但安装时，钢丝的缠绕方向必须正确，即设定螺栓松动时，保险钢丝应处于拉紧状态，当旋松一颗螺栓时，应能将相邻的两颗螺栓拉紧为宜，在钢丝直径选择上，钢丝不能太细，应以穿插时稍有阻力为佳。

技能实训

城市公交客车上的各种螺栓及防松防滑措施认知

1. 安全要求及注意事项

（1）不准赤脚或穿拖鞋、高跟鞋和裙子参加实训，留长发者要戴工作帽。

（2）进入车辆实训场地后，未经老师批准，不得动用实训车辆的各项设备。

（3）实训时，未经老师批准，不准进入车厢内，防止车辆意外起动造成重大事故。

（4）发动机运行时，严禁将手伸入发动机舱内。

（5）进气道及三元催化器清洗实训过程中必须严禁烟火，并在实训区域内配有灭火器。

2. 设备/工具/耗材要求

（1）设备：CNG公交车整车一台，常用工具一套。

（2）耗材：清洁棉纱。

3. 指出实训车辆中使用高强度螺栓的部位

（1）车辆发动机上使用高强度螺栓的部位。

（2）查找相关资料，阐述发动机上高强度螺栓的技术特性。

（3）车辆底盘使用高强度螺栓的部位。

（4）查找相关资料，阐述底盘高强度螺栓的技术特性。

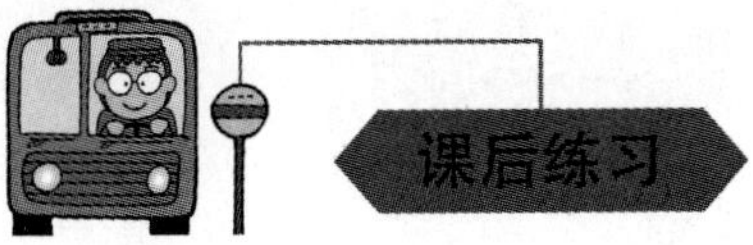

一、判断题

1. 中型客车的长度为 7 ~ 10 m。（　　）
2. 客车整体结构大体上由底盘和车身两部分组成。（　　）
3. 客车空调系统只有非独立式。（　　）
4. 车辆维护只是为了保持车辆技术状况良好，确保行车安全。（　　）
5. 城市公交客车一级保养每 20 ~ 30 天一次，二级保养每 4 个月一次。（　　）
6. 城市公交车辆所用发动机一般为天然气发动或者柴油发动机，通常情况下，车辆大修走合里程为 2 000 千米；新车走合里程为 5 000 千米。（　　）
7. 螺栓穿过被连接件上的光孔并用螺母拧紧。分为普通螺栓连接和铰制孔螺栓连接两种。（　　）
8. 螺纹旋向只有右旋螺纹。（　　）

二、填空题

1. 按照城市公交客车乘坐的舒适性以及容客量的大小，一般将城市公交客车分为四级：______、______、______、______；______、______、______三类。
2. 客车底盘的技术性能是客车______、______、______、______、______等性能的基础，客车技术性能的好坏主要取决于底盘。
3. 按受力情况车身可分为：______、______、______。
4. 车门按开启方式可分为______、______、______、______等。
5. 汽车行驶一定里程和时间后，根据汽车维护技术标准，按规定的______、______、______、______所进行的预防性作业，称为汽车维护。
6. 螺纹按用途分为两大类，即______和______。
7. 螺纹的要素：有______、______、______、______和______五要素。

三、简答题

1. 动力性能参数包括哪些内容？
2. 简述非承载式车身、半承载式车身，承载式车身各自的优缺点。

3. 二级维护包含哪些内容?
4. 保养常用术语有哪些? 各代表什么含义?
5. 简述客车各级保养定义。
6. 简述连接螺纹和传动螺纹的作用和特点。
7. 简述高强螺栓与普通螺栓区别。

项目二

城市公交车辆发动机维护作业

知识目标

（1）了解城市公交车辆压缩天然气（CNG）发动机系统的维护项目。
（2）了解对 CNG 发动机各系统维护的重要性。
（3）了解 CNG 发动机各系统的检查标准。
（4）了解 CNG 发动机各系统的维护项目及方法。

技能目标

（1）掌握 CNG 发动机燃料供给系统的维护作业方法。
（2）掌握进、排气系统维护作业方法。
（3）掌握润滑系统维护作业方法。
（4）掌握点火系统维护作业方法。
（5）掌握冷却系统维护作业方法。

任务一　燃料供给系统的维护作业

一、城市公交车辆常用燃气发动机

城市公交车辆发动机的配置主要选用压缩天然气（CNG）发动机和柴油发动机，

在对汽车排放要求日益严格的今天，天然气汽车在排放方面具有明显的优越性，与使用汽油车相比，天然气汽车颗粒物排放几乎为零，NO_x、CO 和 HC 的排放量也显著降低，所以天然气汽车在改善空气质量方面有着重要意义。与此同时，天然气汽车技术也得到了前所未有的发展，从过去的常压天然气汽车发展到压缩天然气汽车（CNGVs）和液化天然气汽车（LNGVs）。城市公交车辆上配置的发动机主要有玉柴系列，东风系列和潍柴系列，如 YC6M290N—30（M2C00）、YC6M320N—30（M2B00）、YC6M340N—30（M2A00）天然气发动机，在本书中统称为 YC6M 系列 CNG 气体发动机。

图 2-1-1 所示为 YC6M290N-30 型 CNG 发动机，图 2-1-2 所示为东风 EQ6100N-30 型电喷天然气发动机，图 2-1-3 所示为潍柴燃气发动机。

图 2-1-1　YC6M290N-30 型发动机

图 2-1-2　东风 EQ6100N-30 型电喷天然气发动机

图 2-1-3　潍柴燃气发动机

目前，在城市公交车辆上使用的天然气发动机是在相应机型柴油机基础上改制而成，加装燃气电控系统组成。电喷天然气发动机采用电子控制燃气喷射系统，具有空燃比闭环控制功能，配备三元催化器，是满足 GB17691—2005《车用压燃式、气体燃料点燃式发动机与汽车排气污染物排放限值及测量方法（中国Ⅲ、Ⅳ、Ⅴ阶段）》和 GB11340—2005《装用点燃式发动机重型汽车曲轴箱污染物排放限值及测量方法》法规的环保型发动机。

（一）电控天然气发动机优点

（1）采用电子脚踏板，改善了发动机的驾驶性能。

（2）燃气喷射、点火角度、空燃比、发动机负荷全部采用电控。电控单元（ECU）根据电子脚踏板输出的电压信号，确定电子节气门的开度，再根据发动机负荷、发动机转速、进气压力、燃气压力和温度等参数计算燃气喷射量，确定点火角度。

（3）发动机稳定运行时采用闭环控制，使实际空燃比和理论空燃比一致。

（4）燃气进气方式为电控单点喷射，供气及时、停气干脆。

（5）具有加速加浓功能。

（6）采用防喘振技术，发动机大负荷急松脚踏板时，ECM 根据减速信号，激活燃料切断功能，在切断燃料供给的同时电子节气门保持一定的开度，消除了因节气门关闭而引起增压器喘振的可能性，提高了增压器的可靠性。

（7）增压器带废气控制阀、采用电控放气。

（8）具有超速保护功能。

（9）打开电钥匙后，如果没有转速信号，燃气管路的电磁阀会自动关闭。

（10）具有故障自我诊断功能。

（二）电控 CNG 发动机的工作原理

CNG 发动机的燃气供给系统主要是将存储在高压气瓶中的压缩天然气，通过燃气滤清器，高低压减压器送入混合器中，与增压冷却后的空气混合。图 2-1-4 所示为电控 CNG 发动机燃气供给的控制示意图。为确保维持合适的空气燃气混合比，氧传感器向发动机控制单元提供反馈信号用以计算脉冲宽度。通过测定进气歧管的绝对压力，绝对压力传感器提供所需发动机负荷信息，转速传感器提供发动机转速信息。通过发动机负荷和转速，查询 ECU 中的脉谱图得到发动机的基本供气量和点火提前角等控制信号。

ECU 通过节气门位置传感器感知节气门开度，当发动机转速高于一定转速且节气门开度大于一定角度时，发动机处于减速断气状态，步进电机或电喷系统的喷嘴停止供气。当转速减到低于一定转速（与发动机工况有关）或踩下加速踏板时，则恢复供气。

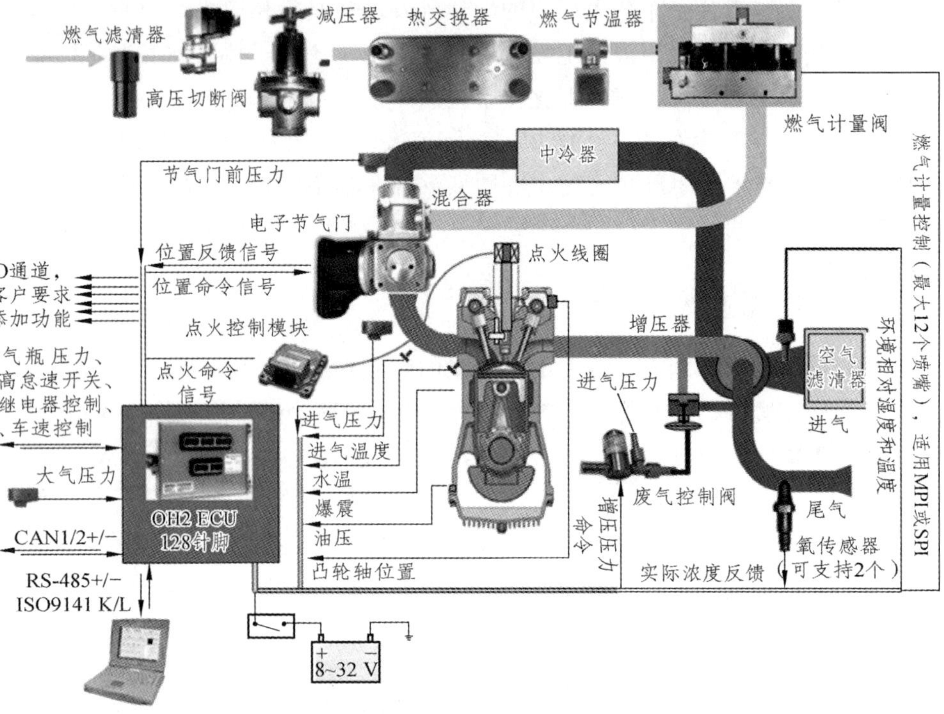

图 2-1-4　电控 CNG 发动机燃气供给控制示意图

（三）CNG 发动机使用操作注意事项

发动机出厂时已严格按试验规范作了出厂调整，不得随意修改、调整有关数据和增压器压力，增大发动机功率。否则所有三包服务承诺失效。不要在有易燃气体或可能是易燃气体的环境中使用天然气发动机，这些气体可能混入进气系统，会引起发动机加速并超速，从而导致火灾、爆炸或严重损坏。电源线路连接松动会损坏电控单元，应定期仔细检查电瓶电源线和机体接地线是否可靠连接。发动机禁止用水冲洗，应保持发动机清洁，可有效延长电器元件的使用寿命，若发现线束及点火系统部分有水，请立即用冷风吹干，然后才能起动发动机。发动机工作过程中不要接触高压点火线。

发动机正常运行时水温应保证在 80 ~ 85 °C，这样发动机的动力性和经济性都能达到最佳，水温过低时高压减压器加热循环水的水温不够，严重时减压器会结冰，造成混合气偏浓或发动机不能加大油门，影响发动机的动力性和经济性。

（四）发动机的低温起动和运行

CNG 发动机通常能很快起动并平稳运行甚至在非常低的温度环境下也是如此，对于每台置于室外的设备有必要采取适当的防寒保护，提供特定的暖机时间。

如果有适当的准备和维护，CNG 发动机即使在非常寒冷的环境下也能正常起动和运行。根据车辆所运行的不同的寒冷天气温度范围，必须选用正确的润滑油和冷却液。

天然气发动机在所有季节均使用高质量的压缩天然气发动机专用机油，其质量等级相当于 CD 15W/40 或以上级别。在 – 12 °C 以下起动和连续运行发动机时必须使用专用低温用天然气发动机机油。

天然气发动机机油的硫酸盐灰分极限值应小于 5（质量百分比），因灰分过高的机油可能会损坏气门或活塞，造成火花塞积炭并导致机油消耗量过高和催化器性能降低。

根据环境温度选择适当黏度的机油。但是长期使用低黏度的机油会因磨损而缩短发动机寿命。

二、CNG 发动机燃料供给系统组成与部件的作用

城市公交车用 CNG 燃气系统是由储气系统、供气系统和电控系统等三大部分组成。储气系统用以实现充装和储气的功能；供气系统用以实现减压、功率调节和与空气混合形成燃烧气体的功能；电控系统用以实现油气转换、处理原车工况信息，来获得正确的空燃比，以及保证燃气系统的安全使用。

储气系统、供气系统和电控系统三大部分的构成，如图 2-1-5 所示。

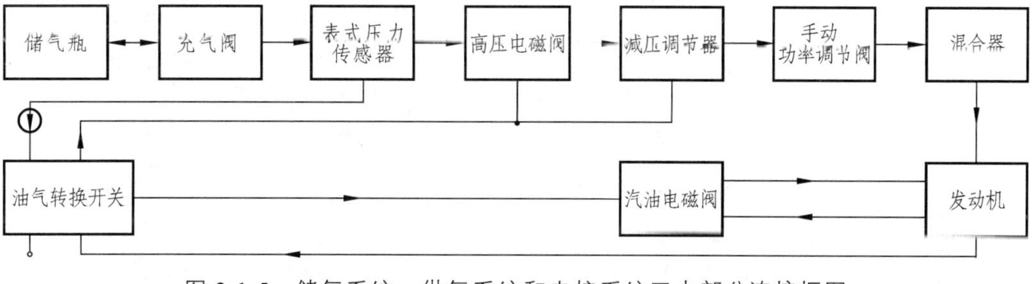

图 2-1-5　储气系统、供气系统和电控系统三大部分连接框图

城市公交车 CNG 燃气供给系统各部件的连接，如图 2-1-6 所示。

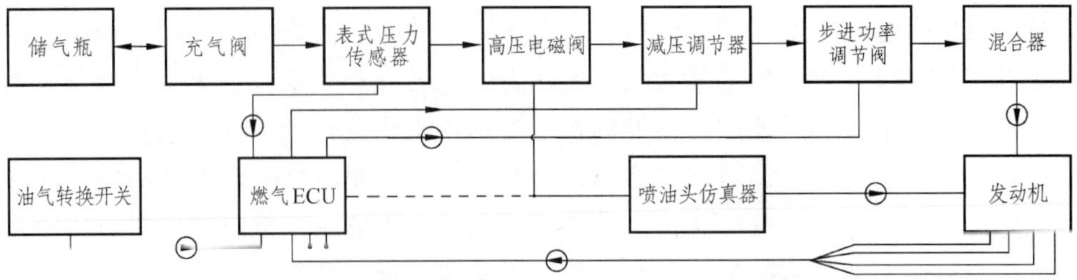

图 2-1-6　CNG 汽车上燃气供给系统各部件连接框图

城市公交车辆 CNG 发动机燃料供给系统实物如图 2-1-7 所示。

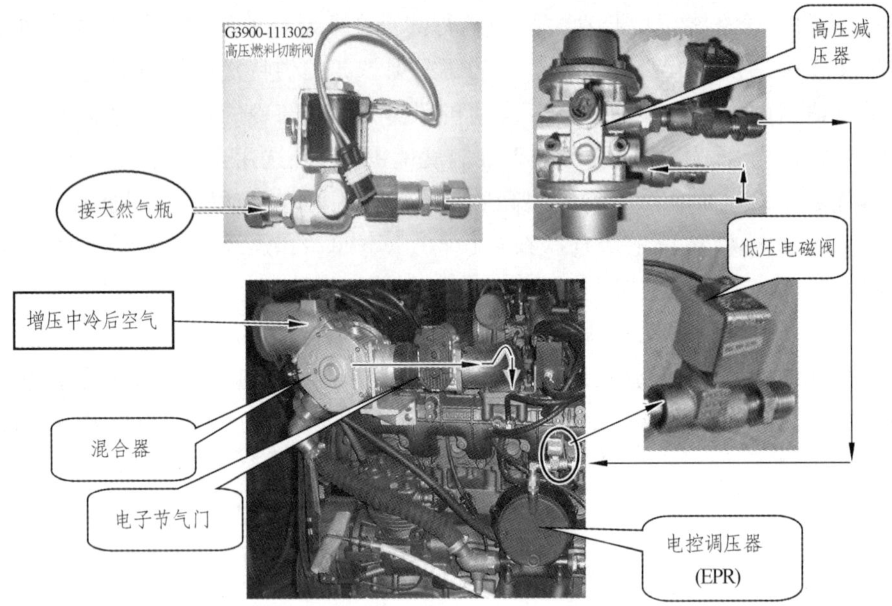

图 2-1-7　城市公交车辆 CNG 发动机燃料供给系统实物

三、燃料供给系统主要部件作用及维护要求

（一）CNG 储气瓶

图 2-1-8　城市公交车辆天然气加气站

图 2-1-9 公交客车上配置的 CNG 气瓶

图 2-1-10　城市公交车辆上 CNG 充气阀及气压表

CNG 储气瓶为车用 CNG 供给系统中用于储存天然气的容器，分为钢质储气瓶和复合材料储气瓶，每辆公交车上配备有 4～8 个气瓶，各气瓶并联于气路管道中。图 2-1-8 所示为城市公交车辆天然气加气站，图 2-1-9 所示为城市公交车辆上配置的压缩天然气气瓶，图 2-1-10 所示为城市公交车辆上天然气充气阀及气压表。

在各级维护过程中主要检查气瓶托架固定是否牢靠，连接管处是否有漏气。气瓶的维护管理是机务维修管理的重要组成部分，气瓶应定期到相关部门检查、管路定期检查是否漏气。

（二）高压电磁阀（管路电磁阀）

1. 作　用

高压电磁阀的作用是通过点火钥匙给电磁阀通、断电来控制天然气的供给与切断。高压电磁阀安装在充气阀到减压调节器间的管路上，由线圈驱动阀芯，由点火开关（ON 挡）控制其开合，为常闭阀，24 V 驱动，实物如图 2-1-11 所示。

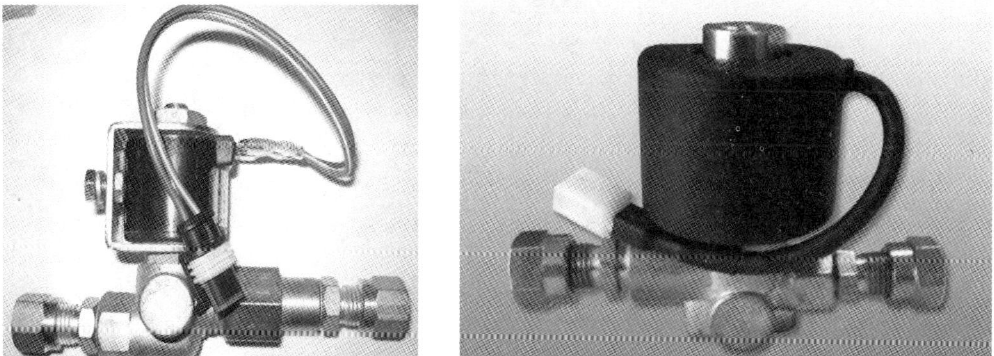

图 2-1-11　两种不同类型的高压电磁阀

根据 QC/T 674—2000《汽车用天然气电磁阀》的相关规定，在天然气汽车燃气专用装置中必须安装高压电磁阀，且该电磁阀必须符合《汽车用天然气电磁阀》标准中规定的性能指标。

2. 维护保养

保养周期：1.5 ~ 2 万千米（视当地气体清洁度而定）。

保养内容及方法：

（1）清洗滤芯；高压燃料切断阀进气口自带滤芯，可用汽油浸泡，并用压缩空气吹干净装复即可。

（2）清洗阀芯及阀口：如果拆检时发现高压电磁阀滤芯污染严重，必须拆下高压电磁阀阀芯、阀座，用汽油浸泡后，再用压缩空气吹干净装复。

（三）高压滤清器

1. 工作原理、功能

天然气滤清器的主要作用是有效滤除 CNG 中的颗粒、重油，以保护下游燃气系统零部件，避免其受到石油杂质的污染，实物如图 2-1-12 所示。滤清器有初滤和精滤两级。

图 2-1-12　CNG 高压滤清器

2. 安装要求

（1）滤清器固定可靠，避免由于振动而导致接头松脱、漏气。

（2）滤清器必须安装在便于维修的部位。

（3）工作环境温度：－40 ~ 125 ° C。

（4）工作介质：CNG。

（5）滤清效果：初级滤清器应能滤除 95%以上 40 μm 范围内的空气杂质却不影响天然气的供给；精细滤清器应能滤除 95%以上 10 μm 范围内的空气杂质却不影响天然气的供给。图 2-1-13，图 2-1-14 所示为高、低压滤清器的安装位置示意图。

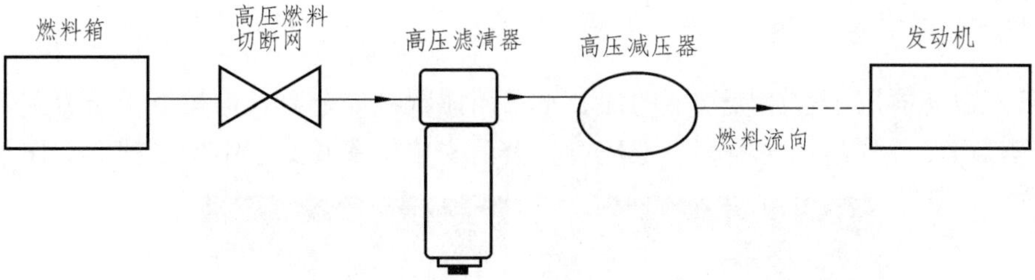

图 2-1-13　高压滤清器安装位置示意图

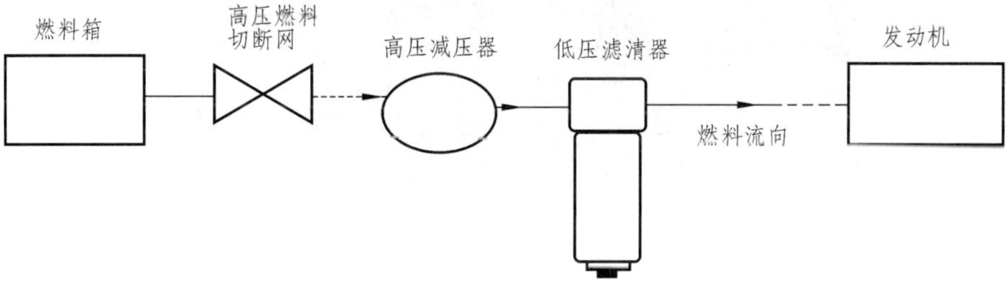

图 2-1-14　低压滤清器安装位置示意图

3. 维护保养说明

（1）高压滤清器：每 3 000 千米放水一次；每 10 000 千米更换一次滤芯。

（2）低压滤清器：每 3 000 千米排空一次；每 20 000 千米更换一次滤芯。

（四）高压减压器

1. 功　用

将压缩天然气从 20 MPa 减压到 0.7 ~ 0.9 MPa，以满足发动机在不同工况下的燃料需求。减压器安装位置应低于发动机主水箱，以确保减压器中有充足的发动机冷却液提供热量对减压器进行加热，高压减压器结构如图 2-1-15 所示。

图 2-1-15　高压减压器结构组图

2. 相关技术参数

工作温度：－40 ~ 120 °C，最大工作压力：26 MPa。

（五）低压过滤器

低压过滤器用于过滤燃气中的油、水及固体颗粒等杂质，保护电子压力调节器、混合器、电子节气门不受损坏。低压过滤器的安装位置及滤芯结构如图 2-1-16 所示。

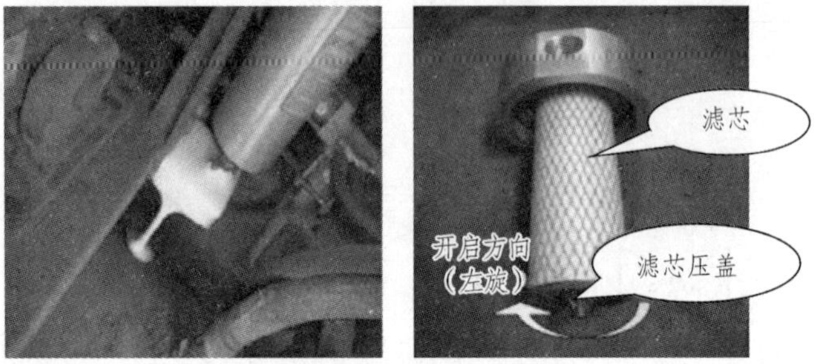

图 2-1-16　低压过滤器

（六）低压电磁阀

1. 工作原理

低压电磁阀由线圈驱动阀芯，由 ECM 控制其开合，停机状态下处于常闭状态。

2. 作　用

及时切断或恢复燃料供给，切断时尽可能将下游获得的燃料量减到最少。图 2-1-17 所示为低压电磁阀安装位置，在电控调压器前面。图 2-1-18 所示为低压电磁阀的连接铜管接头，图 2-1-19 所示为低压电磁阀外观图。

图 2-1-17　低压电磁阀安装位置

图 2-1-18　低压电磁阀的连接铜管接头

图 2-1-19　低压电磁阀外观

3. 安装要求

为有效防止高压电磁阀进气接头与高压电磁阀结合部位漏气，安装该接头时，必须使用螺纹密封胶（如乐泰 262）有效密封。要求尽可能靠近电控调压器安装。

（七）电控调压器（EPR）

1. 工作原理

电控调压器（EPR）的内部有一控制芯片，该控制芯片接受来自 ECM 的控制指令，通过高速电磁阀控制天然气气量，从而实时有效地控制空燃比。

2. 作　用

控制天然气的喷射量。

3. 安装要求

电控调压器（EPR）内部有控制芯片，应避免高频振动。如图 2-1-20 所示，EPR 自带减振软垫，切勿自行拆卸。电控调压器出气口中心水平高度不能低于混合器进气口中心高度，电控调压器天然气出气口离混合器天然气进气口距离要求控制在 500 mm 以内。目的是让天然气中的杂质流到混合器中随空气进入缸内燃烧掉，保持 EPR 阀内清洁，并且保持天然气的供给响应速度快。电控调压器是一个电子控制的压力调节器，在它的内部有一个由微处理器控制的大马力的高速电机，微处理器通过 CAN 和 ECM 连接传输信息。EPR 有两个功能：一是将天然气的压力降低；二是精确控制 EPR 出口的燃料流量。EPR 内有一个压力传感器，用来测量 EPR 燃料出口和混合器入口处空气的压差。并将 EPR 内的信息传回给 ECM。然后 EPR 内的电机驱动调压器内膜片来调整 EPR 出口压差值，使这个压差满足 ECM 指令要求。

图 2-1-20　电控调压器拆检图

（八）混合器

1. 作　用

混合器是将经过减压，从减压器输送出来的常压天然气和新鲜空气均匀混合的装置，如图 2-1-21 所示。混合后的天然气-空气混合气被送入发动机的燃烧室。

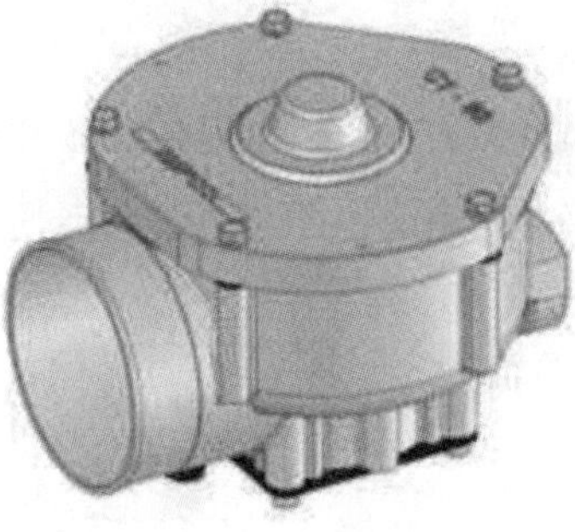

图 2-1-21　混合器外观

2. 保养要求

（1）每 10 万千米强制保养，从发动机上拆下混合器总成，检查混合器内部是否有明显的机油油污。若有，则需将混合器放入汽油中浸泡清洗，清洗后用干压缩空气吹干。

（2）清洗后，用手沿燃气阀运动轴线方向按压阀芯，检查阀芯运动有无卡滞、是否回位，若出现卡滞，则需要更换混合器总成。

（3）出现故障后，首先检查膜片是否损坏，若出现膜片损坏，则需单独更换膜片即可。

（九）高压截止阀

当发动机运转或停止时，用手控高压截止阀来开启或关闭储气瓶到减压调节器之间的高压气路。可根据需要配置直通式（见图 2-1-22）或三通式（见图 2-1-23）高压截止阀。

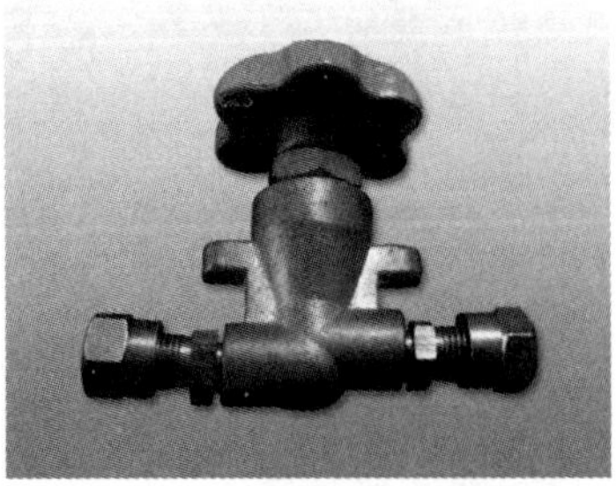

图 2-1-22　直通式高压截止阀

图 2-1-23　三通式高压截止阀

（十）充气阀

充气阀是加气站充气枪与车用气瓶的接口阀。根据各地 加气机的配置，可选用“卡扣式”（见图 2-1-24）或“插销式”（见图 2-1-25）充气阀。充气时打开充气阀，充气完毕后关闭并将防尘装置装好。

图 2-1-24　卡扣式充气阀

图 2-1-25　插销式充气阀

（十一）集成控制面板

集成控制面板的功能是：集成控制面板是将充气截止阀、总截止阀、气瓶压力表、充气口集中在一块面板上，将充气、切断等功能进行集成，如图 2-1-26 所示。

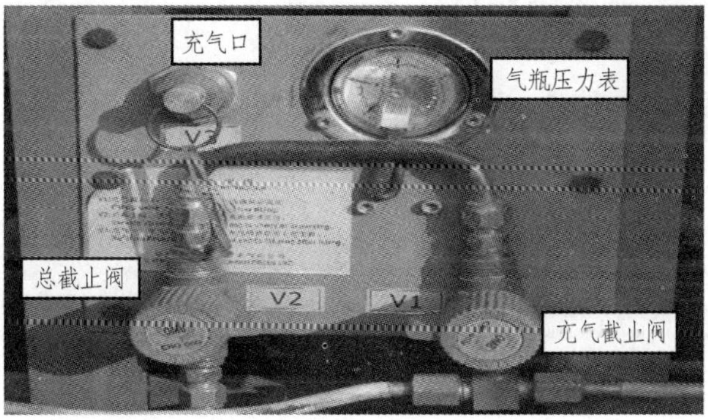

图 2-1-26　集成控制面板

1. 充气口

充气口的功能：实现快速安全充装天然气。

内置单向阀防止气体泄漏，当单向阀的橡胶圈老化或者损坏时，使用专用工具更换，以免损坏充气阀体。

2. 总截止阀

总截止阀的功能是：手动截断气瓶与发动机间的气体流动。当车辆停放时间较长或是长时间不用时，应关闭此阀，以切断气瓶向发动机提供燃料的通道。“Close”为关，“Open”为开。

3. 充气截止阀

充气截止阀的功能是：手动截断充气口与气瓶间的气体流动。当气瓶充气时打开此阀，充气完毕时关闭此阀。“Close”为关，“Open”为开。

注意：为防止总截止阀与充气截止阀损坏，需轻开轻关。

4. 气瓶压力表

气瓶压力表的功用是：用于显示气瓶内的压力。

四、燃气供给系统维护的意义

CNG 发动机工作原理与柴油发动机有本质差别，CNG 发动机对于进排气系统、燃料成分、点火系统和供气系统更加敏感，所以 CNG 发动机必须严格按照要求进行维护保养，以保证发动机良好的动力性和经济性。对 CNG 发动机燃料供给系统的主要零部件如：高压减压器、电控调压器、混合器需按期检查及清理，避免零部件被杂质污染而出现电控系统的误报故障。因此，CNG 发动机实施定期、强制维护，是城市公交车辆安全、高效、低耗、低污染运行的基本技术保证。

五、燃气供给系统维护项目

（一）燃气供给系统各级维护作业项目

城市公交车辆 CNG 发动机燃气供给系统在各级维护中的作业项目及技术要求，详见表 2-1-1 各级维护对燃料供给系统的作业项目及技术要求。

表 2-1-1　各级维护对燃料供给系统的作业项目及技术要求

维护级别	作业项目	作业性质	技术要求
日常维护	燃料（天然气）供给系	检查	各部无泄漏、碰擦；系统工作正常，燃料足够，口盖良好
一级维护	油路	检查	油箱、气瓶、管路（油管、气管）无擦挂、损伤、锈蚀、无明显变形及位移；不漏油、漏气；托架完好，安装牢靠
	天然气气路		管路接头不松动，固定卡子齐全有效（卡子间距不大于 600 mm）；无变形、螺栓齐全、紧固；各阀无损伤，启闭灵活有效，无泄漏
	气瓶		
	天然气过滤器	清洁	通畅，连接紧固，无泄漏
		检查	
	天然气减压阀	检查	完好，安装牢靠；压力调节作用正常：一级减压输出压力为 0.4～0.6 MPa；恩洁威为 0.4 MPa；康明斯高压为 0.69 MPa，低压为 0.35 MPa

续表

维护级别	作业项目	作业性质	技术要求
一级维护	天然气混合器	检查	完好、无泄漏，安装牢靠；发动机怠速稳定，各工况转换正常
		调整	
	天然气低压胶管、循环水管	检查	完好、通畅，无老化、起泡、泄漏，卡箍齐全有效，连接可靠
二级维护	天然气减压阀	检查	安装牢靠，无泄漏，作用良好
	天然气混合器	拆检	安装牢靠，无泄漏，作用良好
	天然气过滤器	更换	更换滤芯，无泄漏，内外清洁
	远程滤清器		
	天然气充气阀	检查	防尘塞光洁，密封圈完好，无泄漏

（二）燃气供给系统主要部件使用技术要求

1. 气　瓶

（1）气瓶使用时间以该合格证上的出厂日期为起点计算。

（2）气瓶应进行定期检定，须符合 GB19533 的要求。

（3）凡因意外情况认定对气瓶有损伤时，应对气瓶进行不定期检定。

（4）检定合格的气瓶应印、证齐全，并按规定涂装气瓶外表。

（5）气瓶检视凡有下列情况之一者，不得继续使用：

① 外表损伤深度超过 1.00 mm 或多处深度超过 0.70 mm 的；

② 瓶体出现鼓包、变形、泄漏或灼伤等。

③ 螺纹损伤或严重腐蚀时；

④ 轻敲钢瓶瓶体发声异常者；

⑤ 气瓶阀损坏时；

⑥ 安全附件不全或损伤未经维修时；

⑦ 超过检定周期，钢印、标识不全或不清楚者；

⑧ 钢瓶安全阀片使用超过 1 年或连续充气次数超过 500 次。

（6）换装的气瓶必须符合有关法规规定，容积基本一致。

2. 充气阀

（1）充气阀应完好、清洁、无裂纹、密封垫及密封圈完好有效，阀杆螺纹完好，损伤 2 牙及以上应更换。

（2）充气阀插孔、防尘塞应光洁、无损伤；O 形密封圈齐全、完好。

（3）充气阀拆检后应在 10 ~ 15 MPa 的压力下进行气密性试验，其性能应符合

GB15382 的要求，启闭自如，无泄漏。

3. 高压截止阀

（1）高压截止阀应符合 GB15382 的规定。

（2）阀体应完好、清洁、无裂纹，密封垫及密封圈齐全完好；截止阀螺纹损伤 2 牙以上应更换。

（3）高压截止阀装配完毕后，在 10 ~ 15 MPa 的压力下进行密封性试验，应启闭灵活，不泄漏。

4. 减压调节器

（1）壳体清洁、无裂纹、无变形，结合面应平整无损伤。

（2）膜片应完好，无破裂、老化、折痕及变形；衬板平整，无变形。

（3）壳体螺孔螺纹无明显损伤，拧紧力矩符合原厂规定。

（4）高压阀芯锥面无磨损、拉伤、麻点。

（5）阀座无损伤、腐蚀现象，调压杠杆轴无损伤。

（6）弹簧无断裂、变形、锈蚀等现象。

（7）壳体各通道及加热水管应畅通。

（8）密封圈及密封垫完好有效。

5. 一级减压器

（1）过滤器无破损、无污物堵塞。

（2）阀芯锥面磨损、拉伤、起麻点应更换。

（3）阀芯顶杆行程 1.2 ~ 1.5 mm。

（4）安全阀阀体外螺纹损伤 2 牙以上应更换。

（5）安全阀阀片作用良好，符合原厂规定。变形、磨损时应更换。

（6）钢膜片无裂纹、折痕，弹性正常，检测：

① 用煤油检查一级减压器阀芯密封性；

② 安全阀在一级减压器输出压力为 0.85 ~ 1.0 MPa 开始动作；

③ 一级减压器输出压力应为 0.4 ~ 0.6 MPa。

6. 二级减压器

（1）阀片应完好、无裂纹、无变形、弹性良好；阀座无异常磨损，阀片接触良好。

（2）阀片行程 1.2 ~ 1.5 mm。

检测：

① 密封良好，不泄漏；

② 一级减压器出口压力为 0.27 ~ 0.7 MPa，二级减压器出口压力为 0.016 ~ 0.018 MPa。

7. 三级减压器

（1）定期更换橡胶膜片，阀座无异常磨损，密封性良好。

（2）调压杠杆轴严重磨损应更换。

（3）调压杠杆拉钩尾端行程 18 ~ 20 mm，检测：

① 检测密封性，不泄漏；

② 检测出口压力为 0.1 ~ 1.2 kPa 或用 U 形水位器检测，水柱位差应为 10 ~ 120 mm。

8. 减压调节器总成

整体性能检测：

① 一级减压器输出压力为 0.4 ~ 0.6 MPa；

② 出气压力为 0.1 ~ 1.2 kPa，或用 U 形水位器检测，水柱差应为 10 ~ 120 mm；

③ 安全阀开启压力为 0.8 ~ 1.0 MPa；

④ 流量计检测三级出口流量为 7.5L/min。

9. 混合器

（1）壳体完好，无裂纹，密封压紧线完整无缺损；壳体结合面、空气、天然气进气阀口无缺损。

（2）膜片组件无裂纹、破裂、老化，阀芯锥面无异常磨损，喷嘴畅通。

（3）调节弹簧无变形、断裂，性能符合要求。

（4）回火防爆皮碗无老化、裂纹。

（5）空气阀片与阀座间隙为 0.15 ~ 0.20 mm。

（6）塑料接头无老化、变形、裂纹等缺陷。

（7）壳体螺栓紧固。

（8）装车调试应达到下列要求：

① 起动容易；

② 怠速稳定；

③ 各种工况工作平稳，工况转换正常。

10. 电磁阀

性能良好，符合原厂规定。

11. 燃料转换开关

工作可靠，标志清楚。

12. 过滤器滤芯

更换，安装牢靠、无泄漏。

燃料供给系统主要部件拆件维护

1. 安全要求及注意事项

（1）不准赤脚或穿拖鞋、高跟鞋和裙子上课，留长发者要戴工作帽。

（2）进入车辆实训场地后，未经老师批准，不得动用实训车上的各项设备。

（3）实训时，未经老师批准，不准进入车厢内，防止汽车意外起动造成重大事故。

（4）发动机运行时，严禁将手伸入发动机舱内。

（5）进气道及三元催化器清洗实训过程中必须严禁烟火，并在实训区域内配有灭火器。

2. 设备/工具/耗材

（1）设备：CNG 公交车整车一台，CNG 发动机台架一台、装有诊断软件的电脑一台、清洗设备一套、常用工具一套。

（2）耗材：化油器清洗剂一瓶，润滑脂、备用器材、高压减压器。

3. 高压减压器拆检维护

（1）每 5 万千米的维护保养内容

① 清洗：拆除高压减压器，用汽油或化油器清洗剂清洗高压减压器一级压力腔，并用干压缩空气吹干净后装复。

② 更换阀芯：拆除高压减压器的进气接头，检查滤芯是否被污染；若被污染，应予以更换。

③ 更换易损件（如：橡胶密封圈），检查轴销的磨损情况，如磨损更换轴销。并对减压压力进行检查、调整。

（2）每 10 万千米的维护保养内容

直接更换膜片及密封件，并对减压压力进行检查、调整。

注意：用户使用的天然气应符合 GB18047—2000《车用压缩天然气》中的要求。根据使用区域天然气气质的清洁程度，检查和维护保养的周期不同。符合气质标准的区域，按上面的内容所述的周期进行保养。如果气质条件达不到标准要求，应缩短维护保养周期以确保高压减压器良好运行。

（3）维护保养具体操作方法

如果有必要需检查减压器阀体、内部销钉和更换安全阀（PRD）等。

步骤 1：拆卸过滤器部件，如图 2-1-27 所示。

将减压器固定在虎钳上，注意减压器壳体上的水管接头等不要碰在虎钳上。使用扳手拆卸过滤器部件，一把固定在阀座上，另一把取下过滤器。

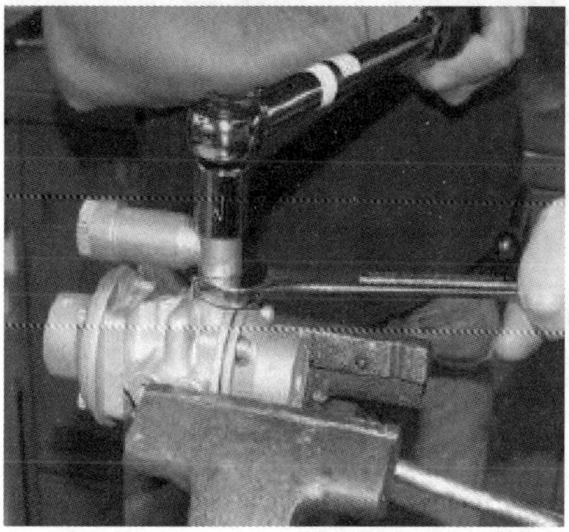

图 2-1-27　拆卸过滤器

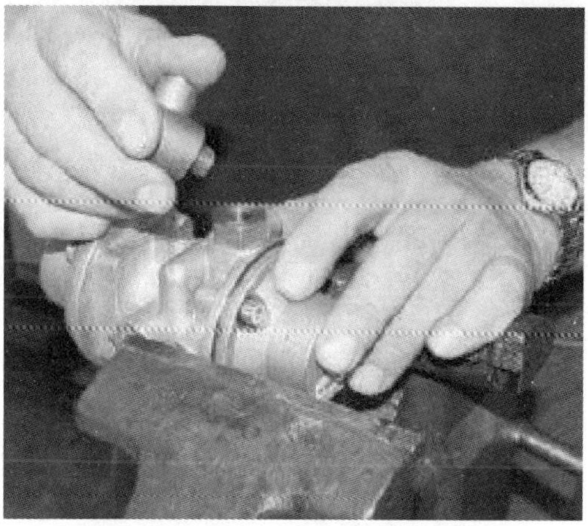

图 2-1-28　取下过滤器

步骤 2：取出阀芯，如图 2-1-29 所示。

首先用扳手拧松阀座，再将减压器从虎钳上取下，使其阀座向下，转动阀座将阀座和阀芯拆下。

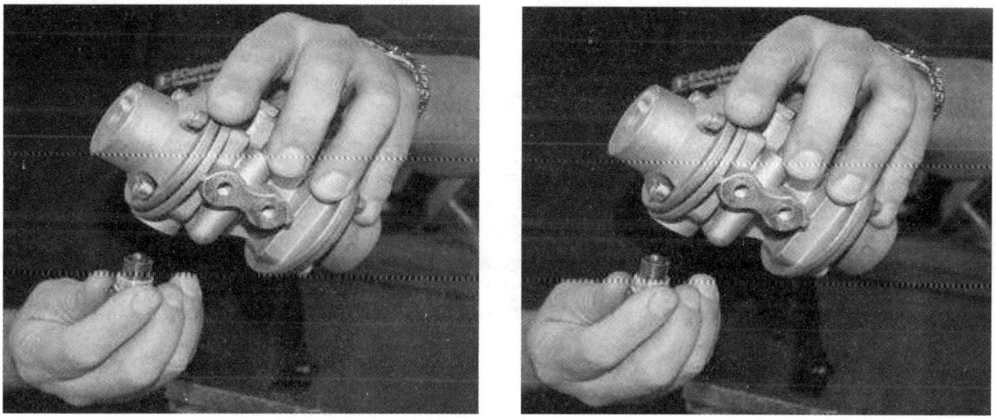

图 2-1-29　取出阀芯座和阀芯

步骤 3：内部检查。

如果是更换未使用的减压器的一级阀芯，则跳过该步骤直接进行第 4 步操作。松开一级弹簧罩子的 4 颗固定螺钉取出一级弹簧，对减压器内部的销钉和导向槽进行检查。将减压器固定在虎钳上，一级弹簧罩朝上。按对角顺序松丌螺钉的方式，每次应缓慢地按照拧松 1 圈顺序交替将 4 颗螺钉取下，如图 2-1-30 所示。由于减压器内部弹簧的力顶着弹簧罩，如果不按上述方法进行操作，可能会损坏减压器壳体上的螺纹导致滑丝。当弹簧罩与壳体粘连时，可使用橡皮锤轻敲弹簧罩使其与壳体分离。

图 2-1-30　拆取减压器弹簧罩和膜片杠杆

小心地取下膜片，注意不要拉扯坏膜片。轻轻地向上拉起膜片，松开 2 颗一级杠杆销钉螺钉，将杠杆和销钉取下。清洁一级腔室内部的杂质，检查内部的销钉是否完好和导向槽的磨损情况，如图 2-1-31 所示。

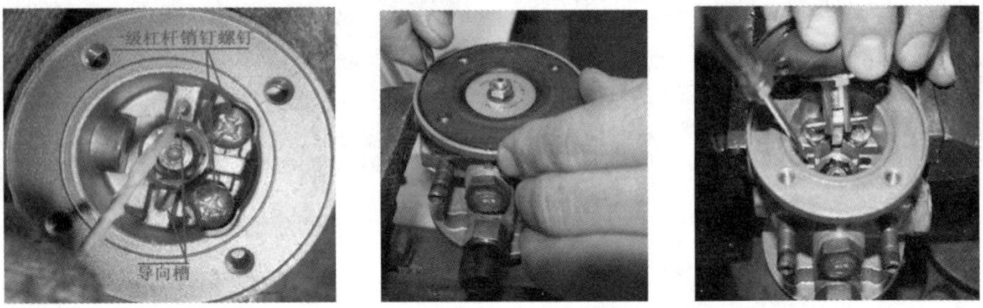

图 2-1-31　检查销钉及销钉导向槽

在导向槽、杠杆销钉孔上涂抹润滑脂，如图 2-1-32 所示。

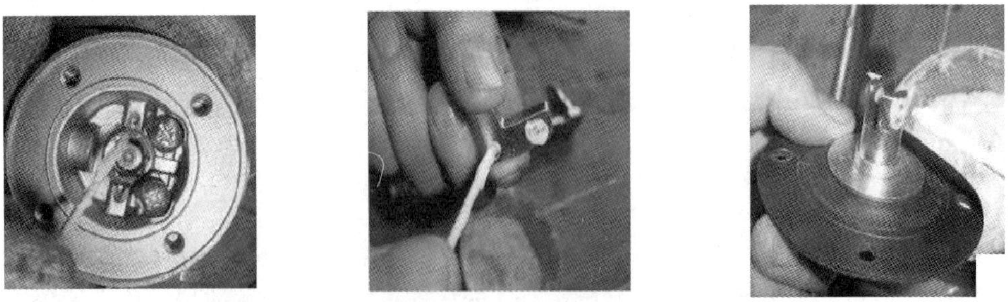

图 2-1-32　在导向槽、杠杆销钉孔上涂抹润滑脂

如果销钉和导向槽磨损情况符合使用要求，将锂基润滑脂均匀地涂抹在两侧的导向槽和销钉孔内。按照拆卸相反顺序装复减压器弹簧罩。为了避免损坏丝扣或减压器弹簧罩安装不正的情况，需交替拧紧减压器弹簧罩螺丝，拧紧扭矩为 7～9 N·m，如图 2-1-33 所示。

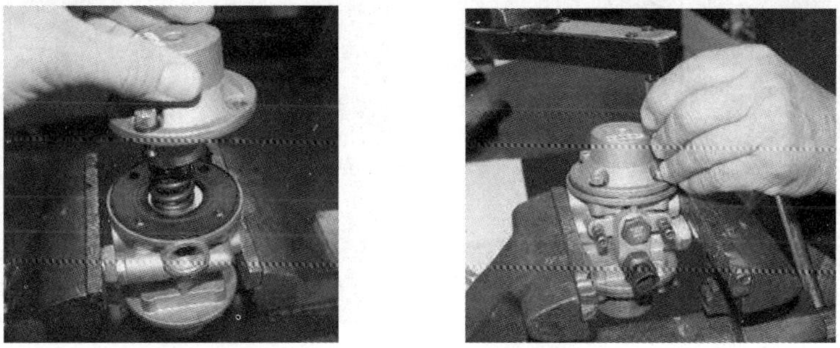

图 2-1-33　装复减压器弹簧罩

步骤 4：安装新的阀芯。

取下旧的 O 形圈，安装新的 O 形圈。首先用清洗液去掉丝扣上的渣子，并将阀座内外清理干净，再把润滑油涂在 O 形圈上，然后安装新的阀芯（注意阀芯安装的前后方向），并在阀芯的顶部涂抹锂基润滑脂，如图 2-1-34 所示。

特别提示：取出旧的 O 形圈后，要清洗螺纹上的渣子和阀座内外，务必保持清洁。

图 2-1-34　在 O 形圈上涂抹润滑油和安装新的阀芯

将阀座按照图 2-1-35 所示的方法装回到减压器，若按其他方向扭旋可能导致阀芯从阀座中脱落，扭矩为 30～35 N·m。

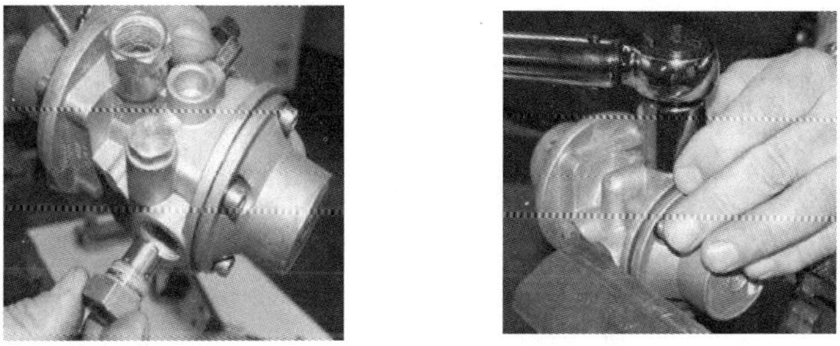

图 2-1-35　安装阀座

步骤 5：安装过滤器。

在过滤器的上下密封胶圈上均匀地涂抹上润滑油并重新装回到阀座上，扭矩为 26 ~ 28 N · m，如图 2-1-36 所示。

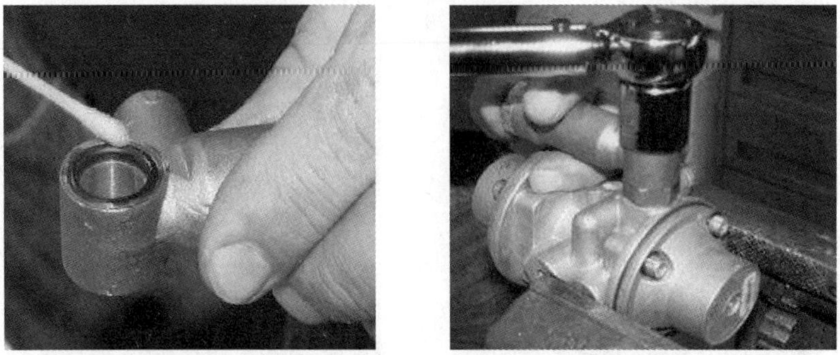

图 2-1-36　在 O 形圈上涂抹润滑油并安装过滤器

步骤 6：检查和更换安全阀。

安全阀具有自动复位功能，如果安全阀曾出现过漏排气情况，则红色的标签会被吹开或损坏，应更换安全阀，安装力矩为 10 ~ 12 N · m。

图 2-1-37　更换安全阀

步骤 7：泄漏检查。

经过拆卸的减压器，在使用前必须进行检漏检查。具体方法如下：

① 卸下安全阀，将一级测压表安装在安全阀的连接孔上。

② 将二级测压表安装在 HPR 出气接头上，并打开测压表的出气阀门。

③ 在 HPR 进气口连接上高压气体（3 ~ 10 MPa）。

④ 固定 HPR，并将一级测压表上的安全排空阀向下。

⑤ 开腔高压气体，关闭二级测压表上的出气阀门。

⑥ 观察并记录一级、二级压力表上的压力值（一级压力范围：1.2 ~ 2 MPa（170 ~ 290 PSI）；二级压力范围：0.7 ~ 1 MPa（100 ~ 150 PSI）。

⑦ 观察一级压力表的压力值变化，确认一级阀芯的密封性能。

⑧ 拆下一级测压表，将安全阀还原安装。

⑨ 将肥皂液涂在拆装过的部件上，观察是否有泄漏的情况。

图 2-1-38　检查是否有泄漏

（4）安装时需要特别注意的问题

① 清洁 HPR 外壳前，一定要用干净的纱布将 HPR 上的各种管路接口和电路插接口堵上，防止掉入异物。

② 在拆检过程中拧下来的螺钉必须要用清洗剂进行清洗后才能再次安装。

③ 拧紧各种螺钉要按照交叉拧紧的原则，由于天然气管路材料跟 HPR 管路接口材料不一样，在安装螺钉时一定要按照规定的扭矩进行操作，防止拧坏和导致漏气。

④ 检查 HPR 进气口阀芯，若为旧状态，需要更换成新状态的阀芯，同时要检测阀芯密封面的密封性。

⑤ 经压力测试出现漏气情况的处理。若漏气出现在膜片贴合面，则需要重新更换膜片后按规定力矩拧紧；若漏气出现在管路接头，需要重新安上密封件后再进行测试。

4. 电控调压器（EPR）检测维护保养

电控调压器（EPR）在使用中需进行定期的维护保养，由于电控调压器处于低压减压部分，在长期的使用中会在其内部沉积大量的油污和杂质，长时间的油污和杂质会导致电控调压器工作不良、传感器损坏以及内部的密封件和橡胶膜片提前老化或破损，因此该部件的维护保养尤为重要。

（1）保养内容

① 每 5 万千米需对内部零部件进行清洗，更换易损件，检查轴销的磨损情况。

② 每 15 万千米需更换膜片及密封件，并对压力进行校准。

注意：用户使用的天然气应符合 GB18047—2000《车用压缩天然气》中的要求。根据使用区域天然气气质的清洁程度，检查和维护保养的周期不同。符合气质标准的区域，按上面的内容所述的周期进行保养。如果气质条件达不到标准要求，应缩短维护保养周期以确保电控调压器良好运行。

（2）电控调压器维护保养步骤

步骤 1：采用毛刷和清洗剂（清洗剂可选择汽油）将 HD-EPR 外表面清理干净，尤其将执行器与减压器结合部位清理干净，如图 2-1-39 所示）。清洁 EPR 外壳前，一定要用干净的纱布将 EPR 上的各种管路接口和电路插接口堵上，防止掉入异物。使用型号为 T25 的专用工具取下执行器和减压器的 9 颗连接螺钉并不再使用。在拆检过程中拧下来可以重复使用的螺钉必须要用清洗剂进行清洗后才能再次安装，清洗剂可选用汽油。当选用汽油作清洗剂时，只能蘸取汽油擦拭一级、二级压力腔室，严禁将电控调压器部件浸泡到汽油中。小心地将两部件分离，将执行器放置在一边。取下 EPR 壳体上的密封胶圈并不再使用。图 2-1-40 所示为拆卸后的状态。

图 2-1-39　清洗 EPR 外壳

图 2-1-40　拆下执行器部分后的状态

步骤 2：从减压器一级盖板上取下 5 颗一字螺钉并不再使用，如图 2-1-41 所示。按住杠杆并小心地从盖板上取下杠杆销钉，松开杠杆取下二级弹簧。将弹簧和销钉放在一边，以便于重新装配使用，如图 2-1-42 所示。按住一级盖板，将盖板上的 2 颗一字螺钉取下并不再使用。将盖板和内部的两根弹簧放在一边，以便于重新装配使用，去掉一级膜片总成并不再使用，如图 2-1-43 所示。

图 2-1-41　拆卸一级盖板

图 2-1-42　取下杠杆二级弹簧和销钉

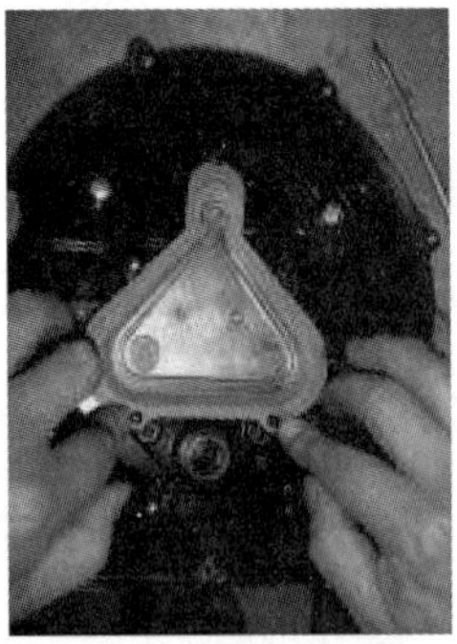

图 2-1-43　去掉一级膜片

图 2-1-44　拆下一级腔体剩下的螺钉

步骤 3：取下余下的另外 2 颗一字螺钉并不再使用，如图 2-1-44 所示。将 EPR 壳体从一级腔体上分开。去掉密封垫，一级阀片销钉以及一级阀片，如图 2-1-45 所示。

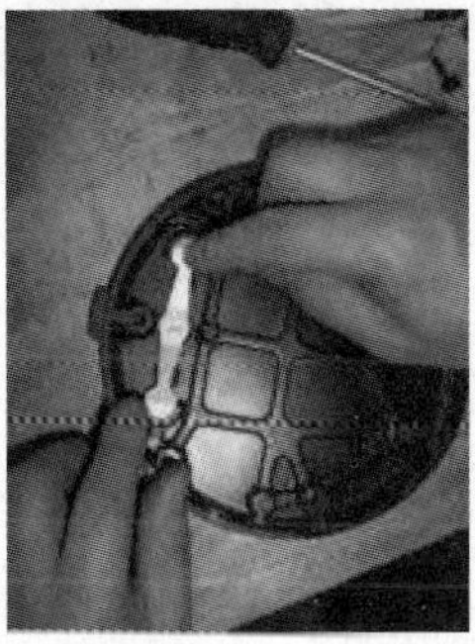

图 2-1-45 拆卸下的 EPR 壳体的情况

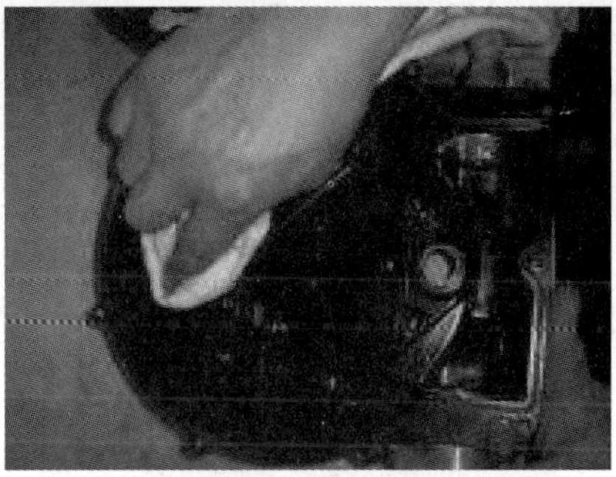

图 2-1-46 清洗 EPR 壳体和一级腔室

步骤 4：使用清洗液将 EPR 壳体和一级腔室内部的油污清理干净。如图 2-1-46 所示，打开维修配件包，将配件放置整齐。依据配件清单清点所需配件的名称和数量。安装新的一级阀片，注意有橡胶的一面应朝下。如图 2-1-47 所示，将新的一级腔室密封垫安装在 EPR 壳体上，将 2 颗一字螺钉安装在 EPR 壳体上。如图 2-1-48 所示，抓住一级阀片销钉顶部，将其安装在 EPR 壳体到一级腔室上。将 EPR 壳体上的 2 颗螺钉轻轻地拧紧，如图 2-1-49 所示。

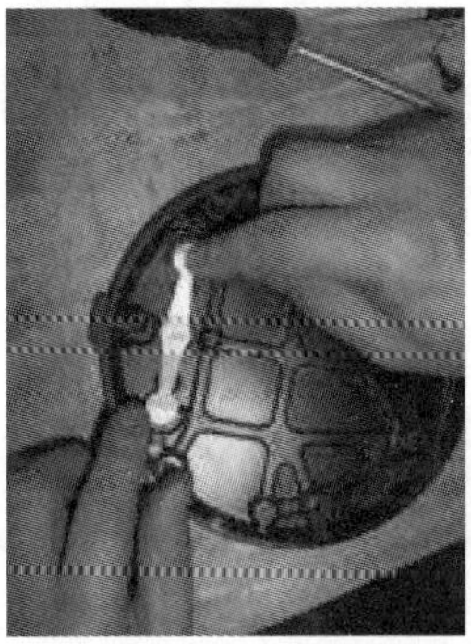

图 2-1-47 更换一级阀片

图 2-1-48 安装一级腔室密封垫

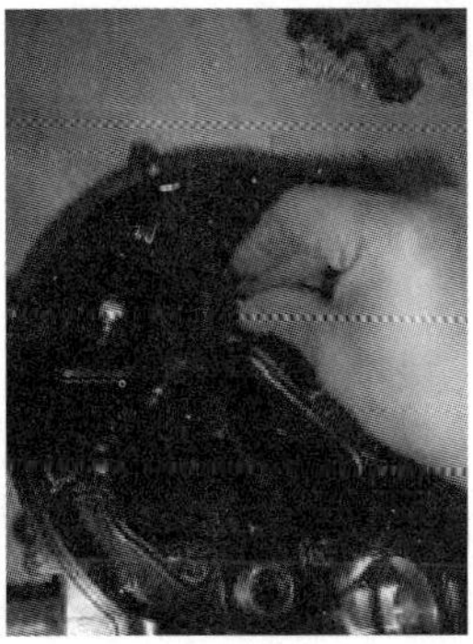

图 2-1-49 安装 EPR 壳体到一级腔室上

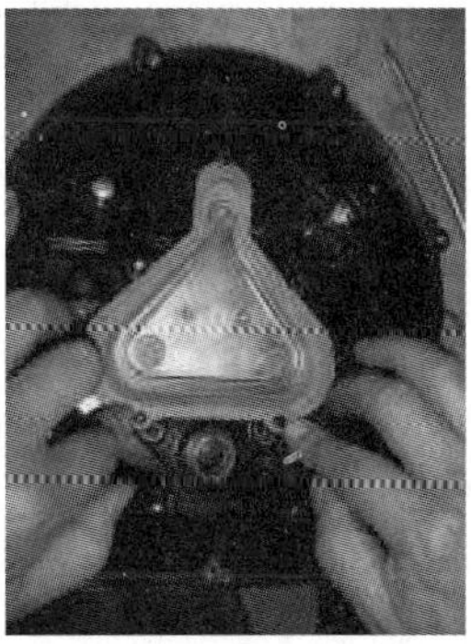

图 2-1-50 安装一级膜片

步骤 5：将新的一级膜片安装在 EPR 壳体上，将先前取下的一级弹簧放置在膜片上面的弹簧座上，如图 2-1-51、图 2-1-52 所示。将先前取下的一级盖板放置在弹簧和膜片上，并将其按入定位柱上。按住盖板装上 2 颗平顶一字螺钉，安装力矩为 3.5 N · m。拧紧各种螺钉要按照交叉拧紧的原则，由于天然气管路材料跟 EPR 管路接口材料不一样，在安装螺钉时一定要按照规定的扭矩进行操作，防止拧坏导致漏气，如图 2-1-53 所示。

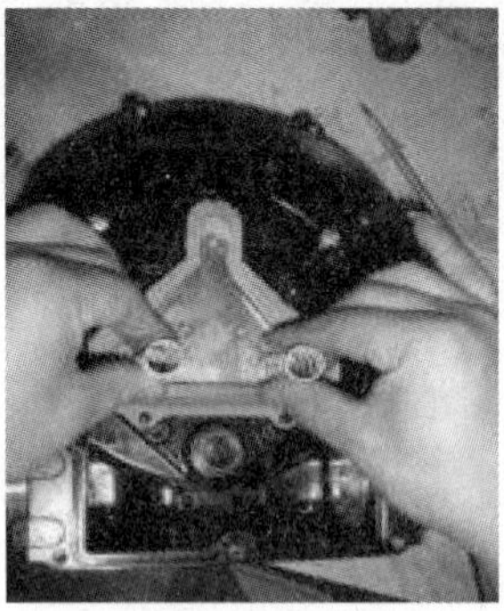

图 2-1-51　安装一级膜片弹簧

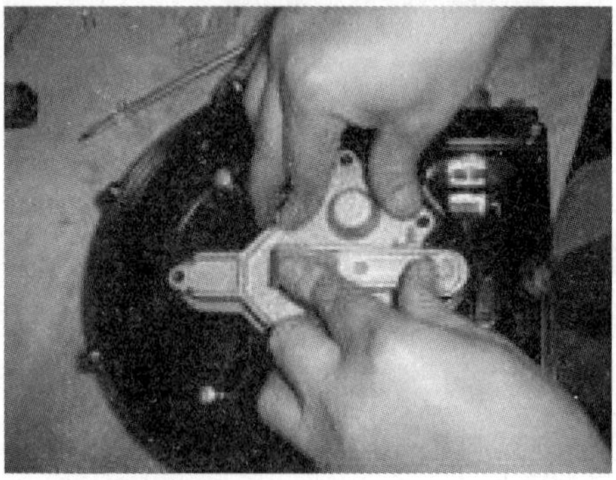

图 2-1-52　安装一级盖板

步骤 6：将二级弹簧放置在一级盖板上的弹簧座上，并将杠杆和销钉装上。将其余的 5 颗一字螺钉装上，7 颗螺钉的安装力矩均为 5 N · m，如图 2-1-53 所示。

图 2-1-53　拧紧一级盖板上的螺钉

步骤 7：在减压器的入口接入压缩空气[压力为：（10 ± 2）Bar，1Bar=0.1 MPa]，使用中性发泡液检查一级腔室和 EPR 壳体件的垫片有无泄漏，如图 2-1-54 所示。检查一级盖板的膜片周围有无泄漏。如果没有泄漏，将检漏的液体清理干净，以便进行下一步的操作；如果有泄漏，返回上一步重新装配并检查。经压力测试出现漏气情况的处理。若漏气出现在二级腔室密封圈，则需要更换密封圈后按规定力矩拧紧；若漏气出现在管路接头，需要重新安上密封件后再进行测试。

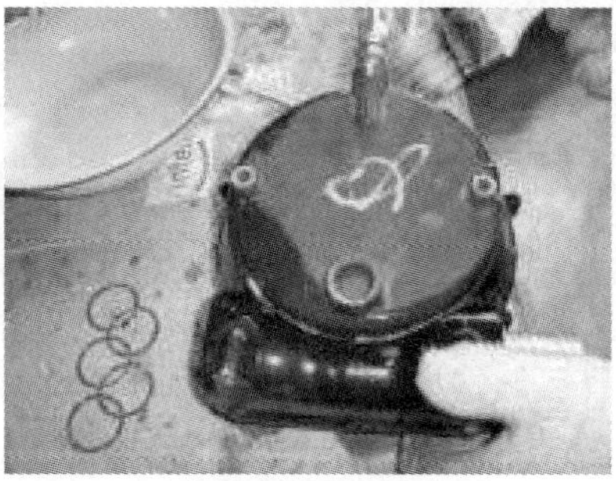

图 2-1-54　泄漏检查

步骤 8：将新的密封圈安装在 EPR 的壳体上，并将执行器装回到减压器上。在安装连接螺钉之前需检查执行器膜片上的钩子是否完好地挂在二级杠杆上面。检查方法：双手将执行器向上提起，观察两个部件是否挂上，如图 2-1-55 所示。安装 9 颗新的螺钉，安装力矩为 5 N · m，如图 2-1-56 所示。

图 2-1-55　安装执行器

图 2-1-56　拧紧执行器螺钉

5. 混合器的检测维护

（1）保养内容

① 每 10 万千米强制保养，从发动机上拆下混合器总成，如图 2-1-57 所示，检查混合器内部是否有明显的机油油污，若有则需将混合器放入汽油中浸泡清洗，清洗后

用干压缩空气吹干。

② 清洗后，用手沿燃气阀运动轴线方向按压阀芯，检查阀芯运动有无卡滞、是否回位，若出现卡滞，则需要更换混合器总成。

③ 出现故障后，首先检查膜片是否损坏，若出现膜片损坏，则需单独更换膜片即可。用户使用的天然气应符合 GB18047—2000《车用压缩天然气》中的要求。根据使用区域天然气气质的清洁程度，检查和维护保养的周期不同。符合气质标准的区域，车辆每运行 10 万千米必须对混合器进行强制维护保养。如果气质条件达不到标准要求，应缩短维护保养周期以确保混合器良好运行。

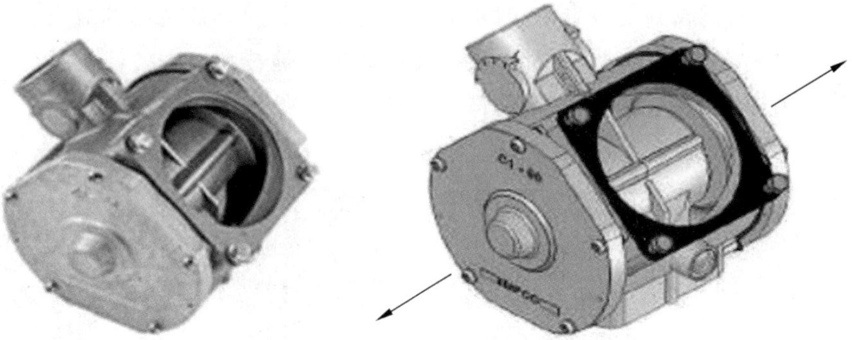

图 2-1-57　混合器总成图

（2）混合器的维护保养

步骤 1：使用肥皂液对混合器外表面进行清洗，并将清洁后的混合器表面擦拭干净。

步骤 2：使用中孔花型螺丝刀（规格：T25，见图 2-1-58）拆下混合器膜片罩的 12 颗紧固螺钉，妥善保管螺钉，如图 2-1-59 所示。

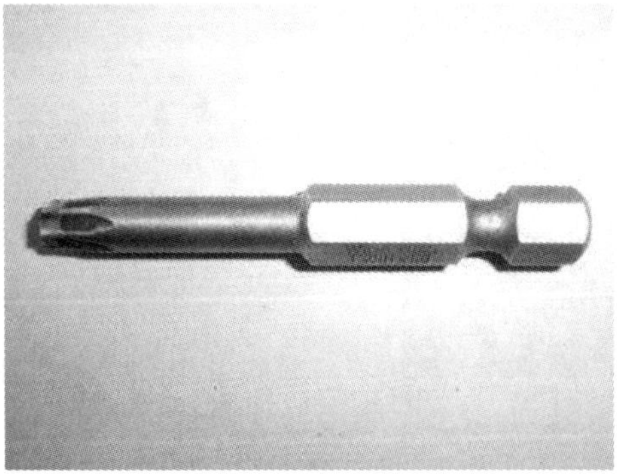

图 2-1-58　T25 专用螺丝刀

图 2-1-59　拆下膜片罩紧固螺钉

步骤 3：小心地取下混合器膜片罩，调节弹簧和膜片总成并妥善保管弹簧，如图 2-1-60，图 2-1-61 所示。

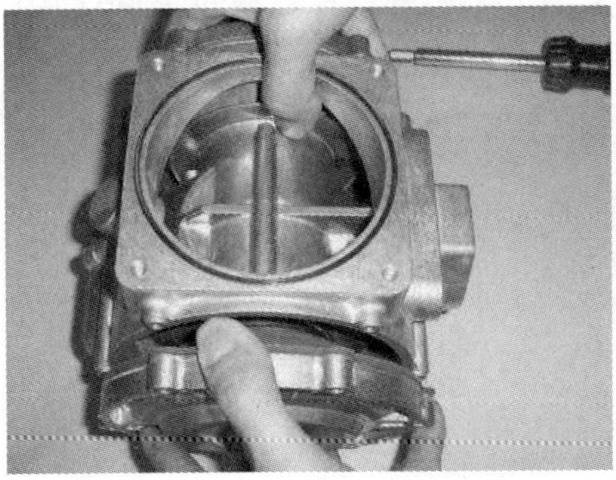

图 2-1-60　取下膜片罩

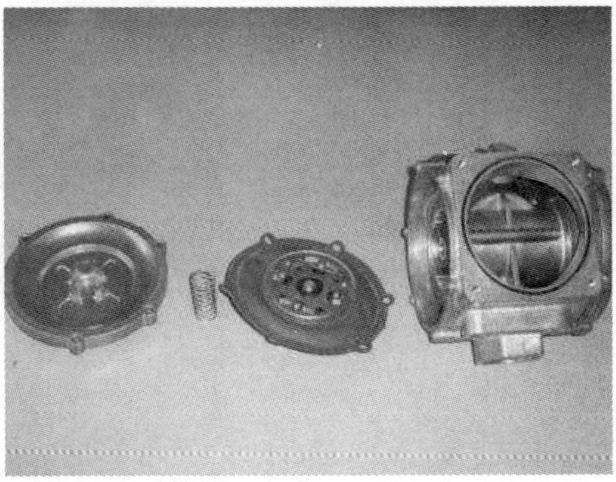

图 2-1-61　取下调节弹簧、膜片总成

步骤 4：使用无腐蚀性的清洁剂对混合器腔室内部进行清洁，重点对燃料空气阀阀座进行清洁，如图 2-1-62 所示。

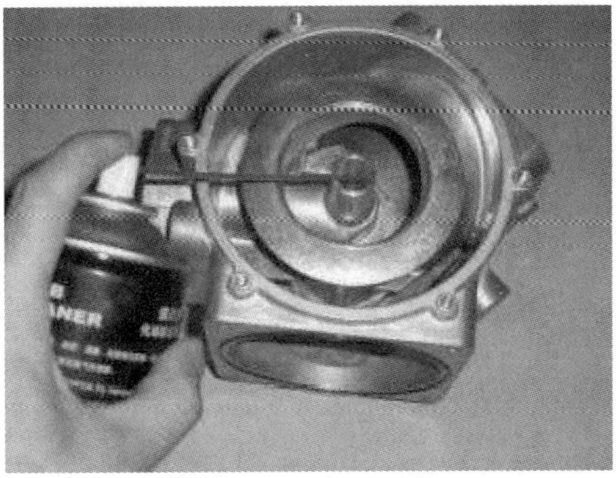

图 2-1-62　清洁阀座

步骤 5：将混合器内的清洁剂擦拭干净，如图 2-1-63 所示。

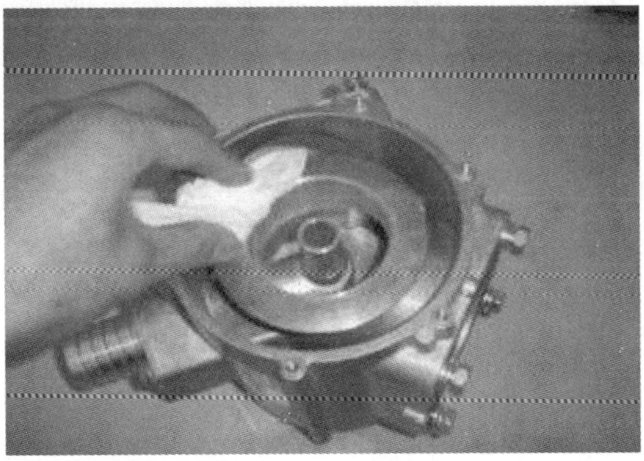

图 2 1 63　擦拭清洁剂

步骤 6：仔细检查阀座的磨损情况，如出现严重的磨损沟槽，如图 2-1-64 所示，则需更换混合器总成。

图 2-1-64　阀座磨损情况

步骤 7：使用无腐蚀性的清洁剂对混合器膜片总成进行清洁，重点清洁燃料空气阀内部导向槽，压力反馈孔，如图 2-1-65 所示。

图 2-1-65　清洁导向槽，压力反馈孔

步骤 8：将膜片总成上的清洁剂擦拭干净，如图 2-1-66 所示。

步骤 9：仔细检查膜片上有无破损，燃料空气阀导向槽磨损情况，以及阀芯密封垫使用情况，如图 2-1-67 所示；如果膜片出现破损，需更换新膜片。

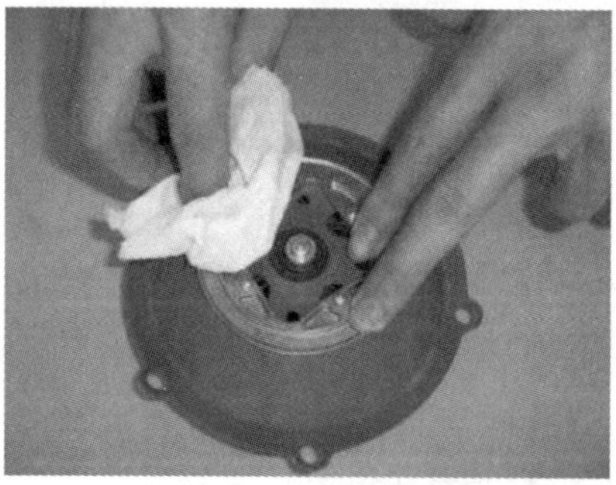

图 2-1-66　擦拭膜片总成

图 2-1-67　检查膜片磨损情况

步骤 10：使用 PH.1#十字螺丝刀拆下膜片总成上的 4 颗紧固螺钉，如图 2-1-68 所示，并妥善保管，取下膜片压板和膜片，如图 2-1-69 所示。

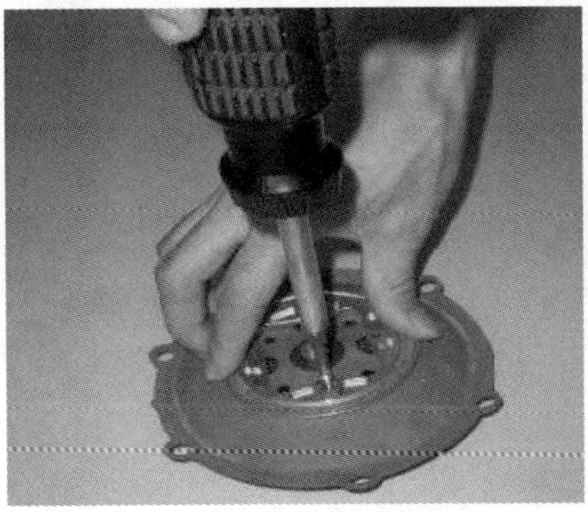

图 2-1-68　拆下紧固螺钉

图 2-1-69　取下膜片压板和膜片

步骤 11：将新膜片安装在燃料空气阀上。

特别提示：膜片成型幅面向上，如图 2-1-70 所示。

图 2-1-70　膜片安装方向

注意：膜片中心 4 个大孔对准燃料空气阀安装孔，如图 2-1-71 所示，勿将小孔对准安装孔，如图 2-1-72 所示。

未按此方法安装膜片将造成混合器不能正常的工作。

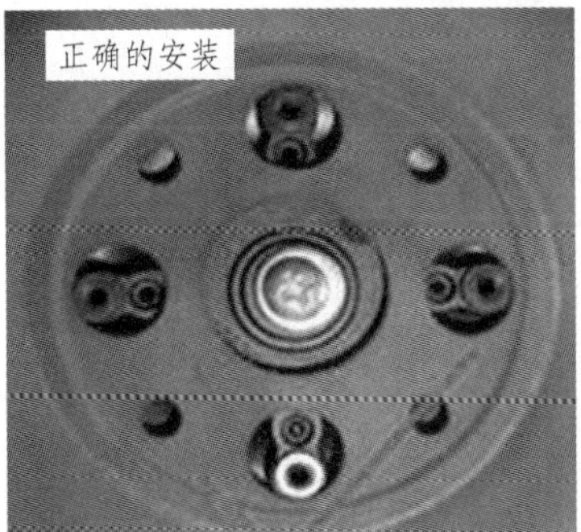

图 2-1-71　正确的安装

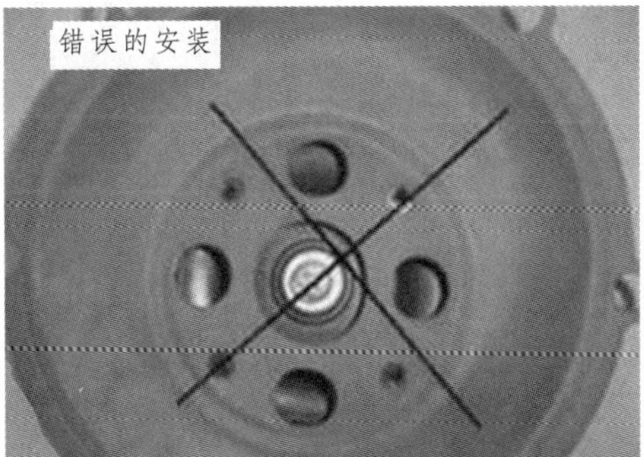

图 2-1-72　错误的安装

注意：将压板定位台阶孔平稳地放置在阀芯座安装孔的凸台上，如图 2-1-73 所示。

图 2-1-73　膜片压板放置在膜片上

步骤 12：将 4 颗紧固螺钉涂上适量的乐泰 609 胶水，安装在燃料空气阀上，安装力矩为 0.9~1.4 N · m，如图 2-1-74 所示。

注意：一定要使用 PH.1#十字螺丝刀，其他规格的螺丝刀易造成螺钉头损坏。

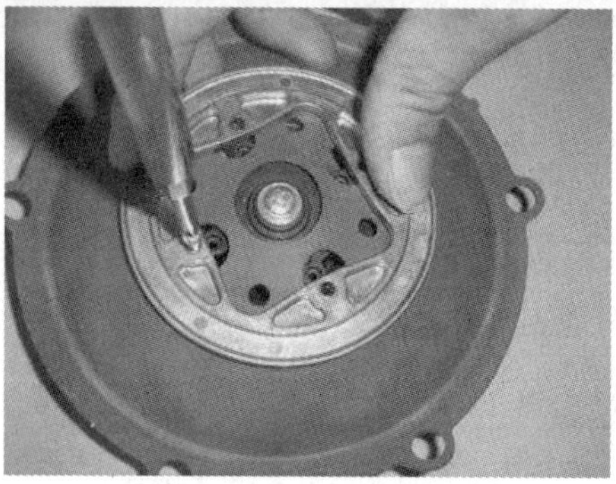

图 2-1-74　拧紧固螺钉

步骤 13：将膜片对上光照，观察 4 个压力反馈孔是否通畅，如图 2-1-75 所示。

图 2-1-75　观察压力反馈孔

步骤 14：将膜片总成放置于混合器壳体上，旋转膜片总成，使膜片的 6 个安装孔对齐混合器壳体上的 6 个螺孔，该膜片的定位位置是唯一的，如图 2-1-76 所示。

图 2-1-76　膜片定位安装孔与混合器壳体螺纹孔对齐（位置是唯一的）

步骤 15：将弹簧放在膜片总成中心的弹簧座上，如图 2-1-77 所示，盖上混合器膜片罩，拧紧混合器膜片罩上的紧固螺钉，安装力矩为 5~7 N · m，如图 2-1-78 所示。

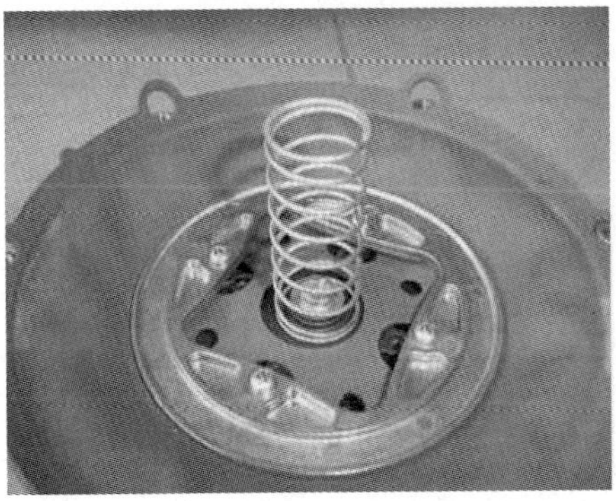

图 2-1-77　弹簧放置在膜片总成的弹簧座

图 2-1-78　拧紧固螺钉

步骤 16：组装完成后，用手指在混合器出口按照图 2-1-79 所示箭头方向端推动膜片总成 3 次。能轻松推动，且放开手后膜片总成自动回位，则正常。由于组装不正确，可能导致膜片总成不能推动、推动困难或者膜片总成不能完全回位，则需重新组装混合器零部件。

图 2-1-79　检验是否装配正确

特别提示：混合器空气入口端与混合气体输出口端采用O形密封圈进行密封，将混合器安装到发动机上时，请检查密封圈是否完好。

任务二　进排气系统的维护作业

一、进排气系统组成与部件的作用

（一）进气系统组成及工作原理

进气系统由空气滤清器、空气流量计、进气压力传感器、节气门体、进气歧管等组成，如图 2-2-1 所示。发动机工作时，驾驶员通过加速踏板操纵节气门的开度，以此来改变进气量，控制发动机的运转。进入发动机的空气经空气滤清器滤去尘埃等杂质后，经过涡轮增压，通过中冷器冷却温度，再进入混合器，与减压后的天然气混合，然后通过空气流量计，沿节气门通道进入进气支管，由进气门送入气缸内点火燃烧，产生动力。这一过程与传统的汽油机进气系统不同，燃气混合气的形成也与汽油机的油气混合过程完全不同。

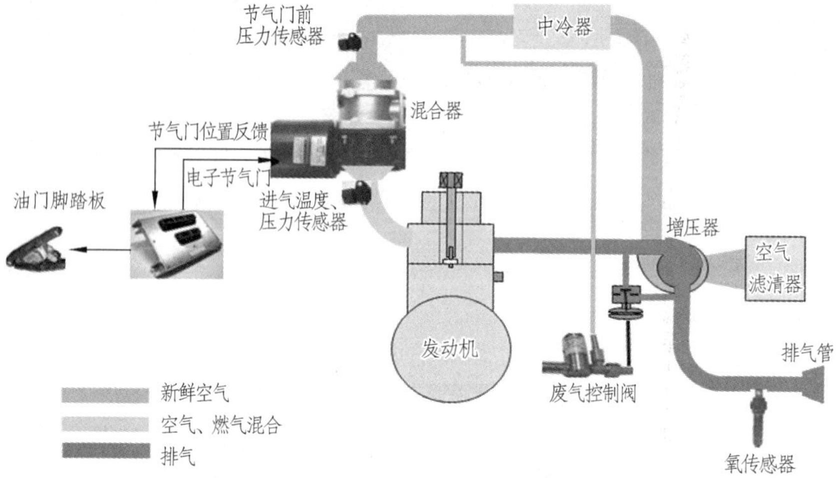

图 2-2-1　CNG 发动机进气系统结构示意图

对于发动机电子控制燃气系统则是由电子控制单元 ECU 通过发动机的转速传感器、进气压力温度传感器、冷却液温度传感器、节气门位置传感器、氧传感器等传感器的信号，查询 ECU 中的预置脉谱图来精确控制发动机在不同工况下的点火正时和天然气的供给量，适时满足发动机的速度和负荷的需要。

在 ECU 控制发动机运行期间，当控制系统出现故障时，ECU 将会点亮仪表板上的指示灯（如果安装有指示灯），以提醒驾驶员注意。

空气燃气混合比是燃烧室内燃烧前的空气与燃气的混合比率。合适的空燃比对于获得预期的性能和燃气经济性以及排放要求等都是必不可少的。对于控制发动机排放和发动机性能而言，理论空燃比是 14.7∶1（质量比），ECU 确定适宜的空燃比。理论空燃比是维持最佳排放要求的临界值。为确保维持合适的空气燃气混合比，氧传感器向发动机控制单元提供反馈信号用以计算脉冲宽度。通过测定进气歧管绝对压力，绝对压力传感器提供所需发动机负荷的信息，转速传感器提供发动机转速信息。通过发动机负荷和转速，查 ECU 中的脉谱图得到发动机的基本供气量和点火提前角等控制信号。

进气温度传感器和发动机冷却液温度传感器提供温度信息用于修正空燃比。节气门位置传感器提供节气门开度信号对过渡工况进行修正。采用氧传感器进行反馈控制即闭环控制，原则上供给的混合气是在理论空燃比附近。但在有些条件下是不适宜的。如发动机启动时，由于发动机冷却液温度低，这时需要较浓的混合气，如按反馈控制给的混合气在理论空燃比附近，发动机可能会熄灭。又如发动机在大负荷、高转速运转时，也需较浓混合气，如按反馈控制供给的混合气在理论空燃比附近，发动机可能会熄火。又如发动机在大负荷、高转速运转时，也需较浓混合气，如按反馈控制供给的混合气在理论空燃比附近，则发动机动力性不足。

ECU 通过节气门位置传感器感知节气门开度，当发动机转速高于一定转速且节气门开度大于一定角度时，发动机处于减速断气状态，步进电机或电喷系统的喷嘴停止供气。当转速减到低于一定转速（与发动机工况有关）或踩下加速踏板时，则恢复供气。

（二）进气系统部件的作用

1. 空气滤清器

空气滤清器是对空气进行净化的装置，它由壳体和滤芯组成，滤芯布置在壳体内。大气中有各种异物，如灰尘、砂粒等，它们将加速发动机的磨损，从而降低发动机的使用寿命，如果滤芯阻塞严重，将使进气阻力增加，发动机功率下降，发动机运转状态变坏，也容易产生积炭，进气管用于连接节气门体与空气滤清器，当进气管出现破损或连接松动时将出现漏气现象，导致发动机不能正常工作。因此，平时应该养成经常检查空气滤清器滤芯的习惯。

2. 进气温度、进气压力传感器

如图 2-2-2 所示，进气温度、压力传感器，在发动机怠速运转时，进气歧管的真空度高，传感器的电阻大，传感器输出 1.5 ~ 2.1 V 低电压信号；当节气门全开时，歧管真空度低，传感器输出 3.9 ~ 4.8 V 较高电压信号。

图 2-2-2　进气温度、压力传感器

（1）传感器电源电压的检查

接通点火开关，测量传感器电源端和接地端之间的电压，其值约为 5 V。如果电压偏低应再检查 ECU27、28 脚之间的电压。

（2）传感器信号电压的检查

接通点火开关，发动机未起动时，检查信号输出端子与 GND 之间的电压，其值应为 4 ~ 5 V；当发动机怠速运转时，端电压应下降到 1.5 ~ 2.1 V。

当节气门开大时，信号端电压应升高。ECU25 脚上的电压应与信号端电压相同。如果检查结果不符合上述规定，说明传感器信号线断路，连接插头松动，或传感器存在故障。

检查温度信号输出端与接地之间信号电压，其值应为 0.5 ~ 4 V。如果信号电压不在此范围，则说明传感器温度部分已坏，应当更换。

（3）检查传感器的真空连接情况

传感器与发动机缸体之间应不漏气，传感器上的密封圈应完好。安装时要使传感器的歧管压力取气口向下或水平放置，且必须高于进气歧管上的相应的取气口，这样可防止歧管内的水汽凝结成水回流到传感器内，造成压力偏差。

（4）电阻检查

断开点火开关，拆下进气温度、压力传感器并把它放入盛水的容器中进行加热，测量不同温度下传感器温度信号端与接地间电阻值，20 °C 时电阻值为 2.7 kΩ；30 °C 时电阻值为 1.9 kΩ；40 °C 时电阻值为 1.4 kΩ。若测量电阻值与规定值相差较大，说明传感器已损坏，应当更换。

3. 曲轴位置传感器

检测发动机曲轴转角和活塞上止点，并将检测信号及时输入发动机电子控制单元，用以控制点火时刻和喷油正时，同时也用于测量发动机的转速。缺齿输出基准信号，对应 1 缸或 4 缸（或 1 缸或 6 缸）上止点前一定角度。信号齿盘齿数为 60 – 2 齿（“ – 2”，表示铣掉 2 个齿），当 1 缸处于上止点时，曲轴位置或转速传感器中心线处于从信号轮缺齿开始，在发动机前端向后看，按发动机运转方向反向数第 20 齿（6 缸机为 15 齿）的下降沿，如图 2-2-3 所示。

如图 2-2-4 所示，对于曲轴位置（转速）传感器的检测，主要测量和端子间电阻、信号转子凸齿与磁头间间隙。

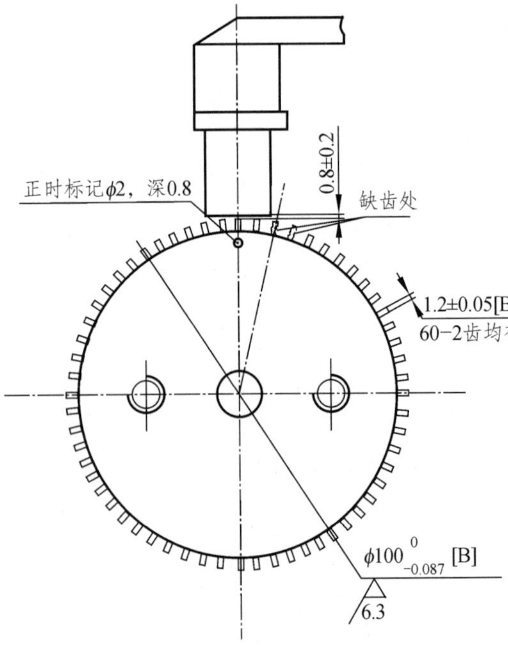

图 2-2-3　曲轴位置传感器信号齿

（1）曲轴位置（转速）传感器的电阻检查

关闭点火开关，拔下传感器连接器插头，检查传感器上 1 与 2 端子间电阻其值应为 1 200 Ω—六缸机（A 与 B 端子间电阻 550 Ω—四缸机）。若电阻为无穷大，说明信号线圈存在断路，应更换传感器。检查传感器上 1 或 2 端子与屏蔽线端子 3 之间的电阻，阻值应为无穷大，如果电阻不是无穷大，则应更换传感器。

图 2-2-4　曲轴位置（转速）传感器

（2）检查传感器与 ECU 之间的连接线束

分别检查传感器各端子与 ECU 端子之间的电阻值，应不超过 1.5 Ω。传感器实物如图 2-2-4 所示，如果电阻为无穷大，说明存在导线断路或接触不良，需进行维修。

（3）信号转子与磁头间间隙检查

用厚薄规片检查信号转子与磁头间间隙，标准值为 1.5 ~ 0.3 mm。若有变化，需进行调整。

4. 电子节气门及节气门位置传感器

电子节气门通过控制蝶阀的开度，控制进入缸内的混和气的量，从而控制发动机的转速和负荷。驾驶者通过油门踏板，将动力需求传送给 ECU，ECU 接收到油门踏板信号后，根据发动机运行工况控制电子节气门开度。通过控制蝶阀开度，控制怠速转速和调速特性。

电子节气门是电控 CNG 发动机的重要组成部分，节气门前面是混合器，后部是发动机缸体，是燃气发动机混合气进出的咽喉。汽车加速是否灵活，与节气门是否清洁有着密切的关系。图 2-2-5 所示为电子节气门实物图。

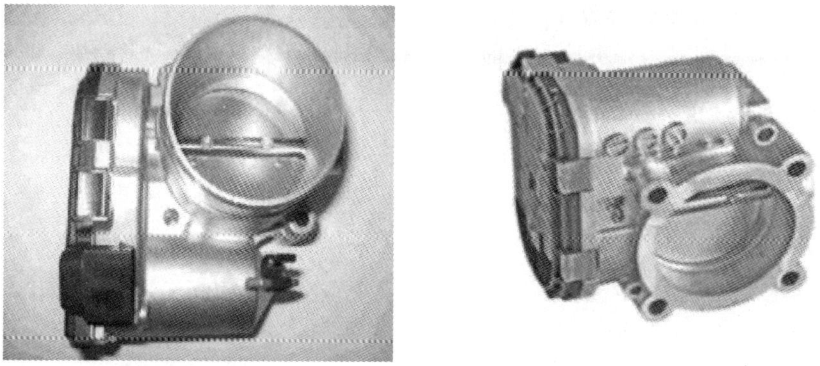

图 2-2-5　电子节气门

可用万用表测量电源电压和信号电压，如电压值与表 2-2-1 中规定值有较大出入，说明传感器已损坏，应更换。

当检查电阻时，应关闭点火开关，拔下导线连接头，ECU 与传感器两插头上各端子间电阻应符合表中规定。如果电阻过大或过小，说明线束端子接触不良，应进行修理。

如图 2-2-6 所示，节气门位置传感器 A 与 B 之间的电阻为 6.5 kΩ。

图 2-2-6　节气门位置传感器

表 2-2-1　节气门位置传感器检修标准表

检测项目	检测条件	检测部位	标准值
电源电压	点火开关位于 ON 挡	A、B	约 5 V
信号电压	节气门关闭、点火开关在 ON 挡	C、B	0.1 ~ 0.9 V
信号电压	节气门全开、点火开关在 ON 挡	C、B	3.0 ~ 4.8 V
正极导线	拔下 ECU、传感器插头	36、A	<0.5 Ω
信号线	拔下 ECU、传感器插头	26、C	<0.5 Ω
负极导线	拔下 ECU、传感器插头	37、B	<0.5 Ω

注意：节气门位置传感器不可调。

把油门踏板踩到底（开关接通之前），再打开点火开关，并起动发动机，即可能清除淹缸。

（三）电子控制单元（ECU）执行元件

1. 步进电机

（1）检查电阻

测量步进电机各端子之间的电阻，其值为 50 Ω，若测量电阻值与规定值相差较大，说明步进电机已损坏，应当更换，图 2-2-7 所示为步进电机。

（2）检查电压

测量输入端、信号端的电压应有 0 ~ 12 V 的电压变化。如电压不随步进电机的步数发生变化，则

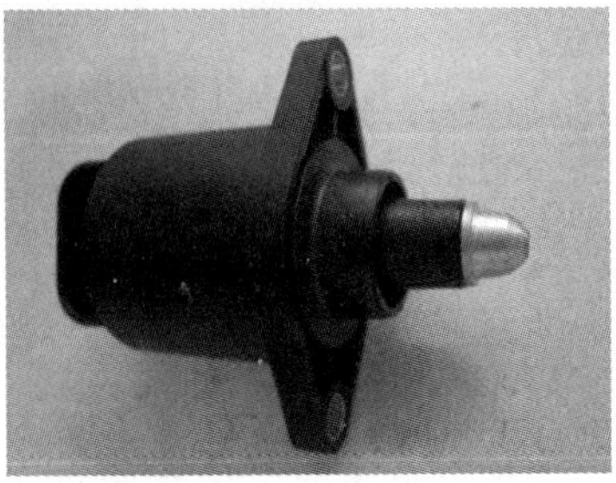

图 2-2-7　步进电机

说明步进电机已损坏，应当更换。

（3）步进电机连接插头与 ECU 连接线束电阻值检查

点火线圈各接插头与ECU端子之间的电阻值应不超过 1.5 Ω。如果电阻为无穷大，说明存在导线断路或接触不良，需进行维修。

（4）步进电机清零

断开点火开关电源，步进电机应有清零置位的过程，如步进电机不进行复位的清零动作，应对步进电机进行检查、维修，如仍无反应，应当更换。

2. 氧（O_2）传感器

氧传感器用来检测废气中氧的含量，是保证空燃比接近理论空燃比的主要元件。安装在排气尾管上，三元催化器之前。它通过与废气的化学反应，在传感器的信号端会产生电压的变化，基于这个电压变化，ECU 能调整其供气量，使混合气的空燃比维持在理论空燃比附近。混合气稀时氧传感器输出电压低，浓时输出电压高。

CNG 发动机上排气管上安装的氧传感器，在壳体中含有一个加热器，该加热器是一个陶瓷电阻式元件。氧传感器如图 2-2-8 所示。

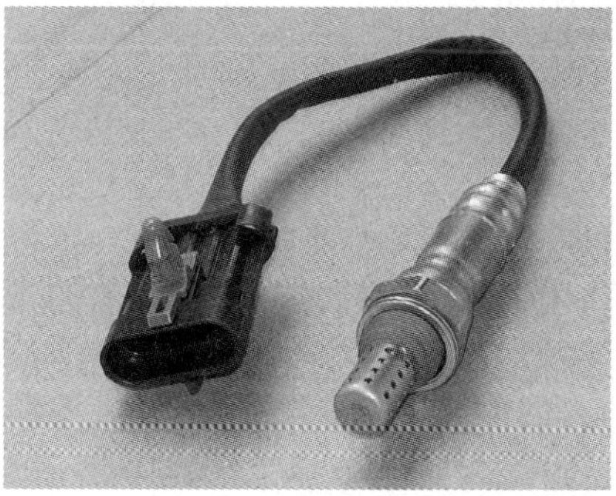

图 2-2-8　氧传感器

二、发动机进排气系统的维护

（一）进排气系统使用维护

进排气系统的作用是保证进气清洁、充足，排气通畅。如果进排气系统出现问题，会引发零件早磨，气耗高、功率不足等问题。

（1）绝对禁止发动机在不装空气滤清器或空气滤清器失效的情况下工作。

（2）平时可以通过观察装在空气滤清器后的进气管上的空气阻力指示器来判断空气滤清器的堵塞情况，当空气阻力指示器的指示窗口由正常情况下的绿色变成红色，如图 2-2-9 所示，则表明滤清器进气阻力超过限定值，需要对其进行清理或更换。如果空气滤清器上没有空气阻力指示器，则视环境空气中含尘量的高低来定期检查并清理或更换。一旦出现空气滤清器堵塞，应立即停机清理或更换空气滤清器的滤芯。

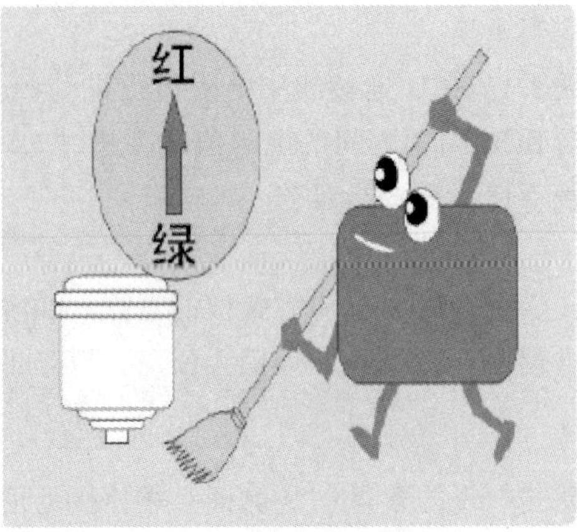

图 2-2-9　空气阻力指示器指示窗口的颜色变化

（二）空气滤清器使用维护

滤芯要使用优质的，使用劣质的滤芯容易造成空气滤清器对灰尘过滤失效与密封不严等灰尘进入燃烧室形成磨料磨损。拆卸滤芯进行保养时要检查密封圈是否完好，是否脱落，检查滤芯是否有堵塞、破损、变形等现象。如果有以上任何一个问题存在都必须及时更换。

（1）每运行 50～200 h，应清洁滤芯积尘，检查密封性等，每运行 2 个月（5 000～8 000 千米）应对空气滤清器的整体滤芯进行更换。

（2）由于车辆用途和使用差异性大，应该灵活调整保养、更换周期。在清理空气滤清器中的灰尘时，用压缩空气从里往外吹，要求每 7～15 天清理一次，安全小滤芯不能用气吹。滤芯要求使用到 2 万千米时给予更换。

（3）养成定期检查进排气管路和增压器的习惯，要求：管路结合可靠，无破损、无打折、无真空节流。

（4）进排气管路、压器叶轮转动灵活，轴向间隙适当，无窜油窜气现象。检查排气背压正常，排气制动阀和消声器无堵塞。

（三）进排气系统在各级维护中的作业项目及技术要求（见表 2-2-2）

表 2-2-2　进排气系统各级维护作业项目及技术要求

维护级别	作业项目	作业性质	技术要求
日常维护	空气滤清器	清洁	作用正常，滤芯及灰盘清洁
		检查	
一级维护	空气滤清器	清洁	完好，无裂损；卡箍、螺栓齐全，安装牢靠；不漏气、不漏油、作用正常；内外及滤芯清洁
		检查	
	空-空中冷器	清洁	密封良好，无泄漏，无油污
		检查	

续表

维护级别	作业项目	作业性质	技术要求
一级维护	曲轴箱	清洁	内外清洁，作用良好
	通风阀	检查	
	增压器	检查	增压器无异响，工作正常，无泄漏；执行器动作灵敏，管路无损伤
	排气管	检查	安装牢靠、通畅、无损伤和泄漏
	消声器及支架	检查	支架牢靠；消声作用正常
二级维护	空气滤清器	清洁	内外清洁；更换纸质滤芯，安装牢靠，无泄漏
		拆检	
	进气门	检查	校对气门间隙
	排气门		按需更换气缸盖
	进排气歧管密封垫	检查	无裂损，密封垫完好，固定可靠；固定螺栓紧固，拧紧力矩符合修理标准，无泄漏

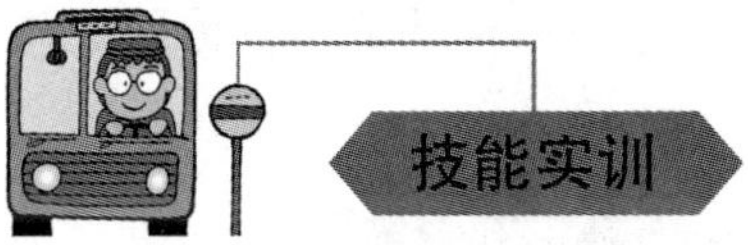

进气系统维护保养

1. 安全要求及注意事项

（1）严禁赤脚或穿拖鞋、高跟鞋和裙子上课，留长发者要戴工作帽。

（2）进入车辆实训场地后，未经老师批准，不得动用实训车辆的各项设备。

（3）实训时，未经老师批准，不准进入车厢内，防止车辆意外起动造成重大事故。

（4）发动机运行时，严禁将手伸入发动机舱内。

（5）进气道及三元催化器清洗实训过程中必须严禁烟火，并在实训区域内配有灭火器。

2. 设备/工具/耗材要求

（1）设备：CNG公交客车整车一台，诊断仪及诊断软件、清洗设备一套、压缩气体管路，常用工具一套、灭火器一套。

（2）耗材：化油器清洗剂一瓶，进气道专用清洗剂 1 L、三元催化器专用清洗剂 1 L。

3. 清洁或更新空气滤清器

（1）向上拆下盖罩 1，拆下进气软管 2，松开锁扣，松开软管卡箍，拔下进气软管，如图 2-2-10 所示。

图 2-2-10　拆检空滤芯

（2）松开滤清器外壳上的四个锁扣，取出旧的滤芯，清洁滤清器壳体并安装新的滤芯，如图 2-2-11 所示。

图 2-2-11　取出空滤芯

（3）清洁空气滤芯。空气滤芯采用微孔滤纸，表面经过树脂处理，在发动机工作时，滤芯周围会黏附一层灰尘，清洁时不能用水或油，以防止油水浸染滤芯。

常用的清洁方法有两种，一是轻拍法即将滤芯从壳中取出，轻轻拍打纸滤芯端面，使灰尘脱落，但不得敲打滤芯外表面，防止损坏滤纸，降低滤清效果；二是吹洗法，如图 2-2-12 所示，即用压缩空气从滤芯内部向外吹，将灰尘吹净，但压缩空气压力不得超过 294 ~ 600 kPa，以防损坏滤芯。

图 2-2-12　清洁空滤芯

（4）空气滤芯装配，反向进行，但滤芯上的密封垫必须安装在原位，以防止空气不经滤清器进入气缸，橡胶密封垫圈易脱落、老化变形，空气易从密封垫缝隙流过，把大量灰尘带进气缸。

（四）节气门体拆检清洗维护

电子节气门作为配置在城市公交车辆发动机上面一种使用频率较高的电子设备，持续良好的维护保养对于保证电子节气门使用寿命和技术可靠性非常重要。

车辆运行中，油门突然加不起油、发动机转速忽高忽低怠速不稳的现象，经电脑检测显示电子油门踏板正常，进而判定为电子节气门存在卡滞故障，维修工一般都采取更换电子节气门总成，解决此故障。

电子节气门总成主要为电控发动机匹配，该总成为免维护件，无法修复；现在对于更换下来的旧总成联系到外修厂家进行送修，修复总成件上车完好率最高 50%左右（暂无具体数据）。经查勘外修厂家维修流程为：清洁外壳→蝶阀→蝶阀转轴→蝶阀管道→检查有无明显破损→转动蝶阀灵活无卡滞。

1. 电子节气门的维护保养标准

（1）每 8～10 万千米（视当地气体清洁度而定），从发动机上拆下节气门，检查节气门内部是否有明显的油污，若有，则需用节气门清洗剂清洗节气门蝶阀及转轴部位，清洗后用压缩空气吹干。

（2）清洗后，用手按压蝶阀，检查蝶阀转轴有无卡滞、是否回位，若出现卡滞，则需要更换电控节气门总成。

2. 电子节气门的维护保养工艺流程

步骤 1：对待修复电子节气门进行外观清洁，检查有无异常破损，打开节气门控制端盖，如图 2-2-13 所示。

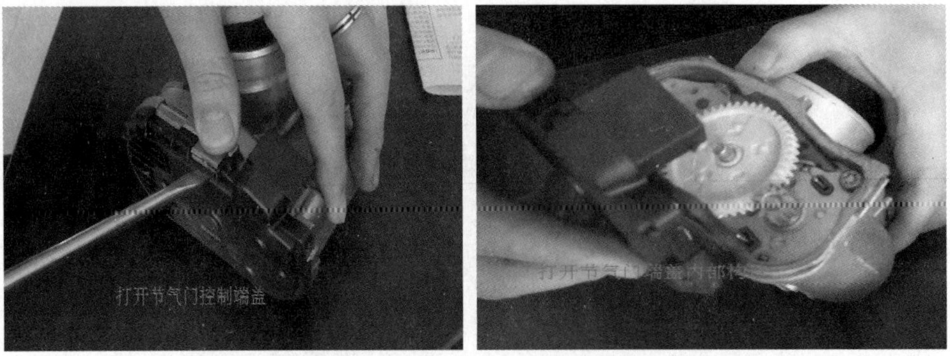

图 2-2-13　打开节气门控制端盖

步骤 2：打开端盖检查各啮合齿轮有无明显磨损，密封胶条有无损坏，有无外界清洗时的液体漏入，如图 2-2-14 所示。

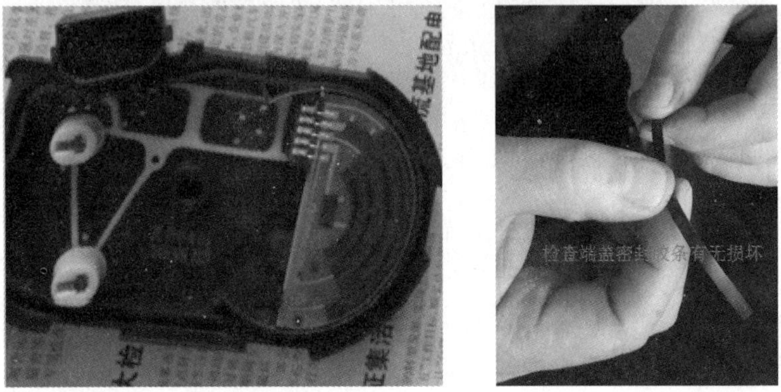

图 2-2-14　打开端盖检查各啮合齿轮有无明显磨损，密封胶条有无损坏

步骤 3：清洁内部齿轮，清洁内部电路灰尘，检查端盖有无明显磨损、划痕、焊接点断裂；如图 2-2-15 所示，按图 2-2-16 图示电路及数据进行数据检测。

图 2-2-15　清洁内部齿轮，检查端盖有无明显磨损、划痕、焊接点断裂

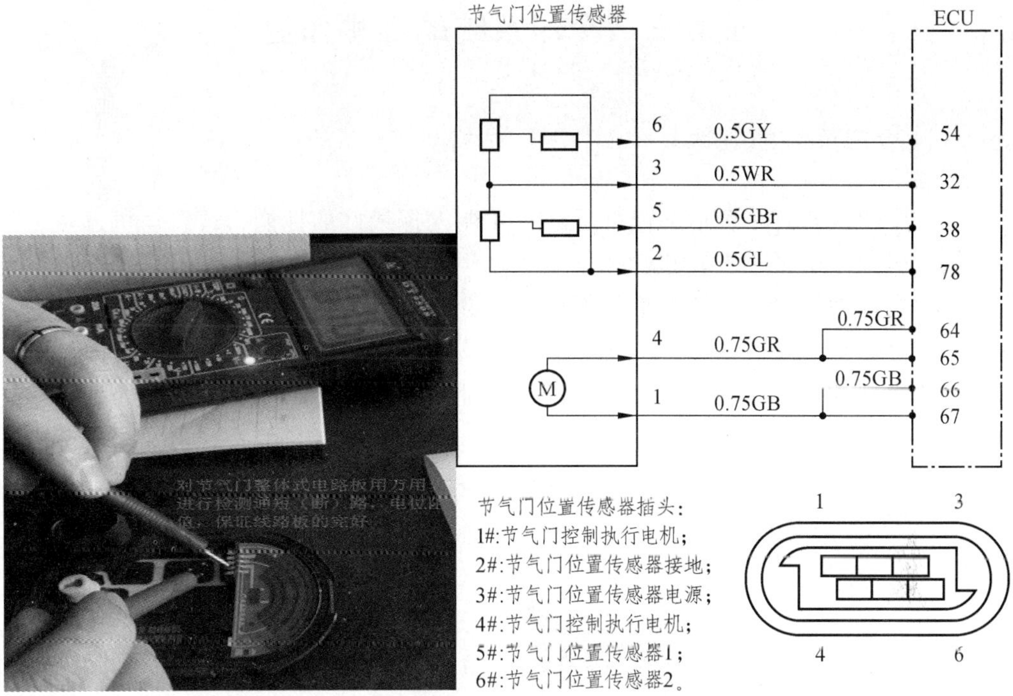

图 2-2-16 按电路图示及数据进行数据检测

3. 电子节气门的初始化标定

电子节气门具有记忆功能，因为使用过程中进气管道和蝶阀周围产生积炭和油泥，为保证进气量，电脑会自动调节节气门的开度，让进气处于正常状态。而维护保养后，没有积炭和油泥的堵塞，电子节气门仍保持着以前的开度，那么就会造成进气量过大，造成的后果是起动发动机抖动，而且加速无力，发动机故障灯也可能会亮。但有时候维护保养后不用做初始化标定，发动机也能正常工作，这是表示节气门不是太脏，维护保养后，进气量未发生太大改变。因此强烈建议在维护保养电子节气门、更换 ECU 控制板、电位器等作业后都进行初始化标定。

标定方法如下：

（1）人工进行初始化设定：不踩加速踏板，打开点火开关，将加速踏板缓慢地踩到底，再缓慢地松开加速踏板，以便 ECU 对相关参数记录编程；然后起动发动机，即可完成初始位置的设定。

（2）如果人工设定不成功（怠速不稳或加速犯闯），可用相关发动机厂家检测软件进行程序刷新，即能恢复初始位置的控制参数，完成电子节气门的初始化设定。

任务三 冷却系统的维护作业

一、冷却系统的概述

汽车发动机只有在合适的温度下运行才能发挥最好的性能，若发动机过热，就会导致充气效率降低，发动机功率下降，使早燃、爆燃倾向加大，损坏零部件，恶化运动件之间的润滑，加剧其磨损等。若发动机过冷，就会导致进入气缸的混合气品质差，使发动机功率下降，燃料消耗增加，燃烧生成物中的酸性物质腐蚀零部件，未燃烧的燃料冲刷和稀释运动件表面的润滑油膜，使其磨损加剧。汽车冷却系统的功用就是冷却发动机并使发动机在合适的温度下，保持良好的运行。它主要由冷却液膨胀水箱、散热器、水泵、气缸体水套、发动机水套排气管、节温器等组成，如图 2-3-1 所示。

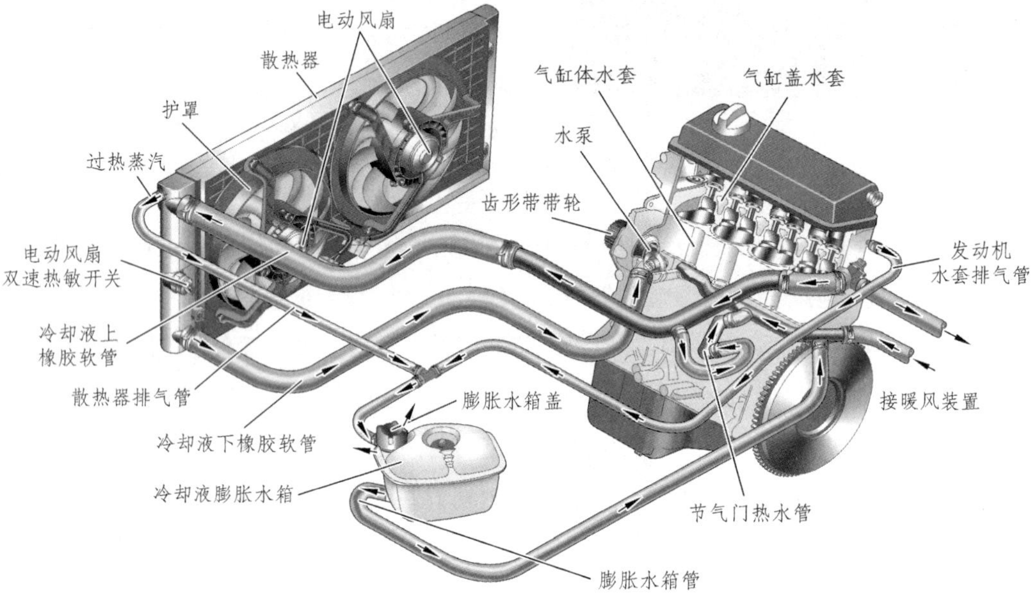

图 2-3-1 发动机冷却系统

冷却液是保证水冷式发动机正常工作必不可少的工作介质，又称防冻液、抗冻液，水箱宝等，意为有防冻功能的冷却液，防冻液可以防止寒冷季节停车时冷却液结冰而胀裂散热器或冻坏发动机气缸体，防冻液不仅仅是在冬天使用，应该全年使用。防冻液的主要功能是起防冻、防沸、防锈、防腐蚀等效果，如图 2-3-2 所示。大多数防冻液的颜色为红色或绿色。

图 2-3-2　常用的防冻液

冷却系统除了对发动机有冷却作用外，还有“保温”的作用，这个过程主要是通过节温器实现发动机冷却系统“大、小循环”的切换。发动机在冷态下节温器关闭，冷却液处于小循环状态，小循环的冷却液是不通过散热器的，发动机温度上升后节温器打开，冷却液大循环，大循环的冷却液是通过散热器的，如图 2-3-3 所示。

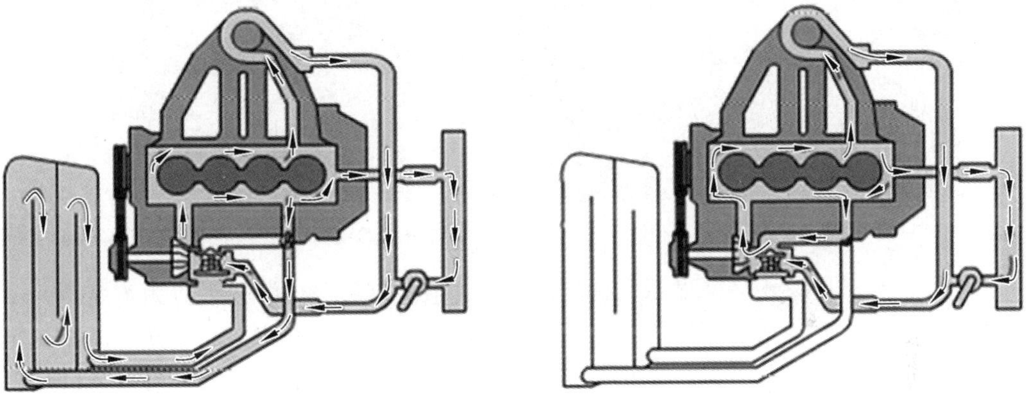

（a）正常循环　　（b）冷车循环

图 2-3-3　冷却系统的正常循环和冷车循环

二、防冻液

（一）冷却液的组成与分类

冷却液由水、防冻剂、添加剂组成。按防冻液成分不同可分为酒精型、甘油型、乙二醇型等类型的冷却液。酒精型冷却液是用乙醇（俗称酒精）作防冻剂，价格便宜，流动性好、配制工艺简单，但沸点较低、易蒸发损失、冰点易升高、易燃等，现已逐渐被淘汰；甘油型冷却液沸点高、挥发性小、不易着火、无毒、腐蚀性小，但降低冰点效果不佳、成本高、价格昂费、用户难以接受，只有少数北欧国家尚在使用；乙二醇型冷却液用乙二醇作防冻剂，并添加少量抗泡沫、防腐蚀等综合添加剂配制而成。由于乙二醇易溶于水，可以任意配成各种冰点的冷却液，其最低冰点可达 – 68 °C，这种冷却液具有沸点高、泡沫倾向低、黏温性能好、防腐和防垢等特点，是一种较理想的冷却液,目前国内外发动机使用的和市场上出售的冷却液几乎都是乙二醇型冷却液。

（二）防冻液的性能要求

1. 防　冻

为了防止汽车在冬季停车后，冷却液结冰而造成水箱、发动机缸体胀裂，要求冷却液的冰点应在 - 30 °C 以下。目前市面上的防冻液大致有两类，一类为浓缩液，如图 2-3-4 所示，需要兑水使用。另一类为“即买即用”型，如图 2-3-5 所示，防冻液在使用时无须兑水。

图 2-3-4　防冻母液

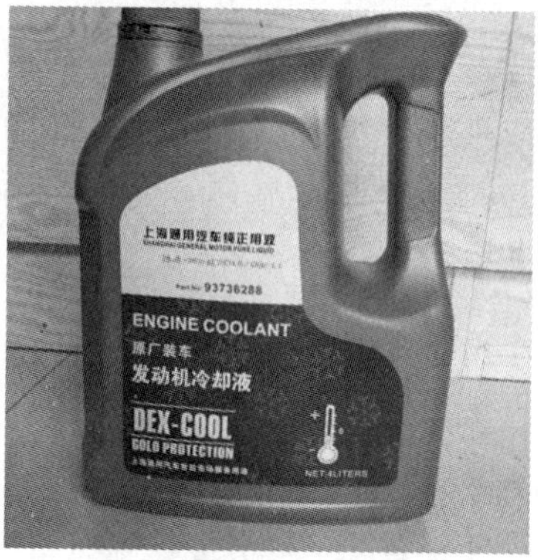

图 2-3-5　无需勾兑的常用防冻液

此外，整车厂商还会推出原厂指定品牌防冻液，这类防冻液一般多为浓缩型，需兑水使用，兑水时注意比例不能过浓也不能过稀，过浓或过稀都会导致冷却液防冻能力下降。在使用过程中一定要参照使用说明书，并注意配比比例及包装上的冰点标识。

2. 防腐蚀

冷却系统中散热器、水泵、缸体及缸盖、分水管等部件是由钢、铸铁、黄铜、紫铜、铝等金属组成，由于不同金属的电极电位不同，在电解质的作用下容易发生电化学腐蚀；同时冷却液中的二元醇类物质分解后形成的酸性产物、燃料燃烧后形成的酸性废气也可能渗透到冷却系统中，促进冷却系统腐蚀。冷却系统腐蚀会使散热器水箱的下水室、喷油嘴隔套、冷却管道、接头以及水箱及水泵发生故障，同时腐蚀产物堵塞管道，引起发动机过热甚至瘫痪；若腐蚀穿孔，冷却液渗入燃烧室或曲轴箱会产生严重的破坏，因为当冷却液或水与机油混合时产生油污和胶质，削弱润滑，使阀、液压阀推杆和活塞环黏结。因而冷却液中都加入一定量的防腐蚀添加剂，防止冷却系统产生腐蚀。

3. 防水垢

冷却液在循环中应尽可能少减地水垢的产生，以免堵塞循环管道，影响冷却系统的散热功能。在选用、添加冷却液时，应该慎重。冷却液质量差就会导致产生较多的水垢。首先，应该根据具体情况选择合适配比的冷却液。其次，添加冷却液，将选择好配比的冷却液添加到水箱中，使液面达到规定位置即可。

4. 防开锅

冷却液沸点过低容易导致发动机开锅。符合国家标准的冷却液，沸点通常超过105 °C，一般为110 ~ 120 °C，比起水的沸点100 °C，冷却液能耐受更高的温度而不沸腾（开锅），在一定程度上满足了高负荷发动机的散热冷却需要。

注意：沸点过低也会导致开锅，但不一定开锅就是沸点过低引起的。

三、冷却系统维护的项目及意义

1. 冷却系统维护项目

（1）检查冷却液液位及冷却液防冻能力。

（2）检查冷却系统泄漏及更换冷却液。

冷却系统在不同级别的维护过程中需进行维护的项目见表2-3-1。

表2-3-1　冷却系统各级维护项目及技术要求

维护级别	作业项目	作业性质	技术要求
日常维护	散热器冷却液及机油油平面高度	检查	无泄漏，口盖齐全，液量及机油油面高度符合原厂规定
	水泵、空压机及皮带	检查	固定良好，工作正常无异响，皮带挠度在30 ~ 50 N作用力下为10 ~ 15 mm
一级维护	散热器、膨胀水箱、水管	检查	水箱及风圈安装牢靠，水箱及膨胀水箱无泄漏，水箱盖齐全有效；风圈无裂损变形；冷却液液面在膨胀水箱1/2 ~ 2/3处；水管通畅，无老化、破裂、漏水；卡箍齐全，安装牢靠
	水泵	检查	完好、无破损、轴不松旷；扇叶无变形，无泄漏，工作正常有效；螺栓齐全，安装牢靠；按要求加足润滑脂
		润滑	
二级维护	水泵、节温器	检查	安装牢靠，无泄漏，工作正常
		更换	

2. 冷却系统维护的意义

冷却系统长时间不做保养，或不规则地添加和补充防冻液，必然会使防冻液发生变质而产生水锈、水垢，而且市面上有很多劣质防冻液在售卖，有些车主甚至加的是一般的防冻液或者直接加水，这些因素会使水锈、水垢等的产生更加迅速。水垢的产生会造成散热效果衰退，造成发动机的寿命大大缩短，同时产生锈蚀等腐蚀，不但会使水箱很快渗漏或者滴漏，增加水箱的维修频率和费用，同时如果没有及时发现，就会造成冷却系统缺水导致过热引发一系列故障问题。如果在发动机内部的冷却系统泄漏，冷却液就会渗入润滑系统中，引发拉缸、顶缸等严重的发动机故障。

技能实训

冷却系统维护实训

1. 安全要求及注意事项

（1）严禁赤脚或穿拖鞋、高跟鞋和裙子上课，留长发者要戴工作帽。

（2）进入车辆实训场地后，未经老师批准，不得动用实训车上的各项设备。

（3）实训时，未经老师批准，不准进入车厢内，防止车辆意外起动造成重大事故。

（4）发动机运行时，严禁将手伸入发动机舱内。

2. 设备/工具/耗材要求

（1）设备：公交车整车、叶子板护套、常用工具一套。

（2）耗材：冷却液、抹布若干、卡箍等。

3. 冷却液液位及泄漏检查

（1）检查冷却液液位，必要时添加冷却液。

（2）保持冷却系外部和内部清洁，检查散热器外部是否沾有泥污或碰撞变形，是否影响风量流通，使冷却液温度过高，必要时清洗或修复。

（3）检查冷却系统中的三通阀、上下水管、水箱、水泵、水壶盖，冷却液渗漏部位会产生水垢结晶。

（4）配合水温表检查水温传感器工作是否正常，如图 2-3-6 所示。

图 2-3-6　水温表显示

（5）检查散热风扇工作状态，查看 V 形皮带松紧程度、风扇皮带张紧适当，查看节温器、水泵是否有损坏，热敏开关是否失灵等。

（6）按规定使用防冻冷却液，保持冷却液数量充足。

正确的冷却液液面高度：当发动机处于冷态时，冷却液液面在膨胀箱内，位于最高和最低标志之间，如图 2-3-7 所示。膨胀箱内装有自动液位报警传感器，当箱内液面过低时，位于仪表板上的冷却液温度报警灯闪烁，应及时添加冷却液，如图 2-3-8 所示。

图 2-3-7　冷却液液面高度指示刻度线

图 2-3-8　添加冷却液

（7）检查风扇皮带张紧力，风扇正常工作。皮带过松影响水循环，加剧其磨损；过紧易损坏轴承。

（8）检查热敏开关连接良好，若有松动会影响风扇换挡变速及正常运转；如果发现冷却系溢水，应及时检查节温器的技术状况。

任务四　润滑系统的检查与维护作业

一、发动机润滑系统的组成与原理

发动机润滑系统主要由油底壳、机油泵、机油滤清器、安全阀等部件组成，如图

2-4-1 所示。润滑油被注入加油口后会往下流到油底壳，发动机起动后，会通过油泵输送到油路到达过滤器（机油滤清器）流到主油道润滑曲轴轴承，同时喷射到活塞和缸壁，能有效冷却、润滑这些部件，随后润滑油会经过油路到达发动机的顶部润滑凸轮轴等部件。这些润滑油大部分又会流回油底壳，不断地润滑和循环，如图 2-4-2 所示。

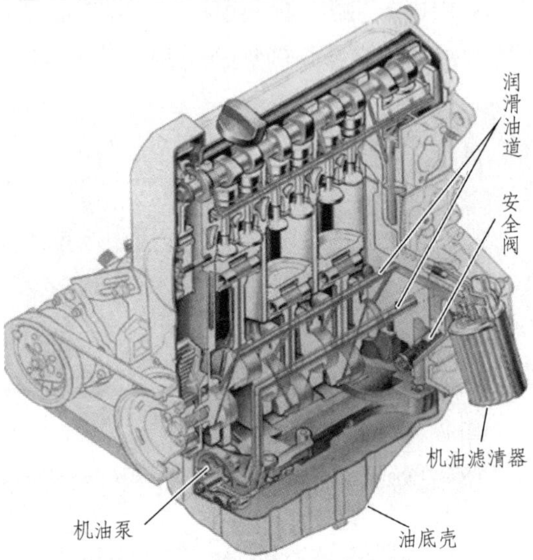

图 2-4-1　发动机润滑系统结构

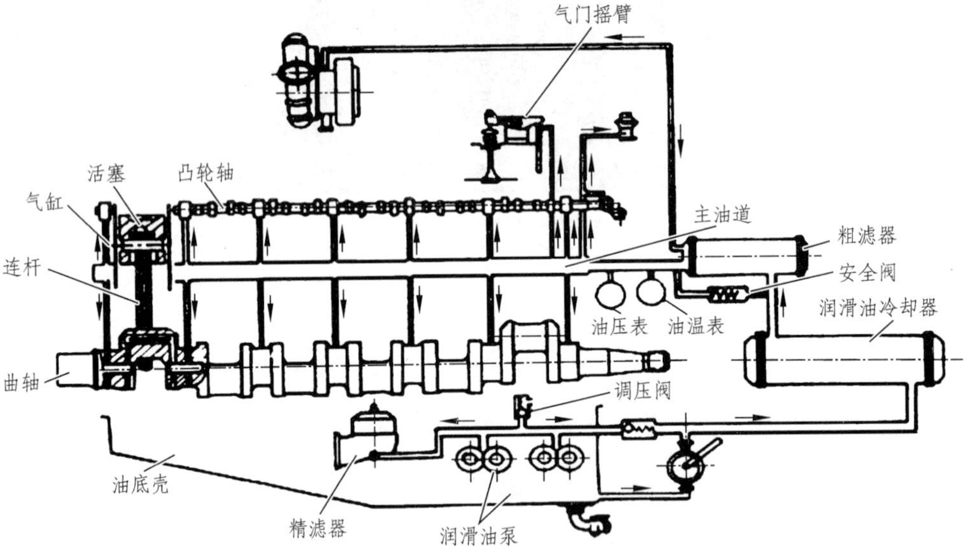

图 2-4-2　润滑系统循环油路

润滑系统的主要功用是在发动机工作时，连续不断地把数量足够、温度适当的洁净机油输送到全部传动件的摩擦表面，并在摩擦表面之间形成油膜，实现液体摩擦，从而减小摩擦阻力、降低功率消耗、减轻机件磨损，以达到提高发动机工作可靠性和耐久性的目的。润滑方式有压力润滑、飞溅润滑、润滑脂润滑三种方式。

二、机油滤清器

机油滤芯就是机油滤清器，如图 2-4-3 所示。机油滤清器的作用是对来自油底壳的机油中有害杂质进行滤除，以洁净的机油供给曲轴、连杆、凸轮轴、活塞环等运动副，起到润滑、冷却、清洗作用，从而延长这些零部件的寿命。机油滤清器的内部构造如图 2-4-4 所示机油滤清器的上游是机油泵，下游是发动机中需要润滑的各零部件。

图 2-4-3 机油滤清器

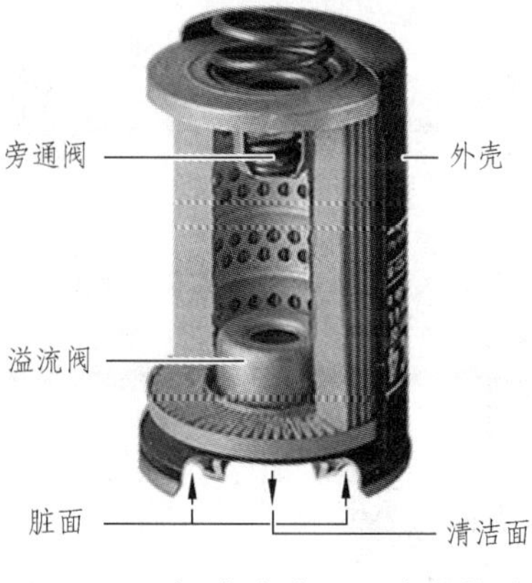

图 2-4-4 机油滤清器的内部构造

三、机 油

机油，即发动机润滑油，被誉为汽车的“血液”能对发动机起到润滑、清洁、冷却、密封、减磨、防锈、防蚀等作用。机油由基础油和添加剂两部分组成，基础油是润滑油的主要成分，决定着润滑油的基本性质，添加剂则可弥补和改善基础油性能方面的不足，赋予某些新的性能，是润滑油的重要组成部分。发动机是汽车的心脏，发动机内有许多相互摩推运动的金属表面，这些机件运动速度快、工作环境差，工作温度可达 400~600 °C，在这样恶劣的工况下，只有合格的润滑油才可降低发动机零件的磨损，延长使用寿命。市场上的机油因其基础油不同，可简分为矿物油及合成油两种（植物油因产量稀少，故不计）。合成油又分为全合成及半合成，全合成机油是最高等级的。

（一）机油级别的划分

1. 黏度表示

润滑油的黏度多使用 SAE 等级别标识，SAE 是英文“美国汽车工程师协会”的缩写。例如 SAE40.SAE50 或 SAEI5W-40、SAE5W-40，“W”表示 winter（冬季），其前面的数字越小，说明机油黏度越稀，流动性越好，代表可供使用的环境温度越低，在冷起动时对发动机的保护能力越好。“W”后面的数字则是机油耐高温性的指标，数值越大，说明机油在高温下的保护性能越好。较高黏度的机油对运动系统的阻力也相对较高，不但耗费功率、增加油耗，而且机油容易氧化、影响冷起动的保护。SAE40、SAE50 这样只有一组数值的是单级机油，不能在寒冷的冬季使用。SAE15W-40、SAE5W-40 这样两组数值都有，15 表示冬天时，机油黏度为 15 号，40 表示夏天时相当于 40 号机油的黏度。这代表这种机油是先进的“多级机油”，适合从低温到高温的广泛区域，黏度值会随温度的变化给予发动机全面保护。图 2-4-5 所示为常见的品牌机油。

图 2-4-5　常见的品牌机油

2. 品质的表示

API 是美国石油学会的英文缩写，API 等级代表发动机油质量的等级。它采用简单的代码描述发动机机油的工作能力。API 发动机油分为两类：“S”开头系列代表汽油发动机用油，“C”开头系列代表柴油发动机用油，当“S”和“C”两个字母同时存在时，则表示此机油为汽、柴通用型。

在“S”或“C”后面的字母表示的意义是从“SA”一直到“SL”，每递增一个字母，机油的性能都会优于前一种，机油中会有更多用来保护发动机的添加剂。字母越靠后，质量等级越高，国际品牌中机油级别多是 SF 级别以上的。例如，壳牌非凡喜力（Shell Helix Plus）是 APISL.级。

（二）机油的选用

养成良好的驾驶习惯，定期检查机油液面，液面过高不仅会增加发动机运转时的阻力，造成不必要的功率损失，还会造成机油泄漏。液面过低，会因润滑不良而损坏发动机，因此发动机油面过低应检查发动机机油有无泄漏和不正常的机油消耗。起动发动机前打开点火开关，机油平面指示灯和机油压力指示灯亮，起动发动机后应熄灭。如有异常现象必须停车检查。

使用适当黏度的机油。机油黏度过低，则油膜容易损坏而产生零件卡住现象；黏度过高，则将产生零件移动的附加阻力致使发动机起动困难，功率损失增加。因此更换机油时，尽可能参阅驾驶员手册上厂商建议使用的黏度。

1. 根据气候选用机油

环境温度较低时，选用黏度较小的机油，便于发动机起动。环境温度较高时，选用黏度较高的机油，便于保持油膜。

2. 根据车况选用机油

车况较好的发动机，配合间隙较小，可选用黏度较小的机油，车况较差的发动机，配合间隙较大，可选用黏度较大的机油。

3. 使用专用机油

由于天然气燃料发动机燃烧产物与柴油机不同，因此要求天然气单燃料发动机用天然气发动机专用机油（低灰分机油）。推荐使用玉柴 YC-600 CNG 专用机油。

四、发动机润滑系统维护的意义及项目

随着行驶里程的增加，机件摩擦所产生的金属屑，从空气中带来的灰尘，部分燃烧废气窜入油底壳，机油受热时生成的胶质，机油氧化产生的黑炭微粒等这些有黏附力的物质沉积于金属表面及油路各部位。

（一）发动机油泥的产生原因

发动机工作过程中通常会在油底壳、机油滤网、摇臂轴、气门室盖等处产生大量油泥，如图 2-4-6 所示。油泥是一种黑色比较稳定的油水乳状体与多种杂质的黏稠凝聚物，是颗粒和液相混合体，其中的颗粒为树脂状聚晶体，在高温下易被碎成小颗粒。

图 2-4-6　凸轮轴上的机油油泥

油泥通常是在较低温度（80～150 °C）下形成的，属于低温沉积物。当汽车在城市道路行驶时，其通常处于时开、时停状态或发动机长时间怠速运转，发动机温度较低，燃烧后生成的水蒸气、CO_2、CO、NO_x、炭末以及燃料的重质馏分、磨损金属屑等落入油底壳，加速了发动机油的氧化并使之乳化，在油底壳中产生不溶物（油泥）。通常发动机冷却液和机油温度越低，越容易生产油泥。另外，曲轴箱窜气量越多，越容易生成油泥。影响油泥生成的因素主要是发动机的工作条件和燃料、发动机油的组成。

（二）润滑系统维护项目

定期更换发动机油，最好不要长期添加机油，如果长期添加机油，会使发动机内部油污积炭越积越多、堵塞机油集滤器，造成发动机运动部件得不到润滑而严重损坏发动机机件。对于汽车发动机润滑系统，只要能做好定期维护工作，不仅可以延长发动机的使用寿命，还可以减少不必要的经济损失，详细维护项目见表 2-4-1。

表 2-4-1　发动机润滑系统各级维护具体项目及技术标准

维护级别	作业项目	作业性质	技术要求
日常维护	机油油平面高度	检查	无泄漏，口盖齐全，液量及机油油面高度符合原厂规定
一级维护	机油滤清器	清洁	完好，安装牢靠，无泄漏，作用正常
		检查	
	油底壳	检查	螺栓及堵头紧固，无泄漏
		紧固	
	机油	清洁	每间隔 1 万～1.4 万千米，更换机油及滤清器；大修发动机第一个保养更换机油、滤清器，清洁曲轴箱、集滤器；机油泵作用正常；校紧曲轴及连杆轴承螺栓
		检查	
		更换	
二级维护	机油滤清器	更换	安装牢靠，无泄漏
	油底壳、	清洁	油底壳无破裂、泄漏；隔板无开焊，螺栓拧紧力矩符合修理标准；集滤器及滤网完好，销锁齐全、有效
	集滤器	拆检	内外清洁

技能实训

润滑系统维护作业

1. 安全要求及注意事项

（1）严禁赤脚或穿拖鞋、高跟鞋和裙子上课，留长发者要戴工作帽。

（2）上课时要集中精神，不准嘻笑、打闹。

（3）进入车辆实训场地后，未经老师批准，不得动用实训车辆的各项设备。

（4）实训时，未经老师批准，不准进入车厢内，防止车辆意外起动造成重大事故。

（5）发动机运行时，严禁将手伸入发动机舱内。

（6）使用抽油机时，连接气路前必须确认各阀门的正确位置。

2. 设备/工具/耗材要求

（1）设备：城市公交整车一台，翼子板护套、常用维护工具一套。

（2）耗材：机油、机滤、抽油机。

3. 润滑系统渗漏及液位检查

（1）渗漏检查

① 打开机盖，从上部检查发动机表面有无渗漏。

② 将车辆举升至高位检查发动机底部有无机油渗漏。

（2）机油液位检查

检查机油油位，必要时添加发动机机油。

① 将车辆置于水平位置，关闭发动机后须等候几分钟（至少 3 min），以使机油可以流回油底壳。

② 拉出油尺，用干净的抹布擦拭，然后重新插入至极限位置。将油尺重新拉出，读取油位，如图 2-4-7 所示，对于图 2-4-7 中的油尺：油位必须在最大和最小标记之间。

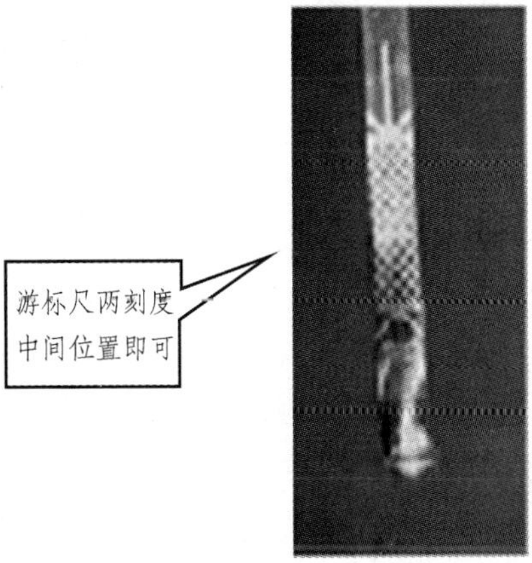

图 2-4-7

机油液位标记注意：油位不可以超过最大标记。油位超过 C 区会有损坏三元催化装置的危险。

（3）更换机油及机油滤芯

① 机油排放与加注排放机油。铺设翼子板布，打开发动机机油加注口盖，将车辆举升至高位，在放油塞下部放置废机油回收桶，按逆时针方向旋转

放油螺栓，打开放油塞放出机油。

放完机油后、更换放油塞密封垫、按顺时针方向柠紧放油店，规定扭矩为 15～20 N·m，如图 2-4-8 所示。

图 2-4-8 旋紧机油滤清器

② 更换机油滤清器。用机油滤清扳手（专用 T 具），拧松机油滤清器。

③ 用发动机机油涂抹在新机油滤清器的 O 形环上，如图 2-4-9 所示。

图 2-4-9 新安装的机油滤清器要在接口处涂抹一层机油

④ 用手把新的机油滤清器拧在机油滤清器支座上，直到滤油器 O 形环与安装表面接触，再用专用工具将其拧紧。为了恰当地拧紧机油滤清器，注意识别滤清器 O 形环与安装表面初始接触的精确位置。

⑤ 与安装表面接触后，用机油滤清器扳手再把滤清器拧紧 3/4 转。

（4）加注机油

① 从发动机机油注油口注入车辆制造商规定黏度的高品质发动机专用机油，直至油位达到机油尺上的满油位标记，停止加注。提示：注油口在汽缸盖罩顶部，如图 2-4-10 所示。

② 盖上发动机注油口盖，使发动机怠速空转 5 min 后停止运转。隔 3 min 后拔出机油尺检查机油油位是否处在正常油位位置。

注意：不足时再注油，油位超过最高油位标记时需抽出过量机油。

③ 最后还需检查发动机油底壳放油螺栓，机油滤清器密封接口处是否有泄漏现象，如有，可适当地拧紧再运转发动机检查。拧紧后，若泄漏还存在，则应查明原因。

图 2-4-10 加注机油

任务五 点火系统的维护作业

一、点火系统概述

对 CNG 发动机来说，点火系统是重要的组成部分，其性能的优良对发动机的功率、油耗和排气污染等影响很大。现在的电子点火系统是由凸轮轴位置传感器、点火线圈、点火控制模块、高压线、火花塞组成，如图 2-5-1 所示。CNG 发动机在压缩接近上止点时，可燃混合气是由火花塞点燃的，从而燃烧对外做功，为此，汽油机的燃烧室中都装有火花塞。点火系统的功能就是按照气缸的工作顺序，定时在火花塞两电极间产生足够能量的电火花。

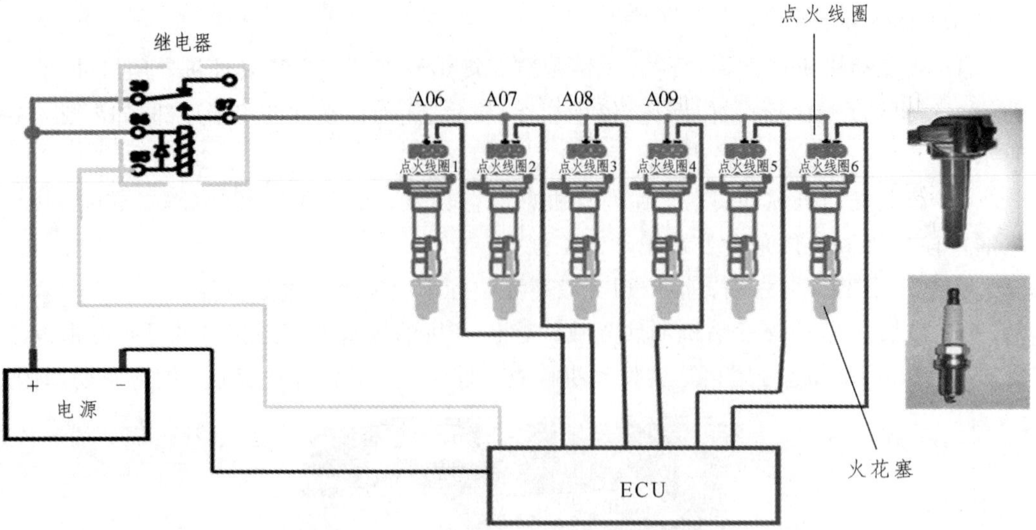

图 2-5-1　CNG 发动机电子点火系统

城市公交车辆上使用的 CNG 发动机，点火系统均以是电子点火系统，使用单缸独立点火系统。点火系统也是 CNG 发动机各系统中故障率较高的系统。点火系统技术状况不仅严重影响发动机的动力性、经济性和排放性能，还决定了发动机能否正常工作。

点火能量不够或不点火，会导致发动机工作困难，严重时甚至不能工作。若点火时间不合适，过晚会导致发动机动力下降，油耗升高，发动机温度上升；点火时间过早，导致发动机爆震，甚至造成零部件损坏。

（一）火花塞知识

火花塞的功能就是在发动机点火系统中将高压电流引入气缸产生电火花，以点燃可燃混合气体，主要由接线螺母、绝缘体、接线螺杆、中心电极、侧电极以及外壳组成，如图 2-5-2 所示，侧电极焊接在外壳上。

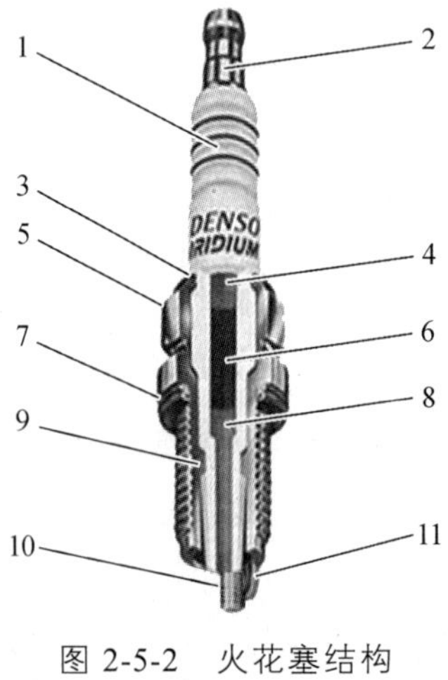

图 2-5-2　火花塞结构

1—绝缘体；2—火花塞头部；3—密封垫圈；4—中间柱体；5—火花塞体；6—玻璃密封剂；7—垫圈；8—电极；9—密封垫圈；10—中心电极；11—地电极

1. 单侧极与多侧极火花塞

单侧极与多侧极火花塞，如图 2-5-3 所示。

传统单侧极火花塞有一个明显的缺陷，即侧电极盖住了中心电极。当两极间高压放电时，火花间隙处的混合气将吸收火花热量并因电离被激活而形成火核。火核形成的场所一般在接近侧电极处，热量将较多的被侧电极吸收，即电极的消焰作用，它减少了火花能量，降低了跳火性能。于是出现了三侧极火花塞。与单侧极相比，多侧极的火花间隙由多个侧电极的断面（冲成圆孔）和中心电极的圆柱面构成，这种旁置式的火花间隙消除了侧电极盖住中心电极的缺点，增加了火花的可达性，火花能量较大，较容易深入气缸内部，有助于改善混合气燃烧状况并减少废气排放。由于多侧极提供了多个跳火通道，因而延长了使用寿命，提高了点火的可靠性。这里必须指出，放电的瞬间只能是一条通道跳火，不可能多侧极同时跳火。高速摄影的放电过程证明了这一点。

图 2-5-3　单侧级与多侧极火花塞

国产火花塞型号中的后级字母（热值数后面的字母）D、J、Q 分别表示双侧极、三侧极、四侧极。

2. 火花塞热值

火花塞作为发动机点火系统的终端部件，起着至关重要的作用。而火花塞热值是火花塞受热和散热能力的指标，其自身所受热量的散发量称为热值。火花塞热值表示火花塞绝缘体裙部吸热与散热的平衡能力，热值越高，则吸热与散热平衡能力越强，因而热型火花塞热值低，冷型火花塞热值高，一般功率高、压缩比大的发动机选用热值高的冷型火花塞；相反，功率低压缩比小的发动机选用热值低的热型火花塞。一般火花塞的选用是工厂通过产品定型实验确定的，不应随意更换。

火花塞热值包括 1 ~ 9 九个数字，其中 1 ~ 3 为低热值，4 ~ 6 为中热值，7 ~ 9 为高热值。原厂的备件火花塞热值一般有 5、6、7 三种，能够大量散热的称为冷型火花塞，即高热值火花塞，冷型火花塞（高热值）的绝缘体裙部相对较短、由于散热途径比较短，散热相对较多，所以不易造成中心电极温度的上升。相对散热量较小的称为热型火花塞，即低热值火花塞，热型火花塞（低热值）的绝缘体裙部较长，当气缸内温度布置均匀时，裙部越长，受热面积越大，传导热量的距离就越长，所以散热少，中心电极温度上升较高。一般来说，低热值的火花塞更适用于低速、低压缩比的小功率发动机，而高热值火花塞则适用于高速、高压缩比的大功率发动机。这个数值越大，也就越“冷”，这个数值越小，火花塞的散热就越小，也就越“热”，热值的高低取决于缸内混合气温度和火花塞的设计。

火花塞是属于“冷型”还是“热型”直接决定了它自身的散热能力，即火花塞的原厂热值直接决定了它的工作环境温度。对于火花塞的工作环境温度要求是非常高的，火花塞的散热既不能太大，也不能太小，要确保火花塞的工作温度，就必须与原厂热值相匹配。一般情况下，上、下落差控制在1个之内，如果落差过大，轻则影响发动机功率输出，重则导致火花塞损坏，进而损坏发动机。

很多人都知道，换装火花塞时，火花塞的热值不能低于原厂热值，却认为高于原厂热值问题不大，其实这也是不对的。换装火花塞时，不要过于追求高价格、高热值的火花塞，应该参照原厂热值这个关键因素进行匹配，否则易对发动机性能造成很大影响。

3. 火花塞间隙

火花塞中心电极与接地电极间的间隙称为火花塞间隙。火花塞间隙对火花塞的工作有很大影响，间隙过小，则火花微弱，并且容易因产生积炭而漏电；间隙过大，所需击穿电压增高，发动机不易起动，且在高速时容易发生“缺火”现象，故火花塞间隙应适当，一般蓄电池点火系统使用的火花塞间隙为 0.7 ~ 0.8 mm，个别火花塞间隙可达 1.0 mm 以上。

4. CNG 发动机火花塞的维护

火花塞属于易损件，它的工作环境恶劣，在长时间使用后电极间的间隙会变大，甚至电极损坏，导致发动机起动困难、抖动、加速不良、油耗增加、排放增加等故障，因此需定时更换火花塞，一般情况下，火花塞的使用寿命为 15 000 km，长效火花塞的使用寿命也不超过 30 000 km。但是由于大部分的车主平时并不十分注意对火花塞的维护，导致火花塞常常出现各种问题，这样就大大缩短了发动机的使用寿命，甚至还会造成一定的安全隐患。

目前，CNG 发动机上大部分所使用的火花塞为 NGK 铂金和铱金火花塞两种，火花塞使用寿命一般为 6 ~ 8 万千米，其维护保养内容为：

① 每 3 个月或 2 万千米，必须检查火花塞电极燃烧情况，清理电极头部杂质，并调整间隙，间隙调整要求如下：

天然气发动机 NGK 铂金火花塞（PFR7B-D）电极间隙：（0.33 ± 0.05）mm；

天然气发动机 NGK 铱金火花塞（IFR7F-4D）电极间隙：（0.4 ± 0.05）mm；

LPG 发动机 NGK 铱金火花塞（BKR6EIX）电极间隙：（0.45 ± 0.05）mm。

② 每 6 ~ 8 万千米，检查火花塞头部电极贵金属烧蚀情况，若使用情况较好，调整间隙后可继续使用。要求 8 万千米后直接更换火花塞，必须使用规定型号的火花塞，否则可能会导致炙热点火、动力下降，气耗升高，点火线圈击穿等故障。

（二）点火线圈

1. 作　用

接收来自 ECM 点火指令，产生高电压并将高电压传递给火花塞，产生火花，点燃天然气。点火线圈能根据 ECM 指令控制点火时刻，使发动机实现低排放、低气耗，点火线圈实物如图 2-5-4 所示。

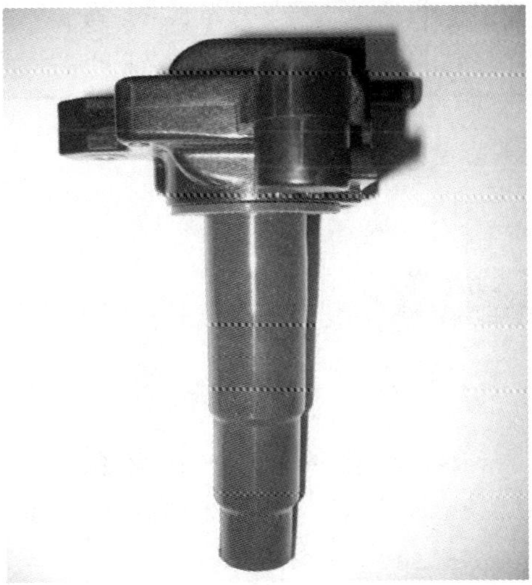

图 2-5-4　点火线圈实物

2. 安装要求

安装时拧紧点火线圈安装螺栓，以保证点火线圈胶套内弹簧与火花塞头部紧密接触。由于高压电源会在接触表面产生电弧，弹簧与火花塞头部接触的部位易受热氧化，导致接触部位电阻过大，分压作用过大导致火花塞点火能量降低，严重时会导致失火。所以安装火花塞和点火线圈时，必须在火花塞头部与点火线圈弹簧结合部位涂抹导电膏。在胶套与火花塞接触的陶瓷部位应该涂抹绝缘润滑油脂，以防止因胶套老化导致火花塞与缸盖之间漏电。

3. 保养要求

（1）点火线圈次级输出电压高达 4 万伏，所以在发动机使用过程中，绝对不允许用水直接冲洗发动机，特别是点火线圈部位。

（2）每 3 个月或 2 万千米要清理弹簧与火花塞之间的氧化物，并涂抹导电膏。

（3）每 3 个月要检查点火线圈胶套是否老化开裂，如有开裂，应及时更换。

二、点火系统的维护项目

点火系统各级维护作业项目及技术标准详见表 2-5-1。

表 2-5-1　点火系统各级维护项目及技术要求

维护级别	作业项目	作业性质	技术要求
一级维护	分电器、电子点火装置	清洁	分电器盖完好；触面吻合，触点无烧蚀，厚度不小于 2 mm，间隙为 0.35 ~ 0.45 mm（无触点电子点火为 0.4 ~ 0.6 mm）；衬套不松旷，安装牢靠
		检查	
		润滑	
	点火线圈、高低压线、火花塞	清洁	固定良好，线路可靠；高、低压线无老化，工作正常。火花塞电极间隙 0.6 ~ 0.9 mm
		检查	

火花塞的检查与更换

1. 安全要求及注意事项

（1）严禁赤脚或穿拖鞋高跟鞋和裙子上课，留长发者要戴工作帽。

（2）进入车辆实训场地后，未经老师批准，不得动用实训车辆的各项设备。

（3）实训时，未经老师批准，不准进入车厢内，防止车辆意外起动造成重大事故。

（4）火花塞必须使用扭力扳手按规定力矩拧紧。

（5）发动机运行时，严禁将手伸入发动机舱内。

2. 设备/工具/耗材要求

（1）设备：城市公交整车一台，翼子板护套、常用维护工具一套，火花塞专用工具一套。

（2）耗材：火花塞。

3. 火花塞的检查与更换

（1）断开点火线圈插头，使用专用工具拉出点火线圈。

（2）使用火花塞套筒，拆卸火花塞。

注意：拆装火花塞时，要等到发动机温度下降后再进行。注意不要让杂质进入火花塞孔。

（3）检测火花塞电极状态及间隙。

更换火花塞，用火花塞套筒及扭力扳手安装新火花塞，紧固力矩为 30 N · m。

提示：使用工具为火花塞套筒、扭力板手。

课后练习

一、填空题

1. 城市公交车辆发动机的配置主要选用______和______。

2. 电喷天然气发动机采用________系统。

3. 电控天然气发动机的燃气进气方式为______。

4. 城市公交车用 CNG 燃气系统是由_____、____ 和_____等三大部分组成。

5. 低压过滤器的功用是过滤燃气中的____及____等杂质，保护________、_____、_____不受损坏。

6. 电控调压器（EPR）的作用是__________。

7. 混合器作用是将经过________________和________的装置。

8. 集成控制面板是将_____、_____、_____、充气口集中在一块面板上，将____、_____等功能进行集成。

9. 进气系统由______、_____、______、_____、_____等组成。

10. 发动机润滑系统主要由____、_____、_____、____等部件组成。

11. 机油滤清器的作用是滤除机油中的________、________和________。

12. 发动机润滑油能对发动机起到__________________ 等作用。

13. CNG 发动机电子点火系统是由________、_______、_______、_______和火花塞组成。

二、选择题

1. 发动机正常运行时水温应保证在（　　）°C，这样发动机动力性和经济性都能达到最佳。

A. 50 ~ 70　　B. 90 ~ 100　　C. 80 ~ 85　　D. 100 ~ 120

2. 在（　　）°C 以下起动和连续运行发动机时必须使用专用低温用天然气发动机机油。

A. – 12　　B. 5　　C. 12　　D. 44

3. 天然气滤清器的主要作用是有效滤除 CNG 中的颗粒、重油，保护下游燃气系统零部件，避免其受到石油杂质的污染，滤清器有（　　）两级。

A. 初滤和中滤　　B. 细滤和精滤　　C. 初滤和细滤　　D. 初滤和精滤

4. 高压减压器最大工作压力为（　　）MPa。

A. 54　　B. 36　　C. 26　　D. 12

5. 下列哪个不是发动机的润滑方式。(　　　)

A. 压力润滑　　B. 飞溅润滑　　C. 润滑脂润滑　　D. 滴注润滑

三、判断题

1. 发动机出厂时已严格按试验规范进行出厂调整，不得随意修改、调整有关数据和增压器压力，增大发动机功率。(　　)

2. 为了保持发动机清洁，可以用水冲发动机。(　　)

3. 天然气滤清器的主要作用是有效滤除 CNG 中的颗粒、重油，保护下游燃气系统零部件。(　　)

4. 高压减压器的安装位置可以高于发动机主水箱。(　　)

5. 充气阀应完好、清洁、无裂纹、密封垫及密封圈完好有效，阀杆螺纹完好，损伤 2 牙应更换。(　　)

6.高压截止阀应完好、清洁、无裂纹，密封垫及密封圈齐全完好；截止阀螺纹损伤 2 牙以上应更换。(　　)

四、识图题

1.

2.

3.

4.

5.

6.

7.

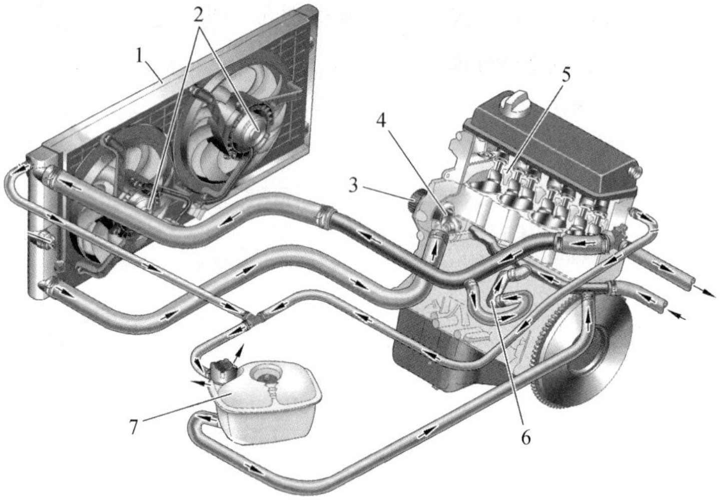

五、简答题

1. 城市公交车用 CNG 燃气系统中的供气系统的作用是什么？一级维护主要检查哪些部位？

2. 高压电磁阀的作用是什么？

3. 简述低压电磁阀部件的安装要求。
4. 简述进气系统的工作原理，进气系统在二级维护中需要拆检哪些部件？
5. 简述发动机的大循环工作原理。
6. 对于防冻液的性能有哪些要求？
7. 简述发动机润滑系统的工作原理。
8. 城市公交车辆在各级维护对对点火系统主要检查哪些部件？
9. 汽车冷却系统的功用是什么？由什么组成？

项目三

城市公交车辆底盘维护作业

知识目标

（1）能够说出底盘系统维护作业项目。
（2）能够描述传动系统维护的操作方法。
（3）能够说出传动系统维护作业检查标准。
（4）能够描述转向系统维护的操作方法。
（5）能够说出转向系统维护作业检查标准。
（6）能够描述行驶系统及车身附属装置维护的操作方法。
（7）能够说出行驶系统维护作业检查标准。
（8）能够描述制动系统维护的操作方法。
（9）能够说出制动系统维护作业检查标准。

技能目标

（1）会按照不同形式进行客车底盘系统维护作业操作。
（2）能够独立完成底盘系统的维护作业。
（3）能够按照标准对底盘维护项目进行调整。
（4）能够检查和更换底盘系统各油液。
（5）能够完成底盘系统各项目的检测及更换。

任务一　转向系统的维护作业

一、转向系统的结构组成

汽车在行驶过程中，需要经常改变行驶方向，汽车行驶方向的改变是通过改变转向车轮偏转角来实现的。控制转向车轮偏转角的一整套机构，称为汽车转向系。转向机构不仅要求工作可靠、操纵轻便，还应能减轻地面传到转向盘上的冲击，并保持适当的“路感”；当汽车发生碰撞时，转向装置应能减轻或避免对驾驶员的伤害。转向系是保证汽车在行驶中能按驾驶员的意志或操作要求，实时改变汽车的行驶方向和保持汽车稳定的直线行驶。

转向系按转向力来源的不同，可将转向系分为机械转向系和助力转向系。机械转向系的能量来源是人力，所有传力杆件都是机械的，由转向操纵机构、转向器、转向传动机构 3 大部分组成，结构组成如图 3-1-1 所示。

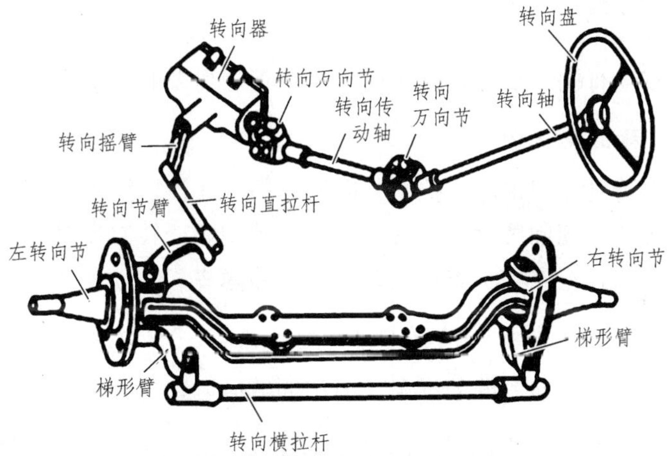

图 3-1-1　转向系统结构组成

转向操纵机构主要由转向盘、转向轴、转向管柱等组成。转向器是将转向操纵机构的旋转运动转变为传动机构的直线运动，并对转向操纵力进行放大的机构，转向器一般固定在汽车车架或车身上，转向操纵力通过转向器后一般还会改变传动方向，是转向系的核心部件。

转向传动机构是将转向器输出的力和运动传给转向车轮，并使左右转向车轮按一定关系进行偏转的机构，由转向摇臂、转向主拉杆、转向节臂、转向横拉杆等组成。

机械式转向系统本身不能同时满足转向操作既省力又灵敏的要求，所以现在很多汽车上均采用液压助力转向装置，如图 3-1-2 所示。该装置由转向油泵储油罐、动力转向器和油管等组成。这种装置可以选用传动比小的转向器，保证转向的高灵敏度，同时，有动力协助转向，达到转向既省力又灵敏的目的。

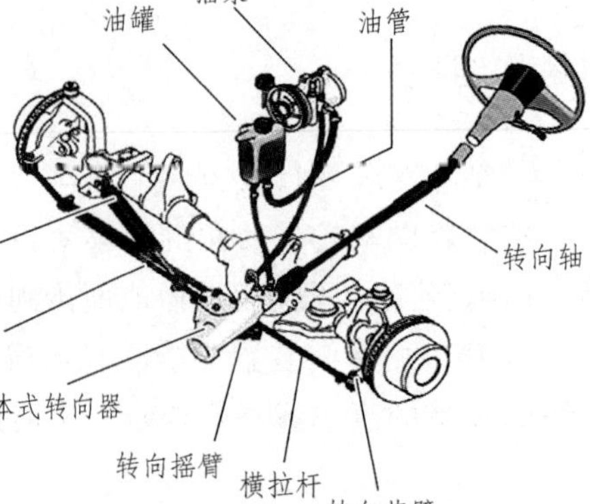

图 3-1-2　液压助力转向装置

二、转向系统维护的意义

转向系统是车辆行驶的重点安全部件，在行驶过程中的各项检查都有必要性。

1. 检查转向盘的必要性

转向盘在汽车行驶过程中起到控制方向的作用，如果出现故障，会造成操纵失灵，极易出现危险。如果出现间隙过大，容易造成行驶跑偏、转向盘抖振并影响正常的行驶，因此须对转向盘进行定期检查，及时排除故障隐患。

2. 检查液压动力转向系统的必要性

对于装有液压动力转向系统的汽车，当车辆转向时，驾驶员只需作用在转向盘上较小的力。此时，由发动机驱动的动力转向泵建立的高压油便在控制阀的控制下进入转向器内的动力油缸，推动转向轮偏转，实现汽车转向。对于液压动力转向装置，在使用过程中会出现动力转向油变质、气泡、浑浊、管路渗漏或液位下降等现象，致使动力转向装置性能下降或丧失，造成转向沉重。

3. 转向传动机构检查维护的重要性

随着汽车行驶里程的增加，转向系各零部件会产生磨损、固定螺栓出现松动等现象，使转向系统间隙变大，传动零部件松动，导致汽车转向沉重、行驶跑偏等，影响行驶的安全性。同时防尘罩、转向横拉杆及其球头是汽车转向系统的重要组成部件，长时间使用后，防尘罩橡胶会老化、破裂，引起润滑脂流失与变质，影响转向器密封和润滑，加速转向器磨损、转向横拉杆弯曲变形，使转向车轮定位角度发生变化，造成转向操纵不稳定及轮胎异常磨损等。转向球头磨损后使球头与球碗配合松旷，造成异响；磨损过大，会造成汽车失去方向控制。

三、转向系统各级维护作业项目

城市公交客车上转向系统的检测维护至关重要，属于车辆重点安全检测部位，在各级维护作业中都要认真落实。具体操作项目详见表 3-1-1。

表 3-1-1　转向系统各级维护中的作业项目及技术要求

维护级别	作业项目	作业性质	技术要求
走合保养	转向机构	检查	灵活、准确、可靠、自由转动量正确
	转向器	检查	更换润滑油，无泄漏，油面符合标准，自由转动量符合原厂规定，固定可靠
	转向传动机构	检查	横、直拉杆球头销连接可靠，转向臂及节臂紧固；前轮前束符合原厂规定，固定可靠
日常保养	转向系	检查	固定良好，自由转动量符合原厂规定。转向灵活、准确、可靠
安全例行检查	转向器	检查	安装牢靠、无泄漏、油量符合原厂规定；自由转动量符合要求，灵活、准确、可靠
	助力器		
	转向传动机构、转向节	检查	连接可靠，球头销不松旷，锁销及保险装置齐全有效
		润滑	
一级保养	转向传动机构	检查	转向节主销、各连接球头销灵活可靠、无松旷；螺栓紧固，扭紧力矩符合标准，锁销齐全有效；加注润滑脂
	转向机构	润滑	转向器液面及密封状况符合要求，各连接螺栓螺母紧固、可靠。转向器摇臂轴不松旷、不窜动。转向轻便灵活，转向盘的自由转动量：安凯 HFF6886 系列客车或宇通 6898、金龙系列客车自由转动量为 10° ~ 20°，其他系列其转向盘的自由转动量为 15° ~ 30°
	转向动力装置		助力转向、液压泵工作正常，系统无泄漏。按规定添加液压传动液。新车第一个一保更换液压传动液
二级保养	转向器	检查	转向轴无变形，万向节连接可靠，锁销齐全；转向器支架无裂纹，安装牢靠，转向灵活、无异响，更换液压传动液；转向限位装置齐全，最大转角时无擦挂
	转向助力装置	润滑	
	横、直拉杆	拆检	拉杆不变形、无裂纹；各球面应光滑、转动灵活不松旷；防尘罩护盖齐全完好；螺母紧固、销锁可靠
			前束值：浦江为 2 ~ 4 mm；CA151 为 0 ~ 3 mm；EQ1092 为 1 ~ 5 mm；EQ145 为 0 ~ 5 mm；EQ153 为 0 ~ 2 mm；安凯、宇通、金龙为 0 ~ 1 mm
	转向节	检查	转向节、转向节臂、转向臂无裂损；转向节轴颈无明显拉痕，轴颈与轴承配合应符合修理标准
	转向节臂	润滑	转向节与前轴端面间隙：EQ153 不大于 0.10 mm、EQ1092 不大于 0.15 mm、CA151 不大于 0.25 mm；径向间隙不大于 0.10 mm
	转向臂		转动灵活、不松旷，转向节各部螺纹损伤不超过 2 牙，螺母不松旷，锁止可靠

技能实训

转向系统的维护

1. 安全要求及注意事项

（1）严禁赤脚或穿拖鞋、高跟鞋和裙子上课，留长发者要戴工作帽。

（2）进入车辆实训场地后，未经老师批准，不得动用实训车上的各项设备。

（3）实训时，未经老师批准，不准进入车厢内，防止汽车意外起动造成重大事故。

（4）举升车辆前应确定支撑位置正确，支撑牢靠。

（5）车辆举升至指定高度后，确定锁止才可进入车辆底部。

（6）实训结束，降下车辆前，确保车底无人才可举升解锁。

（7）实训结束，整理、清洁工具和场地。

2. 设备/工具/耗材要求

（1）设备：常用工具一套、举升机一台、整车一辆（装有液压动力转向）等。

（2）耗材：抹布一条、转向油一桶。

3. 动力转向的维护

（1）检查动力转向油液面高度

① 将车辆停放在水平路面上。

② 起动发动机，空挡状态下转动转向盘数次，使转向油温上升到 50 ~ 60 °C。

③ 在发动机怠速状态下转动转向盘至左、右极限位置数次。

④ 确认储油罐的转向油是否有泡沫或混浊。

⑤ 检查发动机起动后和停止后的储液罐液面应在“MAX”和“MIN”之间，如图 3-1-3 所示，如果油面之差超过 5 mm，应进行排气；熄火后，如液面迅速上升，说明放气不彻底。如果系统内有空气，助力泵和控制阀会发出噪声，这将降低油泵的性能。

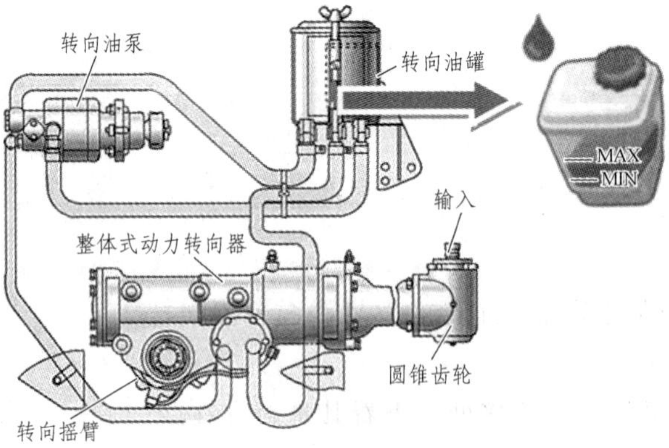

图 3-1-3　转向助力液储液罐

⑥ 转向助力液应没有明显泡沫，油液中基本不含杂质，油液颜色如果变黑应及时更换。

（2）更换助力转向油

① 用举升器将车辆举升至适当高度。

② 从储油罐上拆下回油管，用塞子堵住储油罐。

③ 将回油管插到适当的容器中。

④ 拆开发动机高压线并拔下喷油器插接器，起动发动机的同时，反复转动转向盘到极限位置。

⑤ 待转向油放尽后连接回油管，用卡子固定牢靠，储油罐内加入规定型号 PSF-3 助力转向油，容量大约 1 L。

⑥ 进行转向系统放气。

（3）动力转向系统排气

① 拆开发动机高压线及喷油器插接器，分几次起动发动机，同时转动转向盘到极限位置 5 ~ 6 次（15 ~ 20 s），此时观察储油罐中的油面，不能下降到储液罐内过滤器下端，应随时加转向油。如果在怠速状态下放气，有可能空气被油吸收，因此在起动时进行放气。

② 插好高压线及喷油器插接器后，起动发动机。

③ 左、右转动转向盘，直到储液罐内无气泡，转向盘在极限位置不要超过 10 s。

④ 确认转向油是否混浊，油面高度是否高于规定值。

注意：左、右转动转向盘时，确定油面高度无变化，如果有变化应重新放气。发动机熄火时油面突然上升，表明系统内有空气。如果系统有空气，可以听到助力泵发出噪声，控制阀也发出异常噪声。

（4）动力转向系统的密封性检查

动力转向系统的密封性检查应在热车时进行，检查按以下步骤进行：

① 将转向盘快速向左、右两侧转至极限位置，并保持不动，此时可使系统内压力达到最大值。

② 目测检视转向控制阀、齿条密封、叶片泵（转向助力泵）等外观，如有渗漏，则应更换密封件。

③ 检查储油罐中是否缺少转向助力油，如缺少，应检查动力转向系统的密封性是否完好。

④ 如果动力转向器壳体中的齿轮齿条密封件不密封，助力转向油液可能流入波纹管套里，此时，应拆开转向机构，更换所有密封环。

⑤ 检查动力转向系统的油管接头处是否有渗漏现象，如有，应查明原因并重新接好。

⑥ 检查转向系统管路连接处，查看其是否存在漏油痕迹，如图 3-1-4 所示。

图 3-1-4　转向助力液泄漏的检测

任务二　传动系统的维护作业

一、传动系统组成及传动方式

汽车传动系统是汽车行驶的基础，汽车动力系统提供动力，经传动系统把动力传给驱动轮，传动系统配合动力系统实现汽车在不同条件下正常行驶。为了适应汽车行驶的不同要求，传动系应具有减速增扭、变速、使汽车倒退、中断动力传递、使两侧驱动轮差速旋转等具体作用。汽车传动系统由离合器、变速器、传动轴、减速器、差速器、半轴等组成，全轮驱动汽车还包括分动器。根据动力来源、传动方式将汽车传动系统分为机械式传动系、液力传动系、静液式传动系、电力式传动系四种。

（一）机械式传动系

机械式传动系结构简单、工作可靠，在各类汽车上得到广泛的应用，如图 3-2-1 所示。其基本组成情况和工作原理是：发动机的动力经离合器、变速器、万向节、传动轴、主减速器、差速器、半轴传给后面的驱动轮，并与发动机配合，保证汽车在不同条件下能正常行驶。普通公交客车常用此种传动方式。

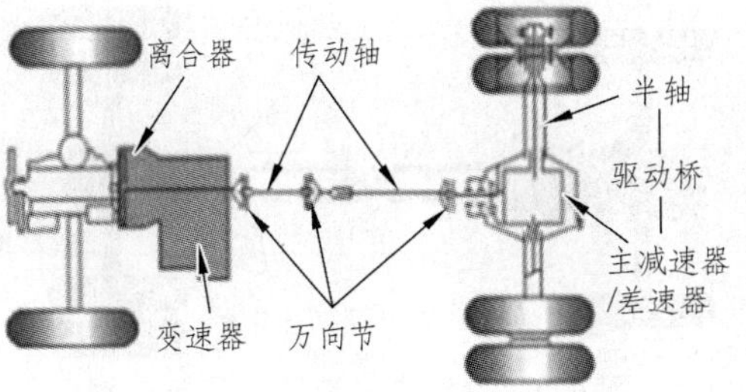

图 3-2-1　机械式传动系统示意图

（二）液力传动系

液力传动系组合运用液力和机械来传递动力，如图 3-2-2 所示。在汽车上，液力传动一般指液传动，即以液体为传动介质，利用液体在主动元件和从动元件之间循环流动过程中动能的变化来传递动力。液力传动装置有液力偶合器和液力变矩器两种。液力偶合器只能传递扭矩，而不能改变扭矩的大小，可以代替离合器的部分功能，即只保证汽车平稳起步和加速，但不能保证在换挡时变速器中的齿轮不受冲击。液力变矩器则除了具有液力偶合器的全部功能外，还能实现无级变速，故目前应用得比液力偶合器广泛得多。但是，液力变矩器的输出扭矩与输入扭矩的比值范围还不足以满足使用要求，故一般在其后再串联一个有级式机械变速器组成液力机械变速器以取代机械式传动系中的离合器和变速器。液力机械式传动系能根据道路阻力的变化自动地在若干个车速范围内分别实现无级变速，而且其中的有级式机械变速器还可以实现自动或半自动操纵，因而可使驾驶员的操作大为简化。但是由于其结构较复杂，造价较高，机械效率较低等缺点，目前除了高级轿车和部分重型汽车以外，一般轿车和货车很少采用。

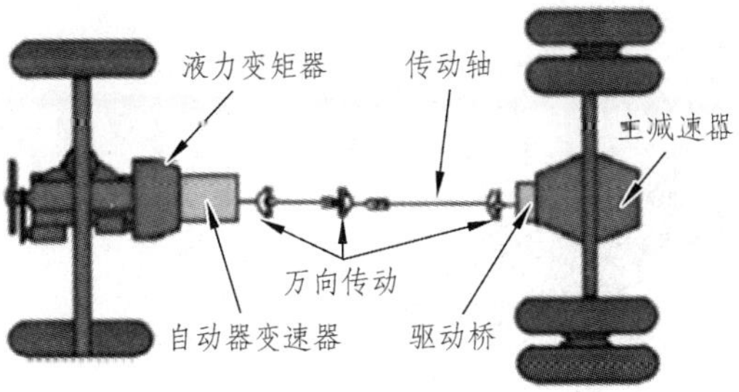

图 3-2-2　液力式传动系统示意图

（三）静液式传动系

静液式传动系又称容积式液压传动系，主要由油泵、液压马达和控制装置等组成。发动机的机械能通过油泵转换成液压能，然后由液压马达再转换为机械能。静压式传动系由于机械效率低、造价高、使用寿命和可靠性不够理想，故目前只在某些军用车辆上应用，如图 3-2-3 所示。

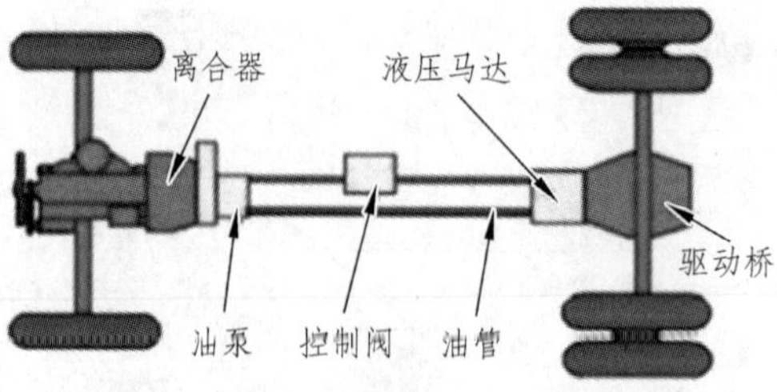

图 3-2-3　静液式传动系统示意图

（四）电力式传动系

电力式传动系主要由发动机驱动的发电机、整流器、逆变装置（将直流电再转变为频率可变的交流电的装置）和电动轮（内部装有牵引电动机和轮达减速器的驱动轮）等组成，如图 3-2-4 所示。电力式传动系的性能与静液式传动系相近，但电机质量比油泵和液压马达大得多，故目前只限于在超重型汽车上或者是纯电动汽车上应用。

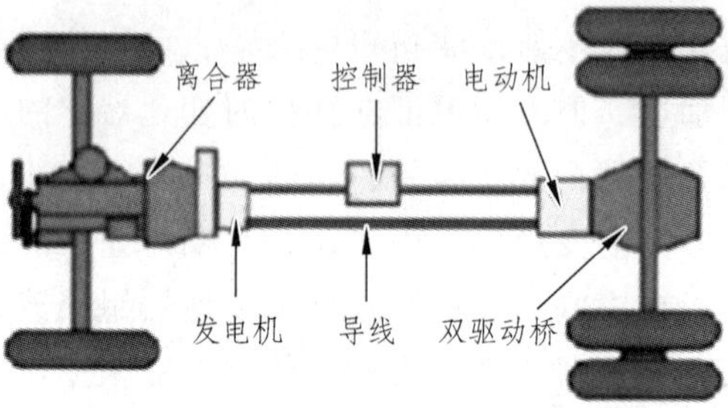

图 3-2-4　电力式传动系统示意图

在城市公交客车上，根据其发动机的布置位置及驱动方式分为发动机前置后驱车辆或后置后驱车辆，发动机的前置和后置主要是对传动轴及变速器的布置有影响。如图 3-2-5 为后置后驱式车辆的传动系统布置，图 3-2-6 为后置后驱车辆传动系统结构。

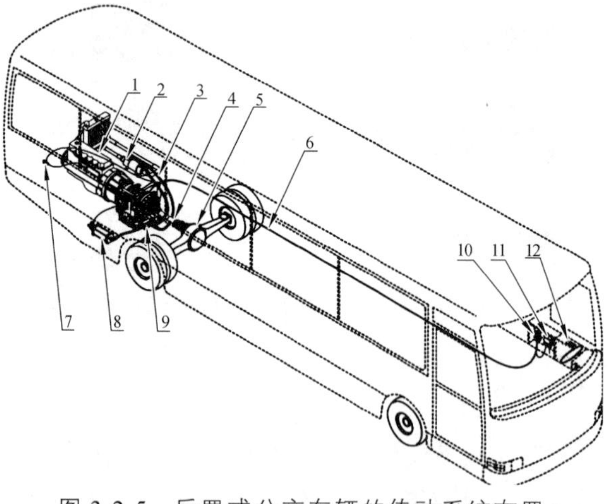

图 3-2-5　后置式公交车辆的传动系统布置

1—发动机；2—油冷却器；3—冷却管路；4—传动轴；5—驱动桥；6—变速箱线束；7—TPS；8—储能器（包含 SS2 电磁阀）；9—变速箱总成；10—TCM；11—VIM；12—换挡器

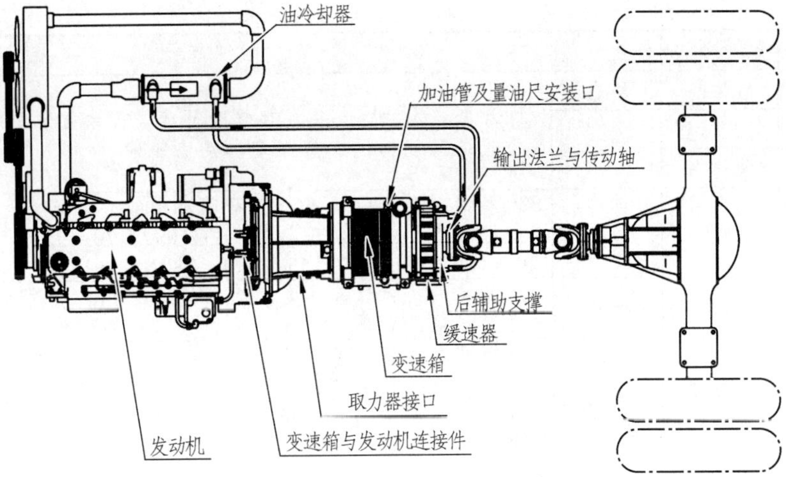

图 3-2-6 后置后驱车辆传动系统结构图

二、城市公交客车传动系统维护作业项目

城市公交客车传动系统各级维护项目及技术要求，见表 3-2-1。

表 3-2-1 城市公交客车传动系统各级维护项目及技术要求

维护级别	作业项目	作业性质	技术要求
日常维护	离合器 变速器 传动轴 主减速器 差速器	检查	无泄漏、无异响，不打滑、不发抖、分离彻底，踏板自由行程符合要求
一级维护	离合器	检查	结合平稳，分离彻底；不打滑、不发抖、无异响；操纵机构灵活可靠；润滑分离轴承及各连接结构
	助力器	检查	助力器不漏气、不漏油；液面高度符合要求；离合器底盖安装牢靠
		润滑	离合器踏板自由行程：东风系列 30～45 mm；沈飞 31～41 mm；苏州金龙 25～40 mm；厦门金龙、凯斯鲍尔 30～40 mm；郑州宇通 40～50 mm
	变速器	检查	无泄漏、无异响、不跳挡、挡位准确；各部螺栓紧固；按规定加注齿轮油，油位螺栓紧固
		润滑	操纵机构各连接处不松旷并润滑；防尘盖及罩齐全有效，通气孔清洁
	自动变速箱	检查	不漏油，零部件安装牢固，传动轴、电器控制部件工作正常；起步、路试工作正常
	传动轴	检查 润滑	连接螺栓齐全，拧紧力矩符合修理标准，销锁齐全可靠；轴承、花键齿套中间支承不松旷，防尘套完好；按规定加注润滑脂

续表

维护级别	作业项目	作业性质	技术要求
一级维护	后桥壳	检查	无泄漏，无异响；各连接螺栓齐全、拧紧力矩符合修理标准。后桥壳通气孔畅通，按规定加注齿轮油
	主减速器	润滑	
	差速器		
	半轴	检查	无泄漏，半轴螺栓齐全、紧固，螺纹外露不超过 3 牙，半轴螺栓拧紧力矩符合修理标准（EQ1092：70～95 N·m；CA151：120～160 N·m；EQ153：140～180N·m）
		紧固	
二级维护	离合器	拆检	压盘完好，从动盘厚度磨损不超过 2 mm，无裂纹。分离轴承和变速器第一轴前轴承不松旷，并按规定润滑
	助力器	调整	踏板回位弹簧的回位力正常，在自由行程内回位力为：29.5～49 N，分离杠杆高度符合规定，各杠杆高度差不大于 0.2 mm
		润滑	助力系统无泄漏、不缺油，工作正常
	变速器	检查	不跳挡、乱挡，无异响，换挡灵活，挡位准确；清洁变速器外部，40 000 km 更换齿轮油，油平面应在加油口下 10 mm，无泄漏
		润滑	齿轮无缺损、无烧蚀或剥落现象，同步器无严重磨损，保持架完好；操纵机构连接可靠，不松旷并润滑
		紧固	螺栓按规定紧固
	自动变速箱	检查	按规定更换变速箱油及滤芯
	驻车制动器	拆检	制动鼓（盘）、蹄片无裂缝。制动蹄销与衬套的配合间隙不超过 0.1 mm；制动鼓（盘）与制动蹄片间隙为 0.2～0.4 mm；制动能力符合标准
		调整	
	传动轴	拆检	传动轴无裂损、变形
	万向节		万向节灵活、无松旷；凸缘端面平整；万向节叉及滑动叉无裂纹；万向节叉安装位置准确，无振抖、无异响
	中间支承		中间支承轴承无烧损、支架无损伤、安装牢靠；中间轴承与轴配合间隙不大于 0.10 mm；传动轴与滑动叉花键侧向间隙不大于 0.40 mm
			按规定润滑
	主减速器	检查	清洁外壳，齿轮无缺陷，磨损正常、无窜动；轴承无烧蚀、剥落现象；后盖无裂纹，油封及垫子无泄漏
	差速器	润滑	主动锥齿大螺母不松动，销锁齐全有效；桥壳腔清洁、主减速器及侧盖拧紧力矩符合修理标准；按规定添加齿轮油

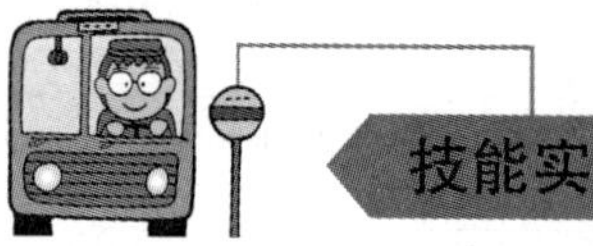

技能实训

变速器维护实训

1. 安全要求及注意事项

（1）严禁赤脚或穿拖鞋、高跟鞋和裙子上课，留长发者要戴工作帽。

（2）进入车辆实训场地后，未经老师批准，不得动用实训车辆的各项设备。

（3）实训时，未经老师批准，不准进入车厢内，防止车辆意外起动造成重大事故。

（4）举升车辆前应确定支撑位置正确，支撑牢靠。

（5）车辆举升至指定高度后，确定锁止才可进入车辆底部。

（6）实训结束，降下车辆前，确保车底无人才可举升解锁。

（7）实训结束，整理、清洁工具和场地。

2. 设备/工具/耗材要求

（1）设备：常用工具一套、举升机一台、整车一辆等。

（2）耗材：抹布一条、变速器油一桶。

3. 变速器维护实训

变速器是传动系统中的重要总成部件，城市公交客车上一般配置有手动变速器和自动变速器，车辆不同所配置的变速器类型亦有不同。近年来为提高城市公交客车的乘坐舒适性，多配置有自动变速器。以城市公交常配置较多的艾里逊自动变速箱为例，如图 3-2-7 所示，来讲述变速器的维护与保养。

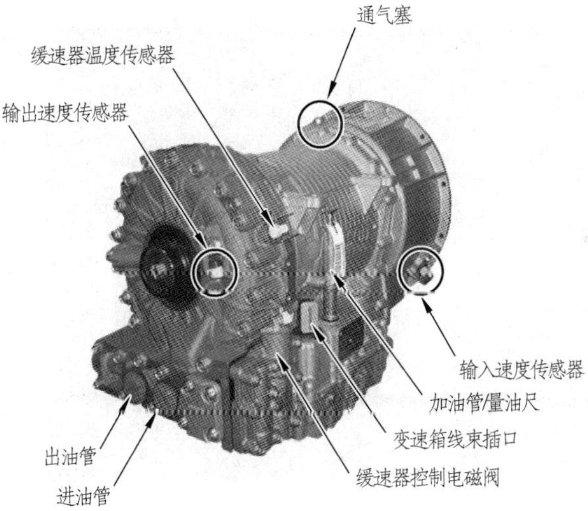

图 3-2-7　艾里逊自动变速箱

艾里逊自动变速器操纵控制面板，如图 3-2-8 所示。

（1）使用注意事项

① 如果通气孔堵塞，油液容易泡沫化，导致变速箱油温高，换挡粗暴，摩擦片易损坏，换油周期缩短。

② 如果电脑无法正确的检测到相应的速度信号，可能引起换挡操作的不正常。

③ 变速箱线束连接实现内部控制元件与电脑的数据交换，当连接不正常时可能导致换挡器故障显示，甚至锁挡。

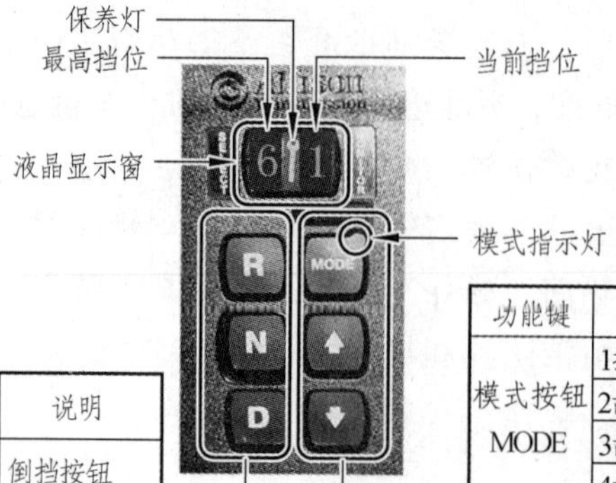

换挡键	说明
R	倒挡按钮
N	空挡按钮
D	前进挡按钮

功能键	说明
模式按钮 MODE	1换挡模式切换
	2故障码的切换
	3故障码的判定
	4故障码的清除
	升挡操作（预设）
	降挡操作（预设）

图 3-2-8　艾里逊自动变速器操纵控制面板

（2）艾里逊自动变速器的维护

① 进行油面检测的条件

发动机怠速；变速箱空挡；输出轴不转；拉紧手刹；油面稳定；油温处于 40 ~ 104 °C，如图 3-2-9 所示。

图 3-2-9　油温显示装置及指示标尺

注意：通过油尺检查时，要注意查看油有无变色、异味的情况发生。

通过油尺检查完变速箱油面后，需重新将油尺旋紧，如图 3-2-10 所示。

冷态检查油位步骤：

进行冷态检查的目的是确保进行热态检查之前，变速箱内的油液能够保证安全运行。冷态检查的温度为 16 ~ 49 °C。

a. 将车辆停在水平路面上，施加驻车制动并楔住车轮。

b. 起动发动机，使之运转至少 1 min。

c. 切换到 N 挡，并使发动机在 500 ~ 800 r/min 的转速下怠速运转。

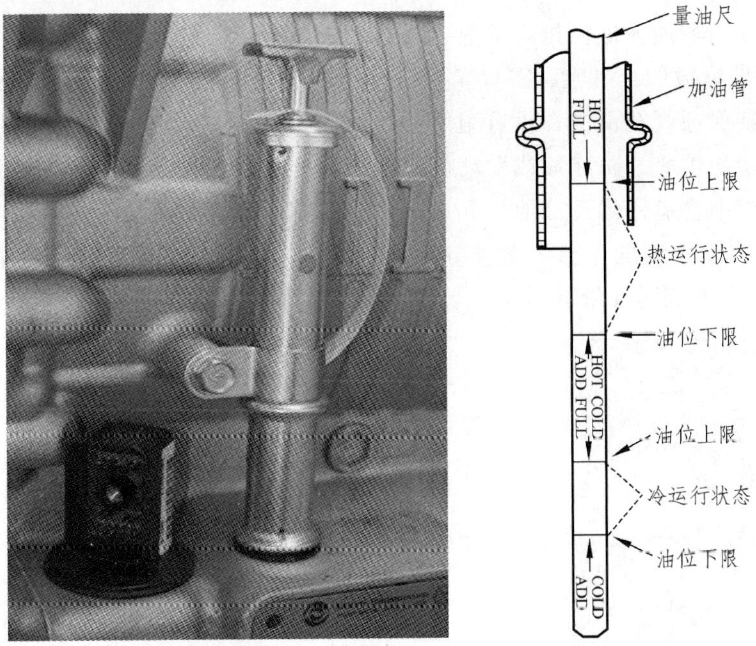

图 3-2-10　油液观察孔及油标尺

d. 在发动机怠速运转的状态下，从加油管内拔出油尺并擦净。

e. 将油尺插入加油管中，插到底后拔出，读取油位。

f. 如果液位并未处于“冷态检查”（COLD ADD 与 COLD FULL 之间）范围之内则需根据需要添加或排出部分油液，使液位达到“冷态检查”范围的中部。

冷态检查油位注意事项：

a. 拔下油尺前，先清除加油管端部周围的污物，不要让污物或异物进入变速箱。如果污物或异物混入液压系统内将可能造成内部元件异常磨损，或引起控制阀黏滞，并阻塞通道。

b. 量油尺应在“没有拧紧”或松动的位置检查油位，确保量油尺伸入加油管底部。

c. 在没有确认油位是否符合要求之前，变速箱热车检查不能长时间运转以防润滑不充足损坏变速箱。

热态油位检查程序：

变速箱的油位会随着温度升高而上升。在热态检查时，油液必须达到规定温度，以保证检查结果的准确性。

a. 变速箱在 D 挡运转，达到正常工作温度温度为 71 ~ 93 °C。

b. 在水平路面停车，切换至 N 挡，施加驻车制动并楔住车轮。

c. 使发动机怠速运转（500 ~ 800 r/min）。

d. 在发动机运转的状态下，从加油管内拔出油尺并擦净。

e. 将油尺插回加油管中，插到底，然后拔出，检查油位读数。

f. 如果油液液位不在“热运行”（HOTADD 与 HOTFULL 之间）范围内，请根据需要添加或排出油液使液位进入“热运行”范围内。

g. 为确保读数的准确性，需重复操作至少 2 次。如果读数不一致，请检查变速箱的通气孔，确保通气孔清洁、没有阻塞。

警告：切勿将盛过防冻液或发动机冷却液的容器或加注器使用于变速箱油液。防冻液和冷却液中含有乙烯乙二醇，如果进入变速箱，将会造成离合器片损坏。

当进行油位检测的条件不能全部满足时，换挡器的液晶显示屏将显示，如图 3-2-11，所示（ * 表示在液晶显示窗里出现一条跳跃的短线）：

显示内容			显示内容说明
*	闪烁数字		油面未稳定
OL	—	EL	发动机转速
OL	—	EH	发动机转速
OL	—	SN	未选择N挡
OL	—	TL	油底壳油液
OL	—	TH	油底壳油液
OL	—	SH	输出轴转动
OL	—	FL	传感器故障

图 3-2-11　换挡器液晶显示屏

如果油面未稳定，液晶显示窗里将出现闪烁的数字。闪烁的数字从 8 开始倒计时，按顺序递减至 1，油面稳定所需的时间大约为 2 min。

② 变速箱故障码检查

可以通过换挡器调取变速箱电脑内存中所记录的五组故障码信息。其中新记录的故障码、严重的故障码、活跃的故障码将会被优先显示。故障码以字母 C、P、U 开头，后面跟四个数字或数字与字母的组合。

C ——底盘部分故障；

P ——传动系故障；

U ——车辆网络故障。

故障码的前面两位数字（主码）表示故障类型见表 3-2-2。

表 3-2-2　故障码对应表

代码位置	DTC	活跃*	故障检查灯	技术要求
d1	P0880	Y	N	TCM 电源输入有间断
d2	P2723	Y	Y	PCS1 卡滞在关的位置
d3	P0727	N	N	发动机转速输入电路无信号
d4	P0610	N	N	TCM 与变速箱 ID 不兼容
d5	—	—	—	—
* 在换挡器上，Y 表示模式指示器（灯）已点亮				

③ 检查连接

检查之前要清理变速箱壳体，无油污堆积；清理通气塞，保持干净、畅通；检查与发动机连接螺栓无松动、缺失；力矩为 55 ~ 60 N · m。勿将蒸气流、水柱或清洁液直接喷射在通气孔处，否则将会导致蒸气、水或清洁液进入变速箱污染变速箱中的油液。确保输出法兰的固定螺栓牢靠，力矩为 70 ~ 80 N · m，每隔 12 万千米需紧固确认输出法兰与传动轴连接螺栓无松动，传动轴相位正确、平衡块无丢失，万向节和花键润滑正常、无磨损松旷。

有无螺栓松脱、遗失的情况，如图 3-2-12 所示。

图 3-2-12　变速器外部螺栓

输出法兰部分是否稳固，如图 3-2-13 所示。

图 3-2-13　变速器连接法兰

油管是否磨损或松动。主要检查油管接头部位有无漏油、渗油现象，检查蓄能器及 N 电磁阀总成，紧固油管接头，力矩为 118 ~ 146 N · m。在连接油冷却器的冷却液管路时，应保证油的流动方向与冷却液的流动方向相反，如图 3-2-14 所示。

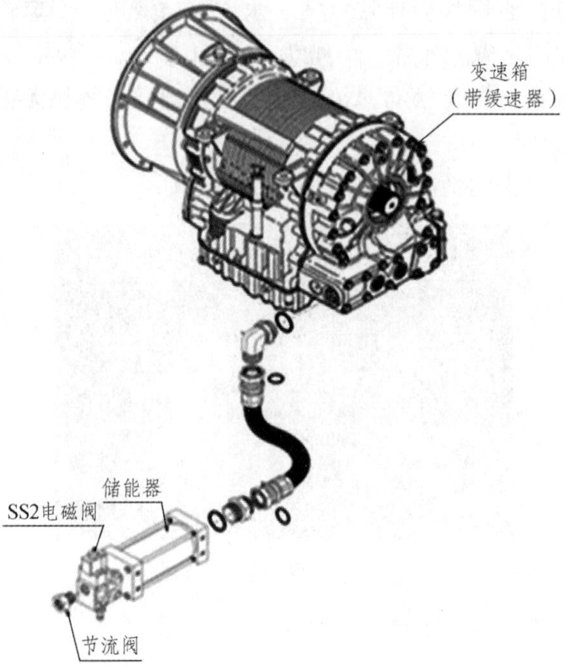

图 3-2-14　变速器油管路连接

传动轴 U 形接头万向节和花键的凹痕、磨损或对位不准。

通气孔是否堵塞，如图 3-2-15 所示。

图 3-2-15　变速器通气孔

检查控制部件及线路，如图 3-2-16 所示，线束是否磨损或布置不当；线束接头是否磨损或损坏；导线包扎严密、无裸露，走向合理，装卡牢固、无脱落、无磨蹭，过孔线胶套齐全。

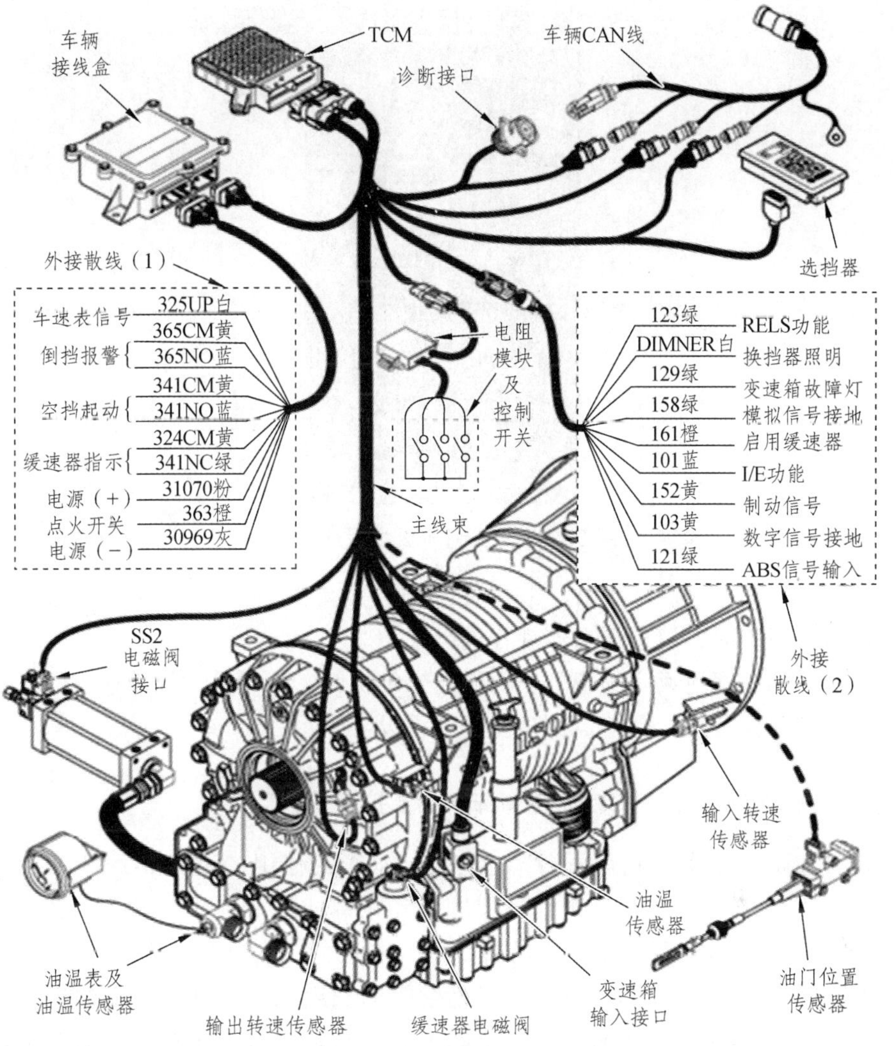

图 3-2-16 变速器控制部件及线路

控制部件的连接实现变速箱与 TCM、发动机、车辆功能设定及其他车辆设备的数据传输，所以要确保连接的正确性与可靠性。如果存在连接错误或连接质量不佳，就可能会影响变速箱的工作性能。

④ 查看故障码及显示

a. 变速箱油温报警灯点亮时，提示变速箱油温过高。

b. 正常情况下，在打开电源时，保养指示灯会先短暂点亮，变速箱电脑在完成自检后会自动熄灭。

c. 正常情况下，故障指示灯也会在打开电源时先短暂点亮，变速箱电脑完成自检后会自动熄灭，如图 3-2-17 所示。

图 3-2-17　控制面板维保显示灯

注意：

当保养灯报警时，请遵循保养规程进行维护。

当报警达到程序所设定的警告次数而尚未维护时，会导致“故障检查灯”点亮。

完成维护与保养后，需对监控功能进行重设。

（四）传动轴及万向传动装置日常维护与保养

传动轴总成位于车辆底盘下端，起着传递动力的作用，如图 3-2-18 所示。由于传动轴总成装有万向节轴承、中间吊架轴承和花键伸缩节等，车辆在行驶过程中，传动轴及万向传动装置要承受很大的转矩和冲击载荷，若润滑条件及工作环境较差，则会出现各种损伤，尤其是载货汽车传动轴管的长度大，行驶在不良的道路上，冲击载荷的峰值往往会超过正常值的一倍以上，以致造成万向传动装置的连接松动、弯曲、扭曲和磨损超限，配合精度降低，动平衡特性、速度特性被破坏，产生振动、异响，传动效率明显下降，甚至发生断裂事故，因此要进行传动轴及万向传动装置的维护。

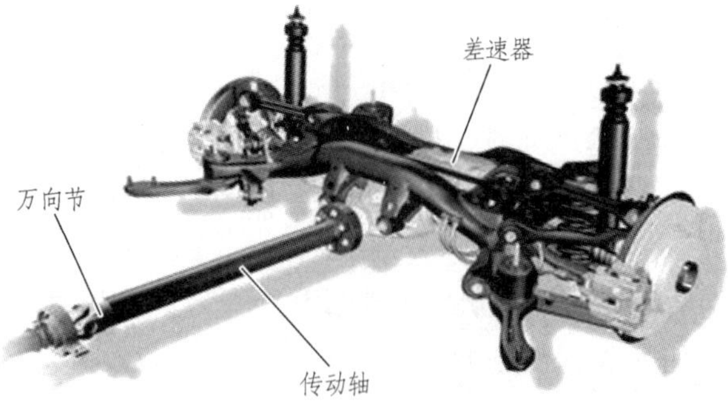

图 3-2-18　传动轴安装结构

1. 传动轴万向传动装置日常维护

传动轴及万向传动装置的日常维护主要是清洁、检查和紧固。清洁是为了改善零件工作环境，发现问题，这项工作对新车走合期尤其重要。检查、紧固是因为传动装置的螺栓，在冲击载荷下很容易松动。

2. 万向传动装置一级维护

一级维护时应进行润滑和紧固作业。对传动轴的十字轴、传动轴滑动叉、中间支承轴承等加注锂基或钙基润滑脂，但不能用钠基润滑脂，它抗水性能差，容易被水冲掉，每次加油应确认油嘴畅通，对不通的油嘴应及时更换；检查传动轴各部螺栓和螺母的紧固情况，特别是万向节叉凸缘连接螺栓和中间支承支架的固定螺栓等，应按规定的力矩拧紧。

城市公交客车一般每行驶 10 000 km 加注一次，润滑脂加注方法为：从万向节注油嘴处加注润滑脂直至其中一只万向节轴碗口部有润滑脂溢出为止，如图 3-2-19 所示。

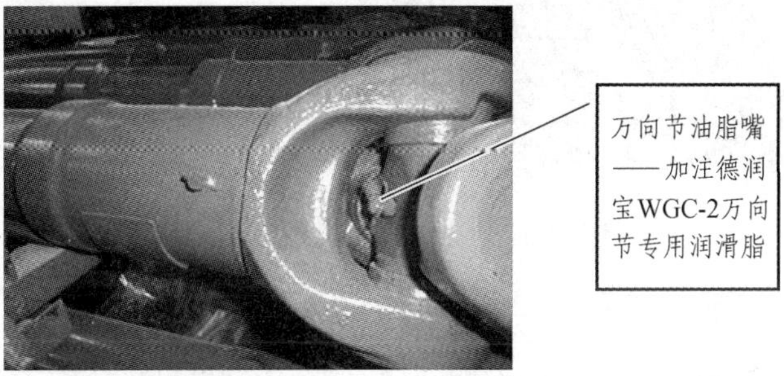

图 3-2-19 万向节加注润滑脂

一级维护时，万向传动装置应进行检查与调整，检查调整时应全部分解，清洗检查。就车检查传动轴十字轴轴承间隙检查方法，如图 3-2-20 所示。

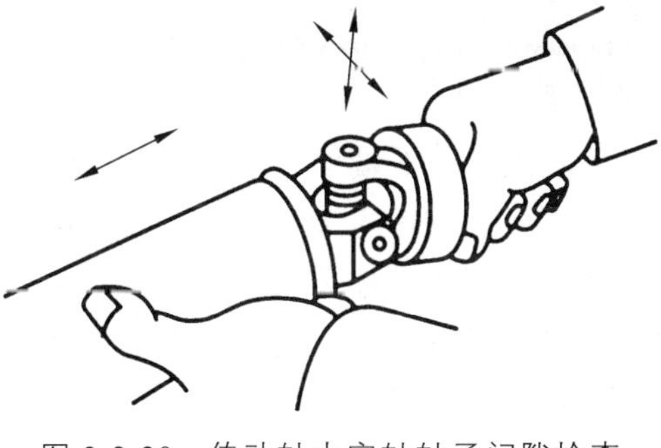

图 3-2-20 传动轴十字轴轴承间隙检查

对传动轴中间支承轴承，应检查其是否松旷及运转中有无异响，当其径向松旷超过规定，或者不能自由转动，或者检查十字轴轴承轴向间隙发现有黏着磨损时，应更换中间支承轴承。中间支承轴承经使用磨损后，须及时检查和调整，以恢复其良好的技术状况。以 CA1091 型汽车为例，其传动系中间支承为双列圆锥滚子轴承，有两个内圈和一个外圈，两内圈中间有一个隔套，供调整轴向游隙用。磨损使中间支承轴向游隙超过 0.30 mm 时，将引起中间支承发响和传动轴严重振动，导致各传力部件过早损坏。

3. 带有中间吊架传动轴的吊架轴承维护

（1）对端面齿连接传动轴其吊架采用免维护轴承，无需注油；

（2）对平面连接传动轴吊架轴承需定期加注润滑脂，一般每行驶 10 000 km 加注一次润滑脂。润滑脂牌号为：2#汽车通用锂基脂。润滑脂加注方法为：从花键连接盘注油嘴处加注润滑脂直至吊架口部有润滑脂溢出为止，如图 3-2-21 所示。

图 3-2-21　花键连接盘加注润滑脂

4. 带花键伸缩节的传动轴日常维护

定期对花键加注润滑脂，一般公路车每行驶 10 000 km 加注一次；自卸车、水泥搅拌车每行驶 5 000 km 加注一次。润滑脂牌号为：二号汽车通用锂基脂。润滑脂加注方法：从花键轴护套管注油嘴处加注润滑脂直至护套管油封口部有润滑脂溢出为止。矿用车、路况很差的工程用车应缩短加注润滑脂的时间或行驶里程。对在泥浆、粉尘、臭氧、高低温等恶劣环境下使用的传动轴应缩短维护周期。

5. 传动轴总成的维护保养步骤

中间传动轴总成拆检后装配时，对端面齿连接传动轴要保证花键连接盘的四孔对应装配；对平面连接传动轴要保证花键连接盘上的油嘴与花键接头上的油槽相对应装入，如图 3-2-22 所示。并将连接螺栓、螺母及中间花键接头螺纹表面上的胶粉及油污清理干净，并在螺纹部分涂抹螺纹防松胶后拧入锁紧，锁紧力矩为 650 N · m，放置 24 h 后方可运行使用。中间轴安装车架横梁吊板时，应保证中间轴吊架与传动轴轴线相互垂直；必要时可调整吊板的角度。

带有花键伸缩节传动轴总成，拆装后要保证传动轴花键接头上的漆标箭头（或钢字箭头）与花键毂上的漆标箭头（或钢字箭头）对应装入，并保证两盘万向节十字轴轴线共面，如图 3-2-23 所示。

图 3-2-22　传动轴中间托架

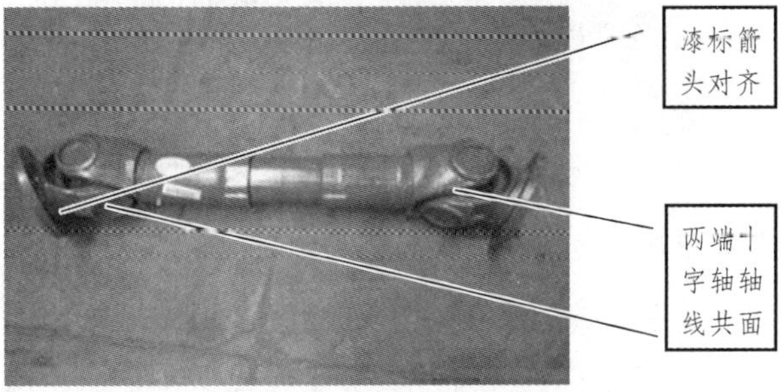

图 3-2-23　标有漆标箭头的传动轴

在拆装中间支撑吊架时，应保证橡胶缓冲盘位于 U 形吊架中心，并保证橡胶缓冲盘与总成轴线垂直后锁紧。

更换传动轴总成时，应将锁紧螺栓（合格 10.9 级）及螺母（合格 10.9 级）全部更换新的。并在扭紧时使用扭力扳手校准扭紧力矩。桥间传动轴（AZ9557310625）及 T5G 传动轴使用 M12 × 1.25 螺栓连接的，螺栓的扭紧力矩应在 115 ~ 130 N · m 范围内。其他传动轴使用 M14 × 1.5 螺栓连接的，螺栓的扭紧力矩应在 185 ~ 200 N · m 范围内。螺栓扭紧力矩小于规定值会造成传动轴螺栓松动，扭紧力矩超上差会造成螺栓拉长失效，使螺栓松动或断裂。

（五）主减速器检查与调整

1. 主、从动圆锥齿轮齿面检验

① 检查前必须把所有齿轮清洗干净，检查齿轮有无剥落，啮合印痕是否正确，磨损是否严重。

② 若齿面上有轻微擦伤或毛刺，应用油石修磨后再使用。

③ 检查主动齿轮的花键部分是否磨损过度，如是应更换。

④ 如主动和从动齿轮疲劳性剥落，轮齿损坏超过齿长的 1/5 和齿高的 1/3 时主动

和从动齿轮应成对更换，不准新旧搭配使用。两齿轮同时更换应注意选择同一组编号的齿轮配对使用，配对编组号码已被厂家用电刻在主、从动齿轮的端面上，选择齿轮时应注意。图 3-2-24 所示为主减速器结构图。

图 3-2-24 主减速器结构图

2. 主减速器轴承检查

轴承应能自由转动，不应有受阻的感觉；如轴承内座圈外座圈或滚柱损坏，磨损或间隙过大应更换轴承；如剥落，支持架变形也应更换轴承。

3. 主减速器轴承预紧度的检查与调整

轴承预紧度调整在装配时十分重要，要具有一定预紧度。调整齿轮轴承预紧度同时会影响到主、从动锥齿轮的啮合印痕，首先应检查调整轴承预紧度，然后调整啮合间隙，如图 3-2-25 所示。

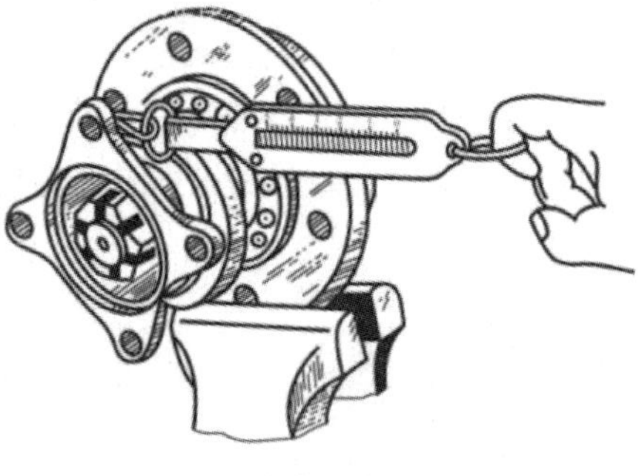

图 3-2-25 检查调整轴承预紧度

（1）检查方法

最简单方法是经验法：用手转动主、从动锥齿轮，应该转动自如，轴向推动无间隙。

另一个方法是测量法：用扭力扳手或弹簧称拉动主、从动锥齿轮检查。如依维柯 S 系列汽车要求当凸缘螺母以 300～600 N·m 的力矩拧紧后，用弹簧秤匀速旋转主动锥齿轮的力矩应在 0.5～1.5 N·m 为合适，否则要用调整垫片进行调整。

（2）调整方法

主动锥齿轮轴承预紧度的调整：一般情况下都是通过调整垫片厚度大小来调整的，如桑塔纳 2000 轿车、解放 CA1091 汽车、东风 EQ1090 和依维柯 S 系列汽车等。

从动锥齿轮轴承的预紧度调整：通过调整垫片厚度大小或调整螺母来进行预紧度的调整，如东风 EQ1090 和依维柯 S 系列汽车用的是调整螺母，而解放 CA1091 汽车则用的是调整垫片。

不论用哪种方法调整，必须先检查和调整合适轴承预紧度后，再进行主、从动锥齿轮啮合印痕和啮合间隙的检查与调整。

4. 主、从动锥齿轮啮合印痕检查与调整

主、从动锥齿轮啮合印痕大小和位置影响主、从动锥齿轮传递作用力和力矩，影响到主减速器使用寿命，必须给予足够重视，并认真检查与调整。

（1）检查方法

在从动锥齿轮上相隔 120°的 3 处齿面上薄薄地涂上一层红丹油或红丹粉与机油的混合物，在齿轮的正反面各涂 2～3 个齿，再用手对从动锥齿轮稍施加阻力并正、反向转动主动齿轮数圈，观察从动锥齿轮上的啮合印痕。

正确的啮合印痕如图 3-2-26 所示，接触面应位于齿高的中部且接近小端，并占齿宽 60%以上。

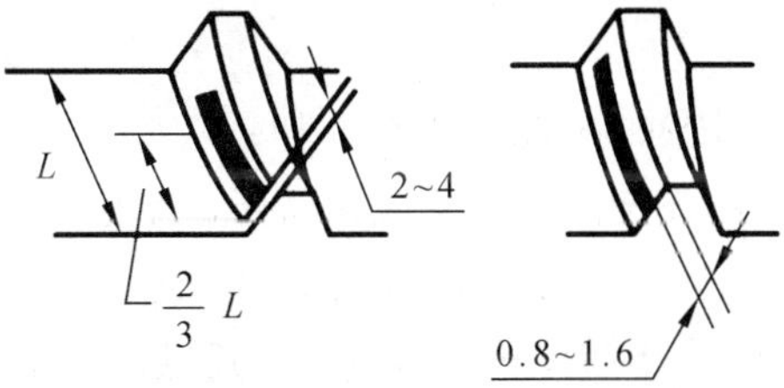

图 3-2-26　正确的啮合印痕

（2）调整方法

通过检查，不良的接触面说明啮合印痕调整不当，要重新调整垫片厚度或调整螺母使其达到正常。对于准双曲面齿轮，如果啮合印痕位置不正确，调整方法是移动主动锥齿轮。如果啮合间隙不符合要求，则需要进行调整，方法是移动从动锥齿轮。

对于螺旋锥齿轮，先检查啮合印痕，若不符合要求，则应进行调整。调整前先将主、从动锥齿轮安装好，并按规定调好轴承预紧度，然后根据检查所得的印痕情况通过主、从动锥齿轮向内或向外移动来进行调整，其调整方法可概括为：“顶进主、根出主、大进从、小出从”，如图 3-2-27 所示。

“顶进主”是指齿轮接触面靠近齿轮顶部，则应使主动锥齿轮靠近从动锥齿轮，否则相反；“大进从”是指齿轮接触面靠近齿轮大端，就应使从动锥齿轮靠近主动锥齿轮，否则相反。进、出主动锥齿轮是增减轴承座与主减速器壳之间的调整垫片来实现的。

进、出从动锥齿轮是调整差速器两端的调整螺母实现的，一端拧进多少圈，另一端就要拧出多少圈，保证差速器轴承预紧度不变。若需要通过调整垫片调整啮合间隙或啮合印痕时，一定要将减少侧的垫片数如数地加到另一侧去，从而确保轴承预紧度不变。

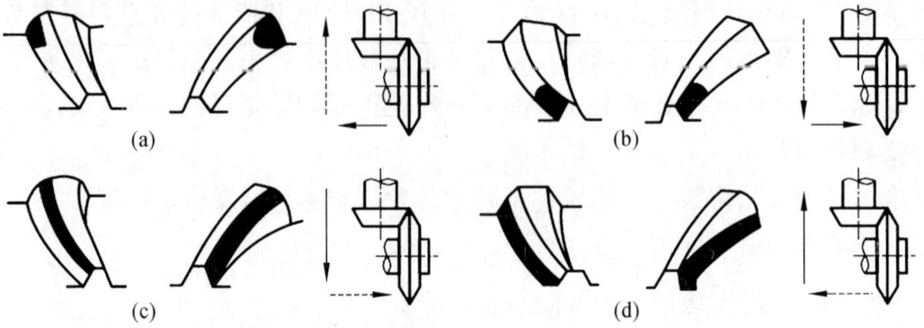

图 3-2-27　啮合印痕调整方法

（图中实线表示先调整，虚线表示后调整）

在调整啮合印痕的过程中，可能会使已符合要求的啮合间隙变得不符合要求，重新调整啮合间隙时又将破坏正确的啮合印痕。出现这些情况时，应以啮合印痕为主，而把啮合间隙放宽些，但放宽时最大不能超过 1 mm，否则应成对更换主、从动锥齿轮。此外，还应注意啮合印痕应以前进为主，适当兼顾齿轮倒向行驶面。

5. 主、从动齿轮的啮合间隙检查与调整

（1）检查方法

主、从动锥齿轮啮合间隙的检查方法有 3 种：

方法 1：将装有百分表的支架固定于主减速器壳上，用百分表触针抵在从动锥齿轮正面的大端处，沿圆周均布不少于 4 个齿进行测量，并使百分表有一定的预压量。用手把住主动锥齿轮，轴向往复摆转从动齿轮，百分表上反映的数值即为主、从动齿轮的啮合间隙，例如东风 EQ1090 汽车主减速器主从动锥齿轮正确的啮合间隙为 0.15 ~ 0.40 mm。

方法 2：用厚约 1.5 mm、宽约 5 mm、长约 5 mm 的铅条置于主、从动锥齿轮的轮齿之间，用手沿前进方向转动主动锥齿轮轴，铅条被碾压后，取出用游标卡尺测量被碾压的厚度，即为主、从动锥齿轮的啮合间隙。在轴向均布至少取 3 个点进行测量，取其平均值。

方法 3：用厚薄规插入啮合着的主、从动锥齿轮间测量齿隙；检查间隙时，应在从动齿轮圆周上每相隔 120″取 3 点进行测量，取其平均值。

（2）调整方法

调整方法因结构不同而不同，可通过交替拧动调整螺母或增减调整垫片来使啮合间隙达到规定值。注意调整时不能改变已调好的圆锥轴承预紧度，两侧调整螺母或调整垫片必须等量地旋出或旋入，一侧拧入多少，另一侧就要拧出多少。主、从动齿轮的啮合间隙调整合适后，用规定扭紧力拧紧轴承盖或调整螺母。

任务三　制动系统的维护作业

一、制动系统的组成与作用

为了确保汽车在复杂多变的道路交通情况下能够高速安全行驶，提高其运输效率，行驶中需随时控制车速，这就需要有一个能使汽车及时减速以至停车，确保汽车行车安全的系统。而能够产生和控制汽车制动力的这套装置，称为汽车制动系统。制动系统是汽车行驶时的主动安全装置，是确保汽车安全行驶的极其重要的装置。

随着道路和汽车的高速发展，需要制动系统的工作非常耐用和可靠，这样车辆在任何情况下，都能安全和迅速地减速或停车。

（一）制动系的功用

（1）使行驶中的汽车按照驾驶员的要来进行强制减速甚至停车。

（2）使已停驶的汽车在各种道路条件下（包括在坡道上）稳定驻车。

（3）使下坡行驶的汽车速度保持稳定。

（二）制动系的组成

汽车制动系统主要由以下 3 部分组成。

（1）行车制动装置：作用是使行驶中的汽车减速甚至停下。

（2）驻车制动装置：作用是使停驶的汽车保持不动，当行车制动出现故障时，驻车制动装置可以作为备用制动装置。

（3）辅助制动装置：作用是使下坡行驶的汽车速度保持稳定。常用辅助制动装置有排气制动装置、液力制动装置、电涡流制动装置。目前营运客车上用得较为广泛的辅助制动装置是电涡流缓速器。

（三）对制动系统的要求

（1）行车制动能力足够

评价参数：汽车在一定初速度下的制动减速度和制动距离。

（2）操纵轻便

评价参数：汽车在紧急制动时的最大操纵力和行程。

（3）方向稳定

制动时不跑偏，要求左、右制动力相等。不甩尾，不失控，要求不发生一轴首先抱死拖滑现象。

（4）滞后小

从开始踩下制动踏板到制动力开始产生时间短，从开始放松制动踏板到制动力开始解除时间短。

（5）驻坡能力大

驻坡能力是指车辆在良好路面上可靠停驻的最大坡度。

（6）热稳定性好

制动器受热，制动性能不易衰退。

（7）水稳定性好

制动器被水浸，制动性能不易衰退。

（8）可靠性好

当汽车制动系统某部分失灵时，汽车不会完全丧失制动能力。

（9）公害小

噪声、粉尘等公害污染小。

（四）气压制动的结构

现代客车通常都采用双管路制动系统，如图 3-3-1 所示，该系统由发动机驱动的双缸活塞式空气压缩机（简称空压机）1 将压缩空气经单向阀 9 首先输入湿储气筒 4（湿储气筒上装有溢流阀 5 和供外界使用压缩空气的放气阀 3）。压缩空气在湿储气筒内冷却并进行油水分离之后，再分别经两个单向阀 9 进入储气筒 8 的前、后腔。储气筒前腔与串列双腔式制动阀 14 的上腔相连，可以向后制动气室 11 充气。储气筒后腔与制动阀 14 的下腔相连，可以向前制动气室 2 充气。此外，储气筒的两腔都经三通管

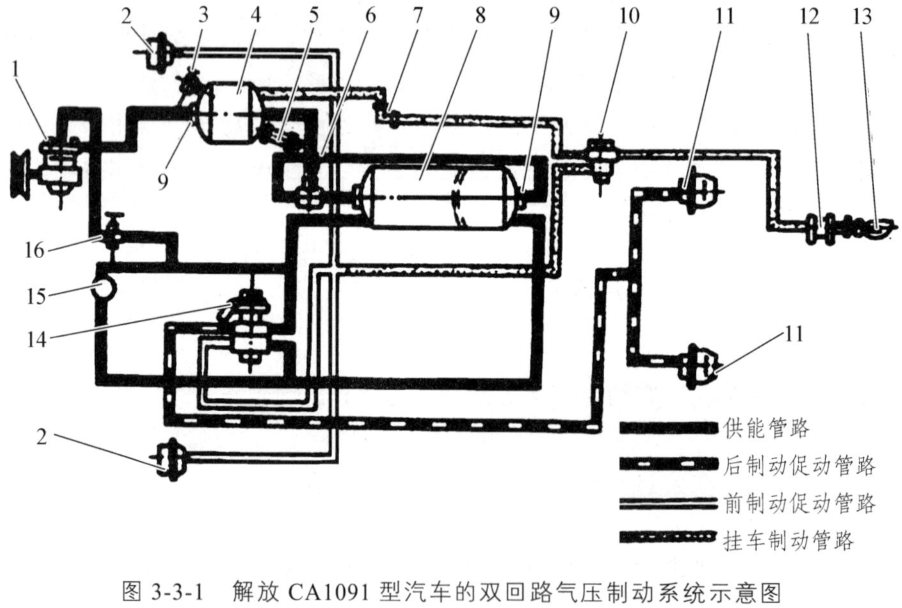

图 3-3-1　解放 CA1091 型汽车的双回路气压制动系统示意图

1—空气压缩机；2—前制动气室；3—放气阀；4—湿储气筒；5—溢流阀；6—三通管；7—管接头；8—储气筒；9—单向阀；10—挂车制动阀；11—后制动气室；12—分离开关；13—连接头；14—串列双腔式制动阀；15—气压表；16—气压调节器

分别通向双指针空气压力表中的两个传感器腔，使两个指针分别指示储气筒两腔的气压。储气筒后腔还通过气管与单向阀 9 相连，当该腔气压增大到规定值时，单向阀便使空气压缩机空转而停止向储气筒供气。储气筒最高气压为 0.8 MPa。

当踩下制动踏板时，通过拉杆机构操纵制动阀，使制动阀上、下两腔的进气口分别与本腔的出口相通，使储气筒 8 前、后腔的压缩空气可分别通过制动阀的上、下腔进入后制动气室和前制动气室，从而促动制动器进入工作。当放松制动踏板时，制动阀使制动气室通大气，以解除制动。制动气室内建立的气压越高，则制动器产生的制动力矩越大。因此，为了保证行车制动的渐进性，制动阀应具有随动作用，即保证制动气室内的压力与踏板行程成一定的递增函数关系。

在采用动力制动系统的情况下，驾驶员所施加的踏板力只用来操纵控制装置，而不能像采用人力制动系统时那样直接造成制动器促动装置的工作压力，故制动阀还应当使制动气室压力与踏板力也成一定的递增函数关系，以保证驾驶员有足够强的踏板感。

气压系统各元件之间的连接管路（由钢管、橡胶软管和各种管接头组成）有三种：① 供能装置各组成件（空压机、储气筒）之间和供能装置与控制装置（如制动阀）之间的连接管路，即供能管路；② 控制装置与制动器促动装置（如制动气室）之间的连接管路，即促动管路；③ 一个控制装置与另一个控制装置之间的连接管路，称为操纵管路。有的汽车制动系统（如解放 CA1091 型汽车）中只有一个气压控制装置制动阀，故无操纵管路。

图 3-3-2 所示为东风 EQ1090E 型汽车气压双回路制动系统示意图，其中备有两个主储气筒 14 和 17。单缸空压机 1 产生的压缩空气，首先通过储气筒单向阀 4 输入湿

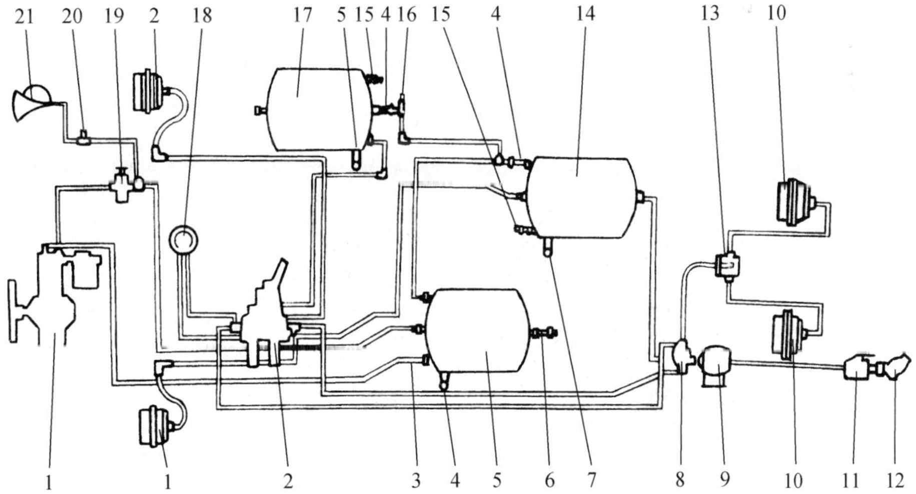

图 3-3-2　东风 EQ1090E 型汽车气压双回路制动系统示意图

1—空气压缩机；2—前制动气室；3—并列双腔制动阀；4—储气筒单向阀；5—放水阀；6—湿储气筒；7—溢流阀；8—梭阀；9—挂车制动阀；10—后制动气室；11—挂车分离开关；12—连接头；13—快放阀；14—主储气筒（供前制动器）；15—低压报警器；16—取气阀；17—主储气筒（供后制动器）；18—双针气压表；19—气压调节阀；20—气喇叭开关；21—气喇叭

储气筒 6 进行油水分离，之后分成两个回路：一个回路经过主储气筒 14、并列双腔制动阀 3 的后腔通向前制动气室 2；另一个回路是经过主储气筒 17、并列双腔制动阀 3 的前腔和快放阀 13 通向后制动气室 10。

（五）电涡流缓速器

如图 3-3-3 所示，电涡流缓速器作为一种辅助制动装置装备在车辆上，在国外已经有几十年的历史，而国内则是在近几年开始逐步推广和普及。电涡流缓速器以其低速大扭矩、维护保养简单、可靠性高等特点而在汽车辅助制动市场上得到了较为广泛的运用。

图 3-3-3　电涡流缓速器

1. 电涡流缓速器的优势

极大地改善了车辆的制动性能，延长了刹车蹄片的使用寿命；降低车辆的使用成本；降低了轮毂温度，避免了爆胎和制动过热的发生；大大提高了车辆的安全性能；减少了刹车蹄片中有害粉尘的产生，缓解了车辆制动时产生的巨大噪音，具有良好的环保效应。基于以上优势，并随着国内对车辆的安全性、舒适性、环保性要求的进一步提高，电涡流缓速器的应用越来越广泛。

2. 电涡流缓速器的原理和结构

如图 3-3-4 所示，电涡流缓速器的基本原理是通过与定子和转子之间的磁场作用达到车辆减速的目的。其中定子和车辆底盘固定在一起（变速箱、后桥、车架）。转子通过凸缘连接和传动轴一起高速旋转。转子和定子之间有很小的气隙。定子中的多组线圈通电后产生巨大的力矩作用在旋转的转盘上从而使车辆减速。

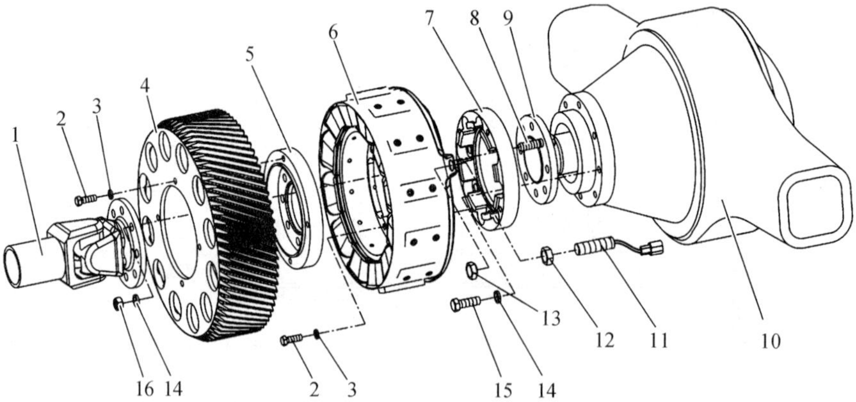

图 3-3-4　电涡流缓速器安装结构

1—半截传动轴；2—六角头螺栓 M12×35；3—弹簧垫圈 12；4—转子；5—转子连接环；6—定子总成；7—定子连接环；8—六角头螺栓 M16×1.5×65；9—后桥突缘；10—后桥；11—速度传感器；12—六角铜螺母 M22×1.5；13—椭圆形铜螺母 M22×1.5；14—弹簧垫圈；15—六角头螺栓 M16×1.5×50；16—六角螺母 M16×1.5

3. 主要组成部件的功能

（1）定　子

定子内置多组线圈，是缓速器的主要工作部件，通过固定支架与车辆底盘连接，如图 3-3-5 所示。

（2）转　子

转子由对称的前、后转盘组成，中间通过法兰或者连接环将其固定为一体，与传动轴一起高速旋转，如图 3-3-6 所示。

图 3-3-5　电涡流缓速器定子

图 3-3-6　电涡流缓速器转子

（3）控制器

缓速器的控制核心采用无触点的大功率晶体管控制，如图 3-3-7 所示。

（4）气压开关

与气阀座一同安装在车架上，通过三通、气管与前刹车气路相连，是采用制动踏板操作缓速器工作时的控制开关，如图 3-3-8 所示。

图 3-3-7　控制器

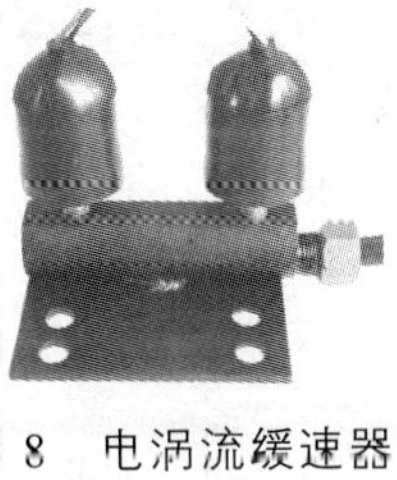

图 3 3 8　电涡流缓速器气压开关

（5）速度传感器

速度传感器头通过固定支架安装在定子上。在转盘旋转过程中传感器头产生脉冲信号，由此得到车辆行驶的速度信号，如图 3-3-9 所示。

（6）手拨开关

手拨开关安装在驾驶室内，驾驶员通过选择合适的挡位来实现车辆的制动，如图 3-3-10 所示。

图 3-3-9　速度传感器

图 3-3-10　手拨开关

（7）电源总开关

电源总开关一般安装在电气舱内，接在蓄电池正极和缓速器控制器之间，供车辆检修时使用，如图 3-3-11 所示。

（8）缓速器指示灯

缓速器指示灯安装在驾驶室内，向驾驶员显示缓速器的工作情况，并提供缓速器故障的诊断依据，如图 3-3-12 所示。

图 3-3-11　电源总开关

图 3-3-12　缓速器指示灯

二、城市公交客车制动系统维护作业项目

制动系统是车辆的重要安全部位，城市公交客车在运营维护中要重点落实检查，各级维护中的检查项目见表 3-3-1。

表 3-3-1　制动系统各级维护作业项目及技术要求

维护级别	作业项目	作业性质	技术要求
安全例行保养	制动踏板	检查	固定良好，连接可靠，销锁齐全，自由行程符合原厂规定
	拉（推）杆		
	控制阀	检查	无泄漏，工作正常，储油罐油量足够，储气筒无积水
	气室		
	储气筒		
	管路		
	总泵		
	储油罐		
	行车制动	检查	制动性能良好，不跑偏、不发咬
	驻车制动		
	应急制动		
日常运行维护	制动踏板	检查	固定、连接可靠；轴销不松旷、开口销齐全
	拉（推）杆		
	调节臂	检查	摩擦副表面无油污，制动间隙符合要求，调整臂作用正常
	自动调整臂	调校	
		润滑	

续表

维护级别	作业项目	作业性质	技术要求
日常运行维护	控制阀	检查	操纵灵活，进、排气无阻滞现象，不漏气，管路无擦碰，作用正常有效
	气室		
	管路		
	驻车制动器		
一级维护	制动控制阀	检查	无泄漏，安装牢靠，工作正常；销锁齐全有效，管路卡箍可靠，无破裂、擦碰、老化现象
	制动气室	润滑	制动踏板自由行程：拉臂式为 15 ~ 20 mm，直踏式为 8 ~ 12 mm
	调整臂		储气筒内无积水、油污；限压阀气压控制在 0.85 ~ 0.90 MPa；全制动一次气表气压下降不大于 0.03 MPa
	自动调整臂		自动调整臂每行驶 10 000 km（2 个月）加注润滑脂
	储气筒	检查	阀件调整后应锁紧并作标记；湿式储气筒单向阀工作正常
	阀件		
	制动软管		
	储能制动器		手动阀启闭灵活，进、排气畅通，解除制动气压不超过 0.45 MPa ~ 0.55 MPa，无泄漏，螺栓紧固
			储能制动气室无泄漏，回位灵活，无气制动有效
	电涡流缓速器	检查	安装牢靠，作用正常有效
		紧固	“特尔佳”定子/转子间隙为（1.5 ± 0.2）mm，检查并紧固螺栓，速度传感器与转盘的间隙为 3.5 ~ 4.5 mm，检查气压开关、手柄、指示灯、踏板运行状况
	制动防抱死系统（ABS）	检查	作用正常有效
二级维护	车轮制动器	拆检	制动鼓无沟槽、裂纹，失圆度不大于 0.5 mm；左右制动鼓内径尺寸应符合修理标准，相差不大于 1 mm
			轴承无烧蚀、剥落现象，保持架完好无变形；轴承与轴颈、轴承座孔的配合符合修理技术条件要求；轴承应成套更换
			制动蹄片面距铆钉头不小于 3 mm；蹄孔与销间隙不大于 0.2 mm
			制动鼓与制动蹄之间的间隙：EQ153 上端间隙为 0.4 ~ 0.7 mm，下端间隙为 0.2 ~ 0.6 mm；CA151、EQ145 为 0.6 ~ 1.0 mm；浦江、EQ1092 上端为 0.4 ~ 0.55 mm，下端为 0.25 mm ~ 0.4 mm
			轮胎螺栓拧紧力矩符合技术要求
	制动防抱死系统（ABS）	清洁	齿圈及传感器清洁，间隙符合要求，作用正常；电缆线接头连接牢靠；故障指示灯显示正常
		检查	

续表

维护级别	作业项目	作业性质	技术要求
二级维护	半轴	检查	半轴套管不松动、无裂纹，螺纹损伤不超过 2 牙，螺母不松旷，锁止可靠；半轴无裂纹，花键扭曲不大于 1 mm
	套管		螺栓、垫圈齐全有效
	调整臂	检查	固定良好，无泄漏，无干涉，推杆灵活，作用正常；销子、垫圈、销锁齐全有效
	自动调整臂	更换	
	储能制动器		
	控制阀（总泵）	拆检	阀体、膜片无裂损变形，密封良好；动作灵活、反应及时、排气迅速；协调性、随动性良好
	继动阀	更换	各阀工作正常
	制动气室（分泵）		软管无老化、龟裂、起泡、破损、擦碰；接头无锈蚀
	单向阀		无泄漏
	快放阀		
	四通分配阀		
	制动软管		
	制动踏板	检查	踏板完好，踏板轴与套不松旷，更换开口销；拉杆两端螺纹完好，制动控制阀拉杆不得焊接，销锁齐全有效；活动部位润滑
	拉杆	调整	

检查制动踏板的自由行程

1. 安全要求及注意事项

（1）严禁赤脚或穿拖鞋、高跟鞋和裙子上课，留长发者要戴工作帽。

（2）进入车辆实训场地后，未经老师批准，不得动用实训车辆的各项设备。

（3）实训时，未经老师批准，不准进入车厢内，防止车辆意外起动造成重大事故。

（4）举升车辆前应确定支撑位置正确，支撑牢靠。

（5）车辆举升至指定高度后，确定锁止才可进入车辆底部。

（6）实训结束，降下车辆前，确保车底无人才可举升解锁。

（7）实训结束，整理、清洁工具和场地。

2. 设备/工具/耗材要求

（1）设备：常用工具一套、举升机一台、整车一辆等。

（2）耗材：抹布一条、变速器油一桶。

3. 制动踏板自由行程检查维护实训

（1）首先调整制动器，使未踩下制动踏板时不会“拖延”或“卡滞”。制动踏板自由行程的设置是为保证不发生制动拖滞、彻底解除制动。

（2）测量时在制动踏板与驾驶室底板之间立一直尺，用手向下按制动踏板至有阻力时，记下直尺读数；然后放松踏板再看直尺读数；两次读数之差即为踏板自由行程。气压制动的踏板自由行程一般为 10 ~ 20 mm，在调整时应按汽车生产厂家规定的数值进行调整，如图 3-3-13 所示。

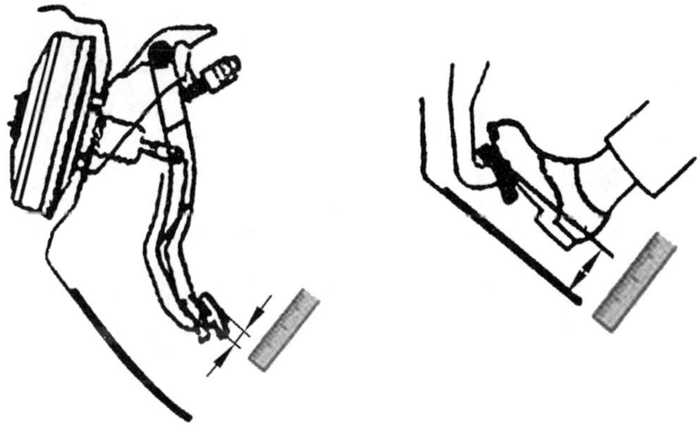

图 3-3-13　制动踏板

特别注意：汽车制动系的所有调整都必须在专业维修厂家或是特约维修站进行，本任务中只是教学员检查方法，并在教师带领下完成调整工作任务，学员在工作过程中如果发现自由行程偏大，不得自己操作调整，以免发生事故。

制动踏板高度的检查与调整。测量踏板高度，即踏板在自由状态下其上表面至底板的距离。各车型技术数据不同，实际检查时以生产厂家维修资料数据为准，不符合规定应进行调整。

4. 制动气压与制动灯的检查

（1）起动发动机 5 ~ 10 min 后检查气压表，此时气压应达到 0.7 ~ 0.8 MPa，如果气压上升缓慢，则要检查空气压缩机的工作情况和管道泄漏情况。

（2）在气压 0.7 ~ 0.8 MPa 的情况下，踏下制动踏板，检查制动灯是否点亮，如果不亮应检查灯泡和线路。

（3）在气压 0.7 ~ 0.8 MPa 的情况下，由一个同学踩下制动踏板并保持，另一同学围绕汽车仔细倾听是否有漏气声音，如果有漏气声音，应根据声源检查制动系统的制动气室、管路。

（4）在气压 0.7 ~ 0.8 MPa 的情况下，踏下制动踏板后立即松开，应听到明显的急速的排气声音，如果排气不畅，可能会造成制动卡滞现象。

5. 驻车制动的检查

现代大客车都采用了具有弹簧制动的紧急制动和驻车制动，驾驶员通过控制驻车制动阀即能控制驻车制动，如图 3-3-14 所示。驻车制动阀的控制手柄在行车位置与停车位置之间能自动回到行车位置，处于停车位置能够锁止。

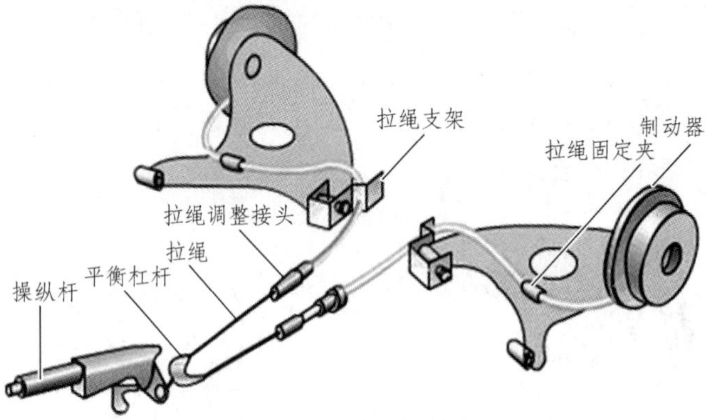

图 3-3-14　驻车制动

（1）当手柄在 0° ~ 10°范围时，整个汽车处于完全解除制动的状态。

（2）当手辆在 10° ~ 55°时汽车处于部分驻车状态，驾驶员松开手辆，驻车制动阀自动回到 0°。

（3）当手柄越过止推点达到停车制动锁止位置时，手柄锁死，整个汽车处于全制动状态。

6. 电涡流缓速器的维护

除车辆每行驶 2 个月或 10 000 km 时缓速器要进行一次专业维护外，驾驶员还要进行日常的清洁和维护。

（1）日常性清洁

车辆每行驶 1 000 km 应清洗一次电涡流缓速器，如车辆在粉尘或泥浆多的地区或在冬季撒盐的道路上行驶，则应注意及时清除转子和定子上的污物，以保证电涡流缓速器工作时产生的热量得到有效的散发。清洗电涡流缓速器应注意如下事项：

① 清洗前必须断开电源总开关。

② 电涡流缓速器必须冷却至常温后才能清洗，否则，其磁盘会变形。

③ 转子表面可用高压水冲洗，但定子和线束连接器只能用低压水冲洗。

④ 不能用具有挥发性及腐蚀性的溶剂清洗电涡流缓速器。

（2）日常维护

① 检查变速器转矩输出端（或后桥转矩输入端）油封是否漏油，如漏油，则更换油封。

② 检查电涡流缓速器的接地线、线束和线束连接器的连接是否良好,如连接不良,则予以修复。

③ 检查制动空气压力传感器控制器和车速传感器的固定是否牢固，如不牢固，则予以固定。

任务四　行驶系及车身附属设备的维护作业

一、行驶系统的功能及组成

汽车行驶系统是指支撑全车并保证车辆正常行驶的专门装置，其基本功能如下：

（1）接受由发动机经传动系统传来的转矩，并通过驱动轮与路面间的摩擦作用，产生路面对驱动轮的牵引力，以保证汽车正常行驶。

（2）支撑全车，传递并承受路面作用于车轮上各向反力及其所形成的力矩。

（3）缓和不平路面对车身造成的冲击，并衰减其振动，保证汽车行驶的平顺性。

（4）与转向系统协调配合工作，实现汽车行驶方向的正确控制，以保证汽车操纵的稳定性。

汽车行驶系由车身、车桥、车轮和悬架组成。车轮分别支承在各车桥（前桥、后桥）上。为了减少汽车在不平路面上行驶时受到的振动，车桥又通过弹性悬架与车身连接。

（一）悬　架

悬架的基本结构，如图 3-4-1 和图 3-4-2 所示。

图 3-4-1　客车底盘悬架

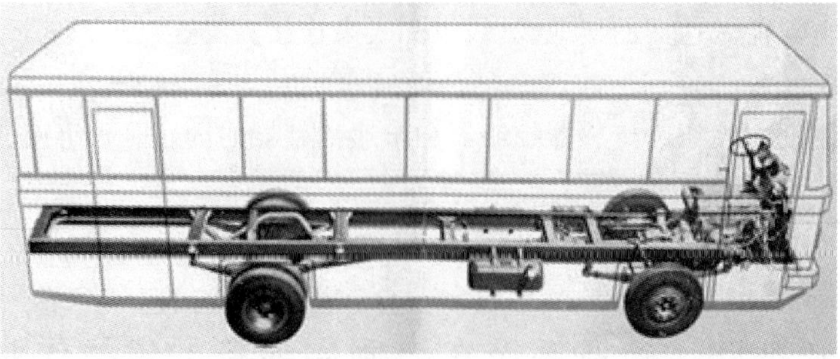

图 3-4-2　客车底盘悬架及车身

（二）车身乘客座椅系统

不同的城市公交客车座椅的设计安装都不尽相同，如图 3-4-3 所示，车辆设有座椅及乘客站立的区域，由于乘客上下频繁，所以车厢内地板低、过道高、通道宽、座椅少、车门多，车窗大，并有足够的空间供频繁停站时乘客上下车走动使用。公交客车由于受运行速度的限制，座椅上一般不设安全带。长途客运客车的乘客座椅系统则配备有安全带等。

图 3-4-3　城市公交客车上座椅及扶手

（三）车身应急逃生系统

应急逃生系统主要是指当客车发生事故、自燃等一系列重大危害时，车上人员能迅速逃离的通道保障系统。事故发生时，由于大客车乘坐人员多，容易引起车上人员慌乱，极易造成群死群伤重大事故，大客车设置应急逃生系统的目的就是在发生危险时，在尽可能短的时间内撤离车上所有人员，确保生命安全，图 3-4-4 所示为城市公交客车车顶逃生窗。

图 3-4-4　城市公交客车车顶逃生窗

图 3-4-5　城市公交客车门应急开关

（四）客车车门应急开关

在客车车门未发生严重变形不能开启的情况下，客车车门是旅客逃生的最重要的通道之一，事故发生的第一时间，驾驶员或乘客应及时打开车门，如果不能通过开关打开，可以通过以下两种方式迅速打开车门。一是车内人员可以通过设置在车内的车门应急（见图 3-4-5）开关迅速打开车门，二是使用爆破锤锤车门玻璃。

（五）车　轮

车轮的功用如下：

（1）支承车辆及货物的总质量。

（2）保证车轮和路面的附着性，以提高车辆的牵引性、制动性和通过性。

（3）与悬架一样，可减少车辆在行驶中受到的冲击，并减少由此而产生的振动，以保证车辆具有良好的乘坐舒适性和行驶的平顺性。

（六）车　桥

如图 3-4-6 所示，汽车车桥（又称车轴）通过悬架与车架（成承载式车身）相连接，其两端安装车轮，作用是传递车架（成承载式车身）与车轮之间的各种作用力及其力矩。

根据驱动方式的不同，车桥分成转向桥、驱动桥、转向驱动桥和支持桥四种。其中转向桥和支持桥都属于从动桥。大多数汽车采用前置后驱动（FR），因此，前桥作为转向桥，后桥作为驱动桥；而前置前驱动（FF）汽车则前桥成为转向驱动桥，后桥充当支持桥。

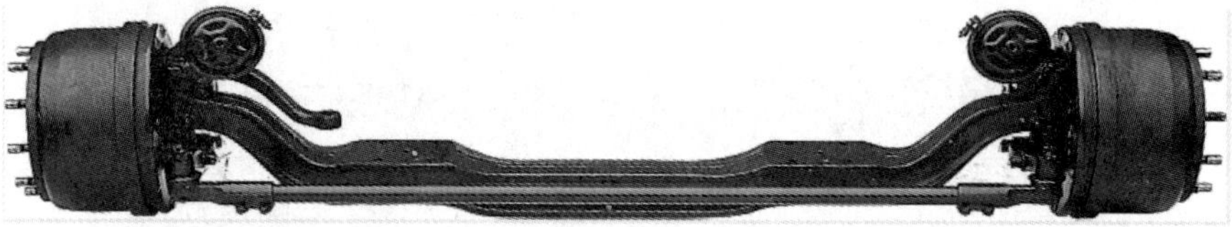

（a）汽车前桥

（b）汽车后桥

图 3-4-6　车桥

二、城市公交客车行驶系及车身设备维护作业项目

城市公交客车底盘悬架，行驶系统，以及车身及车身附属装置在各级保养中都要涉及，在维护作业中也要对其中项目做必要检查，详细项目详见表 3-4-1 所示。

表 3-4-1　城市公交客车底盘悬架及车身附属装置各级维护项目及技术要求

维护级别	作业项目	作业性质	技术要求
安全例行保养	钢板弹簧	检查	无断裂、移位
	车轮	检查	气压符合要求，轮胎螺栓齐全紧固，轮胎间无杂物，轮胎无异常磨损，轮辋无裂损
	刮水器	检查	完好、有效、安装牢靠
	后视镜		
	车厢	检查	各类门、窗完好，启闭灵活，锁止可靠；玻璃稳固；灭火器、座椅、靠背、扶手、应急锤等齐全有效；车内、外清洁；车身外表无明显擦挂
日常保养	气瓶	检查	无损伤、擦碰、泄漏，安装牢靠
	管路		
	附件		
	悬架	检查	钢板无位移、断裂，U 形螺栓紧固。吊耳、减震器连接牢靠
一级保养	悬挂	检查	钢板弹簧无断裂、错位，螺栓紧固无松动，前后吊耳支架牢靠，U 形螺栓不松动；润滑钢板弹簧销及滑动支承
		润滑	减振器无泄漏，作用正常，支架螺栓齐全紧固；扭转减振装置作用正常
			空气弹簧充气正常，同轴两侧气囊的紧密度一致，无磨损、损伤或起包，且其周围的间隙空间≥45 mm
	挡泥板	检查	齐全、完好、有效、无严重锈蚀，无严重变形
	乘客门踏板	检查	完好，无碍乘客上下
	轮毂箱	检查	完好不漏水、泥浆
	排气管	检查	安装牢靠、通畅、无损伤和泄漏
	消声器	检查	支架牢靠，消声作用正常
	支架		
	车外蒙皮	检查	无裂损，无严重凹凸，表面整洁
	线条	检查	整齐美观，装配牢靠
		紧固	
	后视镜	检查	镜面完好，清晰，无松动，支撑可靠
	后视镜座子		
	天窗	检查	天窗启闭灵活，关闭严密，不漏水，机构齐全、有效，支架、活动部位润滑
		润滑	
	拖车钩	检查	完好有效，牢靠
	前后牌照	检查	前后牌照一致，颜色字迹清晰，安装牢靠，符合车管部门规定；牌照灯、罩完好
	灯罩		

续表

维护级别	作业项目	作业性质	技术要求
一级保养	保险杠	检查	左右对称，安装牢靠，无变形
	车身外漆色（膜）	检查	颜色一致，无明显差异，光泽整洁，不起泡，不脱皮，图案线条平直（圆滑）
	车身标志	检查	标志齐全，符合相关规定要求
	各类小门	检查	齐全有效，启闭灵活，锁止可靠，作用正常
	挡板		
	乘客门	检查	门体无损伤，启闭灵活、可靠；门斗滑槽完好，胶条、密封刷安装牢靠；门机构齐全有效。门上、下滑槽注润滑；门泵室盖锁止有效
	胶条	润滑	
	密封刷		
	驾驶室门	检查	作用正常、锁止可靠
	应急门、锁		
	边窗	检查	玻璃完好，齐全有效；边窗推拉灵活，窗钩（锁）、窗钩把手齐全有效；胶条及窗框完好
	门窗		
	窗钩		
	前、后挡风玻璃	检查	无裂损，安装牢靠；玻璃清晰、不眩目、无下坠现象；胶条完好有效
	遮阳板（罩）	检查	安装牢靠，作用良好
	地板	检查	安装牢靠，无裂损，压条齐全有效
	座椅	检查	安装牢靠，座垫及靠背齐全完好，可调座椅调整机构灵活有效；润滑活动部位
		润滑	
	行李架（箱）	检查	无松动、无变形、装置齐全、安装牢靠
	灯箱		
	蓄电池架	检查	安装牢靠、作用正常、锁止可靠
	油箱支架	检查	紧固牢靠，卡箍、螺栓、胶垫齐全有效；无变形裂损及开焊现象
	天然气气瓶托架		
	车身内顶棚	检查	齐全完好、无破损、压线条可靠，齐全有效，立柱、棚杆扶手牢靠
	墙板		
	压线条		
	棚杆扶手		

续表

维护级别	作业项目	作业性质	技术要求
一级保养	发动机罩	检查	无损伤变形，封闭严密，锁止可靠
	仪表板座 水箱罩 百叶窗	检查	完好，齐全有效，启闭灵活，锁止可靠
	灯罩及座	检查	齐全有效、无裂损、无松动、无变形
	灭火器箱、架	检查	完好、安装牢靠
	车架	检查	无裂损
	轮胎	检查	无异常磨损，无异物嵌入，无起包、擦挂，胎面裂纹长度≤25 mm，深度不触及帘布层；同轴轮胎花纹及轮辋应一致
			前轮不允许使用翻新胎。轮胎胎冠花纹深度前轮≥3.2 mm、后轮≥1.6 mm
			高速公路车用轮胎应使用子午轮胎，动平衡应符合相关规定
			胎压符合原厂规定要求，压差不大于±4%。轮胎承载能力符合要求
	轮胎螺栓	检查	齐全、紧固，扭矩符合标准要求（210～235 N·m）
	轮辋	检查	无变形、无裂损，螺孔完好
	气门嘴	检查	无泄漏、移位，配位正确；防尘帽齐全；后轮两胎气门嘴应成180°与制动鼓观察孔成90°安装
	轮胎与相邻机件	检查	无干涉，应有10 mm以上间隙
二级保养	前、后门泵	拆检 润滑	反应良好、快慢适度、开度适宜、无泄漏、固定牢靠，卡箍、销锁齐全有效
	车身	同一保作业内容	
	轮胎	同一保作业内容	
	轮胎拆检	拆检	测量轮胎胎面花纹磨损情况；标注胎位，登记胎号；止圈、锁圈完好有效；内胎、垫带无损伤
			轮辋无裂纹变形、螺孔无损伤、焊接部位无开焊、外径面平整完好、摆差不大于3 mm，除锈刷漆
	轮胎组装	调校	排除解体后发现的故障；清除外胎内的灰、砂，涂撒滑石粉；清洁内胎、垫带；内胎、垫带不得折叠，内胎气门嘴应与垫带嘴孔、轮辋嘴孔中心对正
			轮胎翻面与轮辋装合，并按相关标准充气，轮胎动平衡应达到相关标准
			并装轮直径差≤5 mm，直径大者装于外侧；前轮直径差≤6 mm，轮辋一致；轮胎螺母紧固符合标准要求

技能实训

行驶系统的维护

1. 安全要求及注意事项

（1）严禁赤脚或穿拖鞋、高跟鞋和裙子上课，留长发者要戴工作帽。

（2）进入车辆实训场地后，未经老师批准，不得动用实训车辆的各项设备。

（3）实训时，未经老师批准，不准进入车厢内，防止车辆意外起动造成重大事故。

（4）举升车辆前应确定支撑位置正确，支撑牢靠。

（5）车辆举升至指定高度后，确定锁止方可进入车辆底部。

（6）实训结束，降下车辆前，确保车底无人方可举升解锁。

（7）实训结束，整理、清洁工具和场地。

2. 设备/工具/耗材要求

（1）设备：工具套件一套、举升机台（带有地沟的）、公交客车一辆、专用工具、扭力扳手等。

（2）耗材：抹布若干、润滑脂。

3. 悬架的检查

（1）检查前、后悬架有无漏油痕迹和衬套上的其他破损，检查支座端是否存在损伤，如存在损伤，需更换。减振钢板弹簧如图 3-4-7 所示。

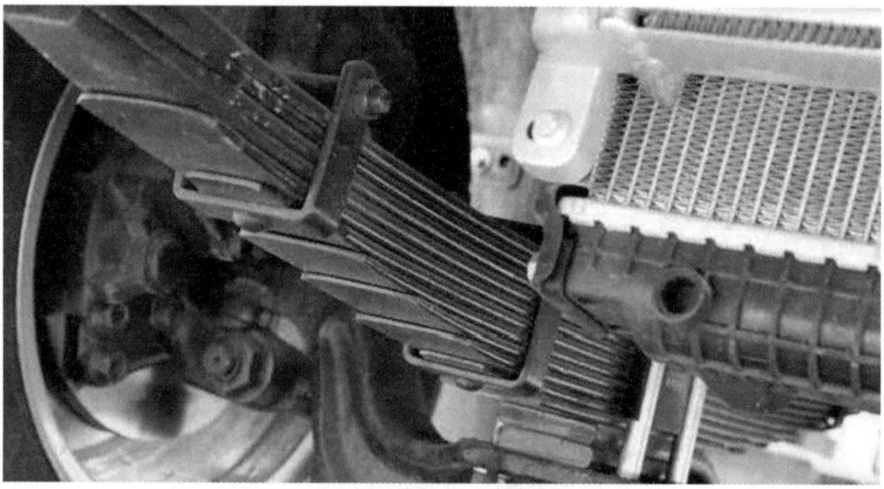

图 3-4-7　客车底盘悬架减振钢板弹簧

（2）检查前、后悬架装置是否损坏、松脱或丢失零件，还应检查部件是否有其他损伤部位，如图 3-4-8 所示。

（3）检查前、后悬架弹簧座有无脱开、撕裂或其他损坏，如果存在，需更换。

（4）检查悬架螺栓与螺母是否拧紧，必要时应重新调整至规定力矩。

（5）检查悬架上、下摆臂：检查衬套的老化和磨损情况，检查下摆臂是否弯曲或断裂，检查防尘套是否开裂，紧固所有螺栓。

图 3-4-8　底盘悬架系统

4. 车轮的维护

轮胎的维护应结合车辆的维护强制执行。

在公交企业车辆分安全例行维护、日常维护、一级维护和二级维护。轮胎维护的分级和周期与车辆维护相同。

（1）轮胎的日常维护

汽车轮胎的使用与维修可按交通部标准(汽车轮胎使用与维修要求(JT/T303—96）进行。

① 出车前检视。

② 行驶中检视。

③ 收车后检视。

（2）轮胎一级维护作业内容

① 紧固轮胎螺母，检查气门嘴是否漏气、气门帽是否齐全，如发现损坏或缺少应立即修理或补齐。

② 挖出夹石和花纹中的石子、杂物，如有较深伤洞应用生胶填塞，如图 3-4-9 所示。刺伤后若不及时修补，水汽会进入胎体锈蚀钢丝帘线，造成早期损坏。新胎胎面花纹沟槽较深，易在行驶过程中塞入小石块等异物需及时清理轮胎花纹中的异物，如图 3-4-10 所示。

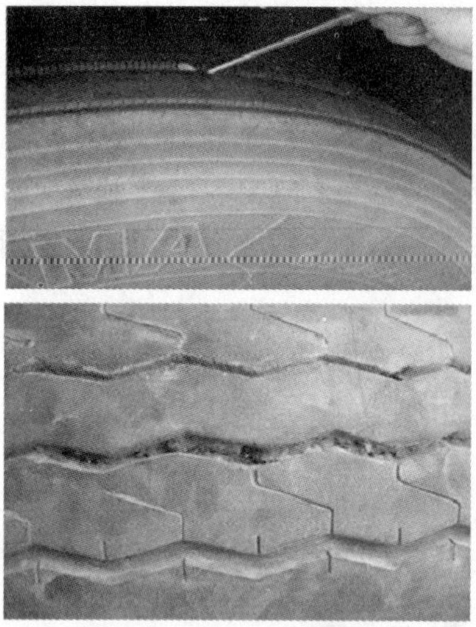

图 3-4-9　挖出夹石和花纹中的石子、杂物

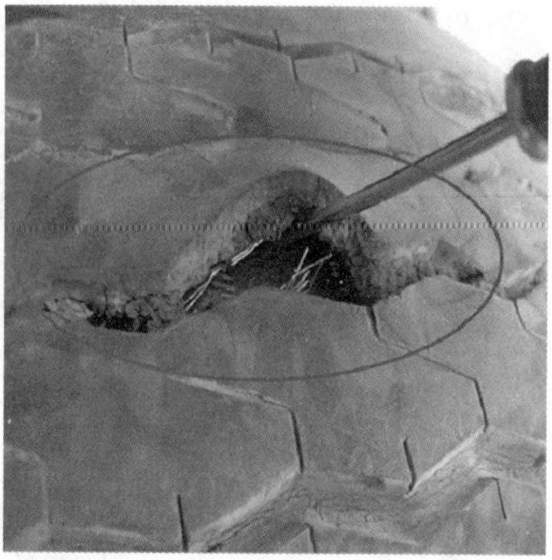

图 3-4-10　清理轮胎花纹中的异物

③ 检查轮胎磨损情况，如图 3-4-11，图 3-4-12 所示，如有不正常磨损或起鼓（见图 3-4-13）、变形等现象，应查找原因，予以排除。

图 3-4-11　测量轮胎花纹深度

图 3-4-12　轮胎磨损标识

图 3-4-13　轮胎侧面起包

④ 如需检查外胎内部，应拆卸解体，如有损伤应及时修补或更换。

⑤ 检查轮胎搭配和轮辋、挡圈、锁圈是否正常，如图 3-4-14 所示。

图 3-4-14　轮胎钢圈

⑥ 检查轮胎（包括备胎）气压，并按标准补足，如图 3-4-15 所示。

图 3-4-15　检查轮胎胎压

⑦ 检查轮胎有无与其他机件刮碰现象，备胎架是否完好、紧固，如不符合要求，应予以排除。

⑧ 必要时（如单边偏磨严重）应进行一次轮胎换位，以保持胎面花纹磨耗均匀。

（3）轮胎二级维护作业项目

除执行一级维护的各项作业外，还应做好轮胎二级维护作业项目。

① 拆卸轮胎，按轮胎标准测量胎面花纹磨耗，以周长及断面宽的变化作为换位和

搭配的依据。

② 轮胎解体检查，具体如下：

a. 胎冠、胎肩、胎侧及胎内有无内伤、脱层、起鼓和变形等现象。

b. 内胎、垫带有无咬伤、折皱现象，气门嘴、气门芯是否完好。

c. 轮辋、挡圈和锁圈有无变形、锈蚀，并视情涂漆。

d. 轮辋螺栓承孔有无过度磨损或损裂现象。

e. 排除解体检查所发现的故障后，进行装合和充气。

f. 高速车应进行轮胎的动平衡。

g. 按规定进行轮胎换位。

h. 发现轮胎有不正常的磨损或损坏，应查明原因并予以排除。

（4）轮胎的正确使用、换位和车轮动平衡检测

① 轮胎的正确使用包括：保持轮胎气正常，防止轮胎超载，合理搭配轮胎，精心驾驶车辆，保持良好的底盘技术状况。

② 轮胎的换位，如图 3-4-16 所示。按时、正确的轮胎换位可使轮胎磨损均匀，延长约 20%的使用寿命。轮胎换位应结合车辆的二级维护定期进行。

常用的换位方法有交叉换位法和循环换位法，子午线轮胎宜用单边换位法。

③ 车轮与轮胎的平衡，具体如下：

后轮及四轮驱动车辆（FR 车）	前轮驱动车辆（FF 车）	所有车辆

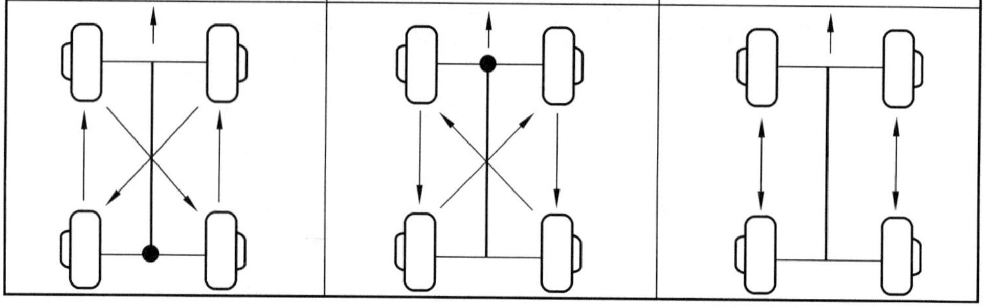

图 3-4-16　四轮换位

课后练习

一、填空题

1. 为了适应汽车行驶的不同要求，传动系应具有____、____、使汽车____、中断

动力传递、使两侧驱动轮差速旋转等具体作用。

2. 汽车传动系统由____、____、____、____、____、____等组成。

3. 根据动力来源、传动方式汽车传动系统分为四种，分别是_____、_____、静液式传动系、_____。

4. 静液式传动系主要由___、_____和_____等组成。

5. 电力式传动系主要由发动机驱动的_____、_____、_____、和_____等组成。

6. 在城市公交客车上，根据其发动机的布置位置及驱动方式分为发动机_____或_____。

7. 电涡流缓速器主要由_____、_____、_____、_____、_____、_____、电源总开关、缓速器指示灯等组成。

8. 行驶系统主要由悬架、_________、车身应急逃生系统、_________、车轮和车桥组成。

二、选择题

1. 起动发动机 5 ~ 10 min 后检查气压表，此时气压应达到（　　）MPa。

A. 1 ~ 2　　B. 31 ~ 41　　C. 0.7 ~ 0.8　　D. 1.1 ~ 1.8

2. 以下（　　）部件不属于转向传动机构。

A. 转向摇臂　　B. 转向节臂　　C. 转向轮　　D. 转向横拉杆

3. 变速箱在 D 挡运转，达到正常工作温度温度应为（　　）°C。

A. 71 ~ 93　　B. 100 ~ 120　　C. 50 ~ 60　　D. 120 ~ 130

4. 下列几种形式的制动传动机构当中，（　　）仅用在手制动上。

A. 机械式　　B. 液压式　　C. 气动式　　D. 以上都不是

5. 甲说，不合适的制动软管可能引起泄漏；乙说，有缺陷的制动软管可能会造成液压回路节流。正确的是（　　）。

A. 只有甲正确　　B. 只有乙正确　　C. 两人均正确　　D. 两人均不正确

6. 一辆装有真空助人制动器的汽车，进行制动时踏板力量不正常。下列哪一项可能是故障原因？（　　）

A. 制动主缸内泄漏　　B. 助力器内的真空度过大

C. 助力器真空管路堵塞　　D. 制动液液面太低

三、判断题

1. 机械式传动系结构简单、工作可靠，在各类汽车上得到广泛的应用。（　　）

2. 传动系应具有减速增扭、变速、使汽车倒退、中断动力传递、使两侧驱动轮差速旋转等具体作用。（　　）

3. 液力偶合器只能传递扭矩，而不能改变扭矩的大小。 （ ）

4. 静压式传动系由于机械效率低、造价高、使用寿命和可靠性不够理想，故目前只在某些军用车辆上应采用。 （ ）

5. 电力式传动系目前只限于在超重型汽车上或者是纯电动汽车上应用。 （ ）

6. 现代客车通常都采用双管路制动系统。 （ ）

7. 电涡流缓速器以其低速大扭矩、维护保养简单、可靠性高等特点而在汽车辅助制动市场上得到了较为广泛的运用。 （ ）

四、简答题

1. 简述城市公交客车一级维护中传动系统的各项目技术要求。
2. 简述公交客车轮胎在各级维护中的操作要点。
3. 简述轿车车身和客车车身的异同。
4. 简述城市公交客车车身部分一级维护的要点。

项目四

城市公交车辆电气维护作业

知识目标

（1）能够说出电气系统的维护项目。
（2）能够叙述灯光维护的作业项目和技术要求。
（3）能够叙述车内、外电气的作业项目和技术要求。
（4）能够叙述空调系统检查和维护的作业流程与方法。

技能目标

（1）掌握车内、外照明电器的检查方法。
（2）掌握完成仪表和报警装置的检查方法。
（3）掌握风窗、雨刮和风窗清洗剂系统的检查方法。
（4）掌握空调系统的检查方法。

任务一　城市公交客车照明与信号系统检查与维护

一、汽车照明与信号系统

汽车照明常常与控制信号装置在一起，称之为汽车照明与信号系统，该系统能够让驾驶者及时了解汽车各个主要系统的工作状况、引起车外行人及车辆驾驶员的注意，保证汽车行驶的安全性，减少交通事故和机械事故的发生。

（一）汽车灯光的种类及用途

汽车灯光即指照明设备和灯光信号装置。照明设备主要用于夜晚照明道路，标示车辆宽度，照明车厢内部、仪表及夜间检修等。汽车照明灯根据安装位置和用途不同，一般可分为：外部照明装置、内部照明装置。汽车灯光的种类特点及用途见表 4-1-1。

表 4-1-1　汽车灯光的种类、特点及用途

种类	外照明灯			内照明灯		
	前照灯	雾灯	牌照灯	顶灯	仪表灯	行李舱灯
安装位置	汽车头部侧有两灯、四灯	汽车头部、尾部	汽车尾牌照上方或左右	汽车内部	汽车仪表板内部	行李舱内
工作时的特点	白色常亮 远近光变化	黄色或白色单丝常亮	白色常亮	白色常亮	白色常亮	白色常亮
功率（W）	40 ~ 60	前 45， 后 21 或 6	5 ~ 10	5 ~ 15	2	5
用途	为驾驶人员提供安全行车保障	雨、雪、雾天保证有效照明及提供信号	用于照亮汽车尾部牌照	用于夜间车内照明	用于夜间行车观察仪表时的照明	用于夜间拿取行李物品时的照明

（二）灯光的组成

1. 车外照明

车外照明又可分为车前照明以及车后照明。

（1）车前照明

① 远光、近光前照灯。前照灯俗称大灯（头灯），装在汽车头部的两侧，如图 4-1-1 所示。一般为 40 ~ 60 W，用来照亮车前的道路。有两灯制和四灯制之分，四灯制前照灯并排安装时，装于外侧的一对应为近、远光双光束灯；装于内侧的一对应为远光单光束灯。

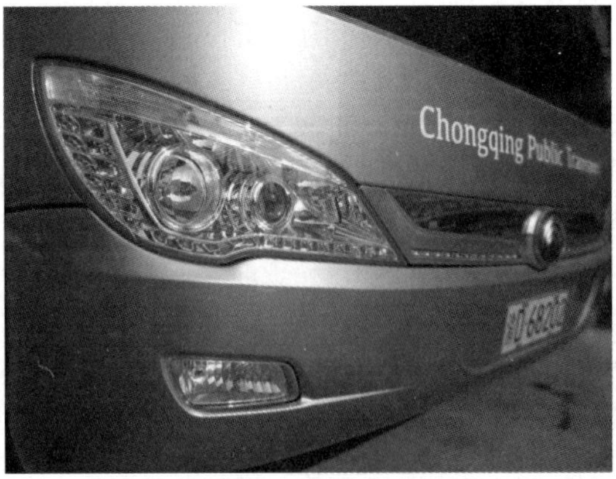

图 4-1-1　客车前大灯

② 雾灯。在有雾下雪暴雨或尘埃弥漫等情况下用来改善道路的照明情况。光色为黄色或橙色(黄色光波较长,透穿性较好)。前雾灯的功率为 45 W,后雾灯功率为 21 W,光色为红色，用来提醒尾随车辆保持安全的行车间距。

③ 辅助行驶灯。利用条纹配光镜产生散射光，还可以为车辆提供近距离或一定范围内的广角照明。

④ 驻车灯。装于车头和车尾两侧。要求从车前和车尾 150 m 远处确认灯光信号，光色要求车前为白色，车尾处为红色，夜间驻车时，将驻车灯接通标志车辆形位。

⑤ 侧标志和轮廓灯。轮廓灯在夜间无路灯情况下，不仅能给本车辆的前后人员指示本车辆外形轮廓，而且能在汽车掉头转弯的时候，清楚地给外界的人员指示本车辆的外形和通过外形感知本车辆运动方向，如图 4 1 2 所示，示廓灯功率为 5 W。

图 4-1-2　大客车侧标志和轮廓灯

（2）车后照明

装在车尾的灯，在恶劣天气和黑夜打开，表明车辆位置，也示意车辆当前和将要行驶的方向。制动灯表明车辆是否正在制动。转向信号灯示意所要改变的方向；当同时闪烁，则警告危急情况发生。车辆在倒车时，由倒车灯提供照明，如图 4-1-3 所示。

图 4-1-3　客车尾部照明灯

① 制动灯。每当踏下制动踏板时便发出较强的红光，以示制动。功率为 21 W，光色为红色，灯罩显示面积较后示位灯大。为避免尾随大型车对汽车碰撞的危险，汽车后窗内可加装由发光二极管成排显示的高位制动灯。

② 尾灯。装在汽车的尾部，夜同行驶时，用来警示后面的车辆，以便保持一定的距离。

③ 后转向号灯。后转向信号常和尾灯制成双丝灯泡。转向时，灯光呈闪烁状，频率规定为 1 ~ 2 Hz，起动时间不大于 1.5 s。在紧急遇险状态需其他车辆注意避让时，全部转向灯可通过危险报警灯开关接通，同时闪烁。

④ 倒车灯。用来照亮车后路面，并警告车后的车辆和行人，表示该车正在倒车。功率为 21 W，光色为白色，倒挡时，自动发亮，照明车后侧，同时提醒后方年辆及行人注意安全。

⑤ 牌照灯。用来照亮汽车后部牌照。

2. 车内照明

公交客车车内照明主要是满足夜间行车过程中，乘客上下车的便捷性，如图 4-1-4 所示。同时也包括驾驶员周边各控制器件、制动、变速器的安全操作以及反映操作情况的相应信息（它们都应尽可能少分散驾驶员的注意力），而首先要求车辆有良好照明的仪表板和各种控制件的单独照明灯（比如音响和导航系统的），以满足轻松和安全操作的基本要求。视觉和声音信号则应当按其优先顺序传给驾驶员。

图 4-1-4　客车车内照明

（1）顶　灯

轿车及载货汽车一般仅设一只顶灯，用作室内照明，如图 4-1-5 所示，顶灯还可以起监视车门是否可靠关闭的作用。只要有车门未可靠关紧，顶灯就发亮，城市公交客车顶灯一般无此功能，主要是靠驾驶员控制灯的开关。

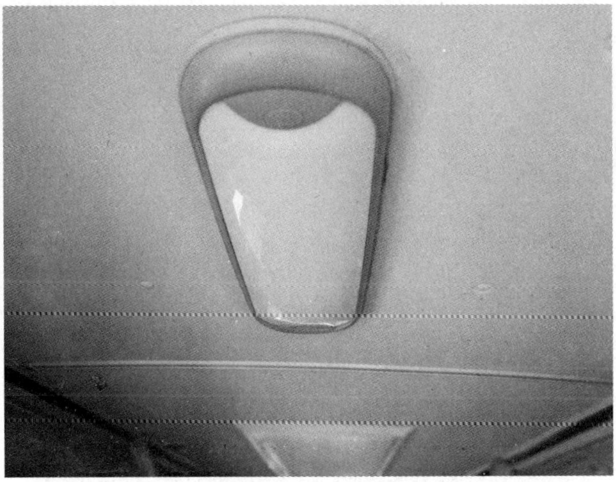

图 4-1-5　客车顶灯

（2）阅读灯

装于乘员席前部或顶部，聚光时乘员看书不会给驾驶员产生眩目影响，照明范围小，有的还有光轴方向调节机构，如图 4-1-6 所示。

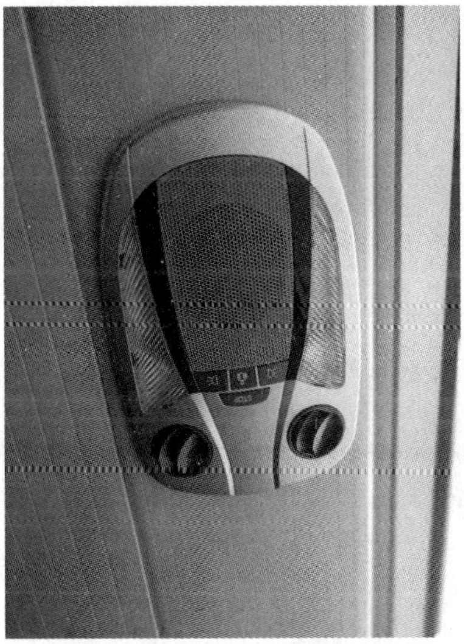

图 4-1-6　客车顶棚阅读灯

（3）行李舱灯

装于客车行李舱内，当开启行李舱盖时，自动发亮。

（4）门　灯

装于轿车外张式车门内侧底部，光色为红色。夜间开启车门时，门灯发亮，以告示后来行人、车辆注意避让。

（5）踏步灯

装在大中型客车乘员门内的台阶上。夜间开启车门时，照亮踏板，如图 4-1-7 所示。

图 4-1-7　踏步灯

（6）仪表照明灯

装在仪表板反面，用来照明仪表指针及刻度板，如图 4-1-8 所示。

图 4-1-8　仪表照明灯

（7）仪表报警及指示灯

常见的有充电指示灯、机油压力过低报警灯、转向指示灯、远光指示灯等。报警灯一般为红色或黄色，指示灯一般为绿色或蓝色。

（三）光纤照明

在只需要微弱光线且不便安装灯泡的地方，如仪表表面、烟灰盒、门锁孔等处，往往采用光纤照明，是一种远距离传输光线的装置，以普通车用灯泡为光源，让光线通过光导纤维传到末端，发出微弱光线，照亮一定范围。

光导纤维由有机玻璃丝制成，它的外部包有具有隔光作用的透明聚合物质，当灯泡的光线通过光导纤维时，在其内部经多次反射传到末端。将很多光导纤维合在一起，外部用不透明套管包裹就组成了光缆。

（四）组合开关使用

打开用电设备前接将钥匙旋转到点火位置，图 4-1-9 所示为组合开关总成。

图 4-1-9　组合开关总成图

1. 远、近光灯开关

打开灯光总开关至第二挡。向上轻抬组合开关至 1 位时，近光指示灯亮起（见图 4-1-10）；向上轻抬组合开关至 2 位时，远光指示灯亮起；向下按动组合开关从 2 位到 0 位时，远光指示灯关闭。

图 4-1-10　远、近光灯开关

2. 转向灯开关

转向灯开关具有自动复位功能。当使用转向灯开关时，绿色指示灯对应闪烁。当

“转向指示”指示灯只亮了一次时，表明转向灯有故障，可能需要换装新灯泡。如图 4-1-11 所示，向前轻推组合开关手柄至位置 1，右转向灯持续闪烁；向后轻推组合开关手柄至位置 2，左转向灯持续闪烁；当转向盘恢复到无转动位置时，开关手柄复位位置 0。向前或向后轻推开关手柄并将其锁定在解除位置，转向灯短暂闪烁，开关手柄可自行复位位置。

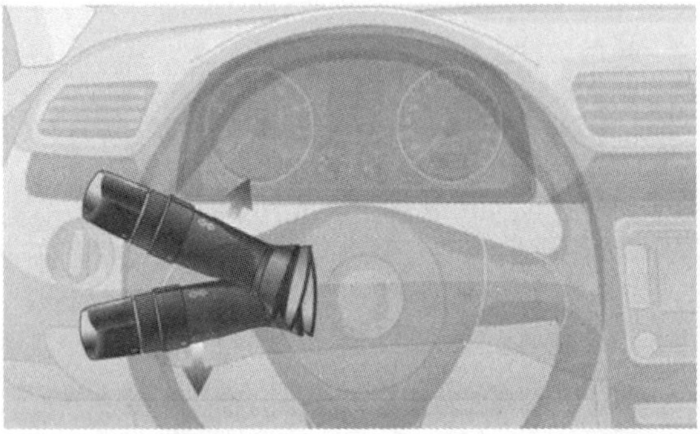

图 4-1-11 转向灯开关

（五）仪表与报警装置

汽车仪表与报警装置由各种仪表指示器，特别是驾驶员用警示灯、报警器等组成，为驶员提供所需的汽车运行参数信息。

汽车仪表与报警装置的功能是获取需要的数据并采用合适的方式显示出来。以前的仪表一般限制在 3～4 个量的显示和 4～5 个警告功能，现在新式仪表则达到约 15 个量显示和约 40 个警告监测功能。如图 4-1-12 所示，不同的信息有不同的获取方式和显示方式，目前新式仪表信息获取方式主要有 3 种：通过车身总线传输；通过 A/D 采样转化；通过 I/O 状态变化获取。对于显示方式，主要有 5 种：① 通过步进驱动电

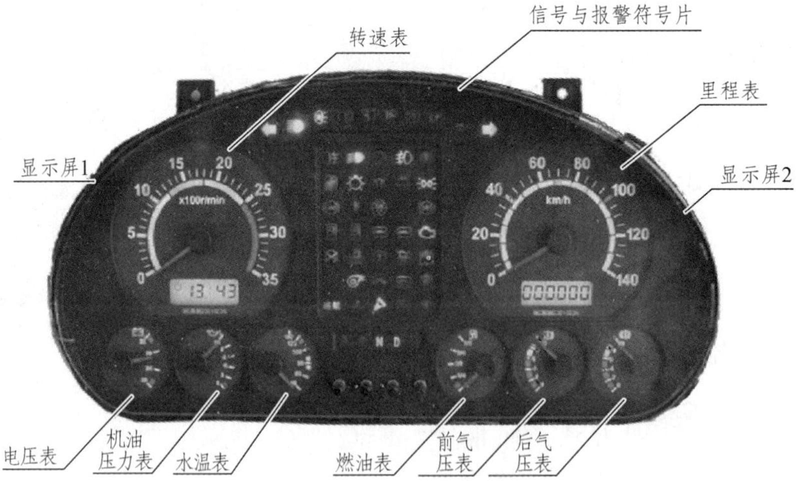

图 4-1-12 仪表盘及显示指示灯

动机带动执行器转动；② 通过点阵液晶显示屏（LCD）显示图形或数字信息；③ 通过段式液晶显示屏或数码管显示；④ 通过发光二极管灯的开关显示；⑤ 通过蜂鸣器的不同声音指示当前状态。

（六）仪表台各种控制开关

对于现代的城市公交客车，各种执行元件的状态显示或是故障报警都在仪表盘显示，还有部分执行设备的操控开关为了驾驶员方便控制，也安装在仪表台周边，如图4-1-13所示。图4-1-14所示为城市公交客车上常用的各种开关指示及指示符号。

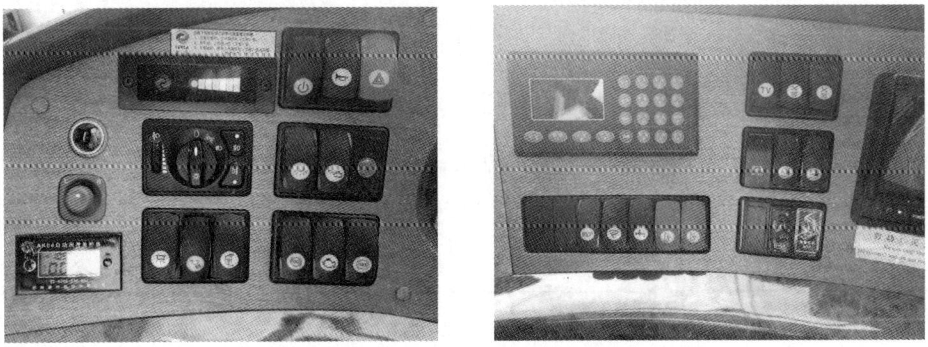

图 4-1-13　仪表台前各种控制开关

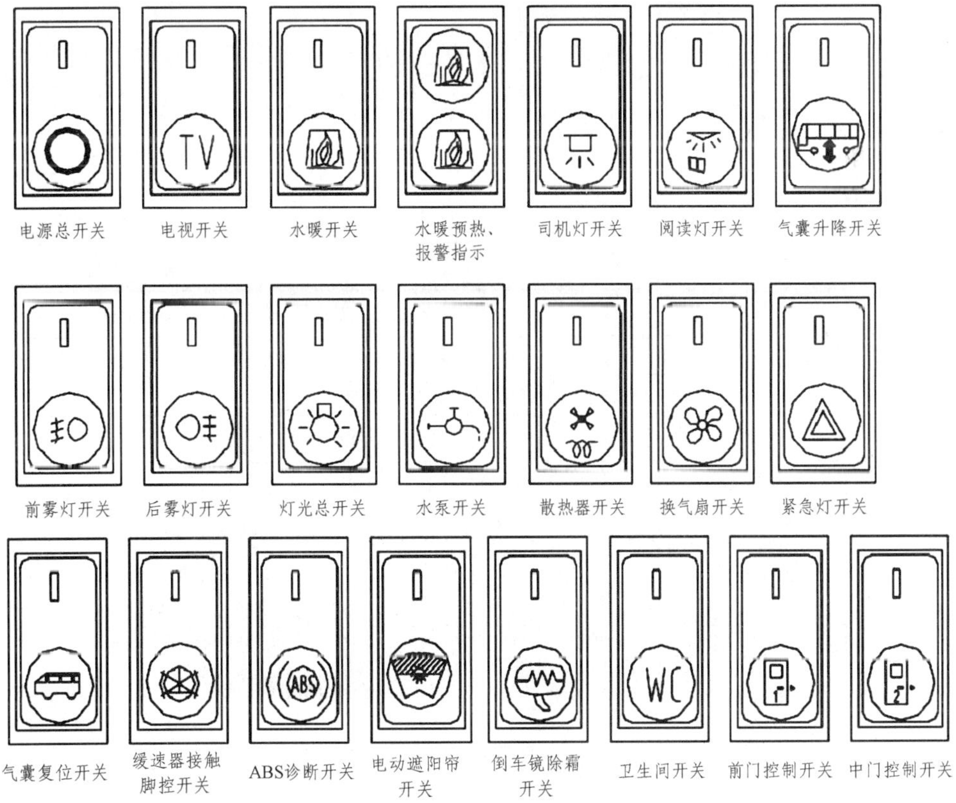

图 4-1-14　城市公交客车上常用的各种开关指示及指示符号

二、照明与信号系统维护作业项目

由于城市公交客车的特殊性，车辆除了常规的照明与信号外，还涉及报站器、监视器、投币机、电子路牌等一系列特有的设备装置，都需要在各级维护中进行维护。城市公交客车照明与信号系统的各级维护作业项目，详见表 4-1-2。

表 4-1-2　城市公交客车照明与信号系统的各级维护作业项目及技术要求

维护级别	作业项目	作业性质	技术要求
安全例行保养	报站器	检查	作用正常
	监视器		
	IC 卡机		
	投币机		
	电子路牌		
	时、温显示器		
一级保养	低压线路	检查	绝缘良好，无老化、破损，接线、包扎规范。各回路保险装置齐全有效
	点火开关	检查	启闭灵活、作用正常、可靠、安装牢靠
	喇叭	检查	声音清晰、悦耳、音量不大于 105 dB（分贝）
	灯光	清洁	导线接触良好；灯具内外清洁、齐全完好、安装牢靠；灯光符合标准
	灯具	检查	
	发电机	检查	安装牢靠，接线无老化损伤
	调节器	调校	发电机性能良好，无异响；调节器功能正常有效
	起动机	检查	连接可靠、机体安装、啮合平顺、不发卡、无异响
		调校	驱动齿推至极限位置时与止推垫圈的最小间隙为 1.5～2.5 mm；接通时最大间隙为 4～5 mm
	蓄电池	检查	壳体及接线柱清洁、完好，接线正确，安装牢靠；盖塞齐全有效，通气孔畅通；电解液液面应高出防护板 10～15 mm，电解液符合厂牌标准，电压符合规定；导线连接准确可靠
		调整	

续表

维护级别	作业项目	作业性质	技术要求
一级保养	闪光器	检查	安装牢靠，功能正常
	报警器		
	仪表	检查	原车齐全有效，安装牢靠，工作正常，指示准确
	风扇	检查	运转正常，安装牢靠，导线无损伤、老化
	风机		
	报站器	检查	作用正常
	监视器		
	IC 卡机		
	投币机		
	电子路牌		
	时、温显示器		
二级保养	发电机	拆检	各部绝缘良好，安装牢靠，轴承加注润滑脂
		更换	空载下：转速为 1 000 r/min 时，其电压为 14 V（28 V）
			负载下：转速为 1 000 r/min 时，其电压为 12 V（24 V）；转速为 2 500 r/min 时，其电压应达 14 V（28 V）
			电流达到或接近其最大值
	调节器	调校	集成电路调节器的元件阻值和调整电压应符合原厂规定
	起动机	拆检	各轴承加注润滑脂，安装可靠；导线连接准确，起动有力，运转平稳，无异响
		更换	
	蓄电池	检查	安装牢靠，性能（电压、电解液等）符合标准；新旧电池、存电量不同的电池不能混装
		更换	
	灯具	清洁	内外清洁，安装牢靠，接触良好，灯光符合 GB7258 要求
		检查	
		调校	

技能实训

车内电器检查

1. 安全要求及注意事项

（1）严禁赤脚或穿拖鞋、高跟鞋和裙子上课，留长发者要戴工作帽。

（2）进入车辆实训场地后，未经老师批准，不得动用实训车辆的各项设备。

（3）实训时，未经老师批准，不准进入车厢内，防止车辆意外起动造成重大事故。

（4）举升车辆前应确定支撑位置正确，支撑牢靠。

（5）车辆举升至指定高度后，确定锁止才可进入车辆底部。

（6）实训结束，降下车辆前，确保车底无人才可举升解锁。

（7）实训结束，整理、清洁工具和场地。

2. 设备/工具/耗材要求

（1）设备：公交客车整车一辆、汽车维修电工常用工具一套。

（2）耗材：备用灯泡、传感器。

3. 仪表及其传感器检查

城市公交客车内常见的仪表及传感器有：电流表、燃气压力表、机油压力表、水温表、车速里程表、发动机转速表、空气压力表、天然气高低压表、制动指示灯、机油压力表、充电指示灯等等，均要求指针指示准确灵活，能回位，显示清晰。公交客车常见车用仪表规格型号见表 4-1-3。

表 4-1-3　车用仪表规格型号

车　　型	CA151	EQ1092	其他车型
电流表	－30～+30	动磁式（－30～+30）	详见厂家技术资料
机油压力表（kPa）	8212E 型：0～200～500，正常值：147～441	双金属电热脉冲式 25R 型：0～300～700	
机油压力传感器	8221B 型	电热式接头尺寸 R1/4	
机油油压报警器	YB9321A-1 型，低于（69±20）时报警	弹簧管式，低于 59～98 时报警	
水温表	232D 型（50～110）	电热脉冲式，50～（100±5）	
水温传感器	配套	半导体热敏电阻式 R3/8	
燃油表	8212D，0～1/2～1	双金属电热脉冲式（0～1/2～1）	
燃油表传感器	配套	可变电阻式	
气压表（kPa）	0～（980±39），正常值 784～833	弹簧管式接头 M10×1，0～（980±39）	
气压报警器（kPa）	YB9521 型，低于 441 时报警	报警值 343±30，接头尺寸 R3/8	
车速表	C253 型（0～120）	磁感应式，0～100，速比 1∶624	
天然气高低压表	高压表 Y60（0～40 MPa），低压表 Y60（0～1.0 MPa）		

4. 灯光、信号与照明设备维护检查要求

（1）所有灯具应安装牢固、开关开闭自如、完好有效，不得因车辆振动而松脱、损坏、失去作用或改变光照方向。

（2）外部照明和信号装置的数量、位置、光色、最小几何可见角度等应符合 GB4785 的要求。

（3）照明和信号装置的任一条线路出现故障，不得干扰其他线路的正常工作。

（4）前照灯照射灯光束照射位置要求：在距离屏幕 10 m 处，光束明暗截止线转角或中点的高度近光应为（0.6 ~ 0.8）H（H 为前照灯基准中心高度，下同），光束水平方向位置向左偏不允许超过 170 mm，向右偏不允许超过 350 mm。

（5）前照灯的远光光束发光强度要达到要求，前照灯的近光不得眩目。

（6）前照灯应能变换远、近光，并且当远光变为近光时，所有远光应能同时熄灭。左右的远近光不得交叉开亮。

（7）转向信号灯白天 100 m 可见。其闪光频率为（1.5 ± 0.5）Hz，起动时间应不大于 1.5 s。

（8）制动灯的灯光在夜间能指示 100 m 远的距离，光束射角在水平面应与灯轴线左、右各成 45°，垂直面上、下各 15°。

（9）危险报警闪光灯闪光频率为（1.5 ± 0.5）Hz，起动时间应不大于 1.5 s，白天距离 100 m 可见。其操纵装置应不受电源总开关的控制。

（10）其他各种灯具和报警装置应装配齐全有效，并没有保护装置，开关启闭自如。

（11）喇叭安装应牢靠，音量悦耳，声级在距车前 2 m、离地高度 1.2 m 处应为 90 ~ 105 dB（分贝）。

（12）IC 卡车载机电源线接线准确无误，并应经过保险盒，中间不允许有接头，线卡牢固可靠；车载机性能稳定，可靠性强、抗干扰能力 > 4 800 V，显示、语音等识别提示清楚无误，数据交换及处理准确无误，其余性能符合原厂规定。

（13）后视仪（监视器）系统，线路接线正确牢固，不得使用腐蚀性化学清洁剂清洗摄像头及监视器。监视器安装要求牢固、防振、防水、防过热，外壳散热孔畅通；图像画面稳定，无抖动、模糊现象，抗干扰强。摄像头表面清洁，安装角度需保证能有效地观测被测区域。

任务二　城市公交客车空调系统及维护

一、汽车空调作用及类型

汽车空调系统是实现对车厢内空气进行制冷、加热、换气和空气净化的装置。它可以为司乘人员提供舒适的乘车环境，降低驾驶员的疲劳强度，提高行车安全。

（一）汽车空调的功能

现代汽车空调有四种功能，其中任何一种功能都是为了使乘客感到舒适。

（1）空调器能控制车厢内的气温，既能加热空气，也能冷却空气，以便把车厢内温度控制到舒适的水平。

（2）空调器能够排出空气中的湿气。干燥空气吸收人体汗液，以营造更舒适的环境。

（3）空调器可吸入新风，具有通风功能。

（4）空调器可过滤空气，排除空气中的灰尘和花粉。

（二）汽车空调的分类

（1）按驱动方式分为：独立式（专用一台发动机驱动压缩机，制冷量大，工作稳定，但成本高，体积及重量大，多用于大中型客车）和非独立式（空调压缩机由汽车发动机驱动，制冷性能受发动机工作影响较大，稳定性差，多用于小型客车和轿车）。

（2）按空调性能分为：单一功能型（将制冷、供暖、通风系统各自安装，单独操作，互不干涉，多用于大型客车和载货汽车上）和冷暖一体式（制冷、供暖、通风共用鼓风机和风道，在同一控制板上进行控制，工作时可分为冷风暖风分别工作的方式和冷暖风可同时工作的混合调温式，轿车多用混合调温式）。

（3）按控制方式分为：手动式（拨动控制板上的功能键对温度、风速、风向进行控制）和电控自动调节（利用真空控制机构，当选好空调功能键时，就能在预定温度内自动控制温度和风量）。

（4）按调节方式分为：全自动调节（利用计算比较电路，通过传感器信号及预调信号控制调节机构工作，自动调节温度和风量）和微机控制的全自动调节（以微机为控制中心，实现对车内空气环境进行全方位、多功能的最佳控制和调节）。

在城市公交客车上车厢容积较大，乘员人数多，对空调的要求也就相应提高，因此，大部分大客车空调都采用独立式的空调系统，但近年来由于客车发动机选配较高，也有很多客车选用非独立式空调。城市公交客车空调系统如图 4-2-1 所示。

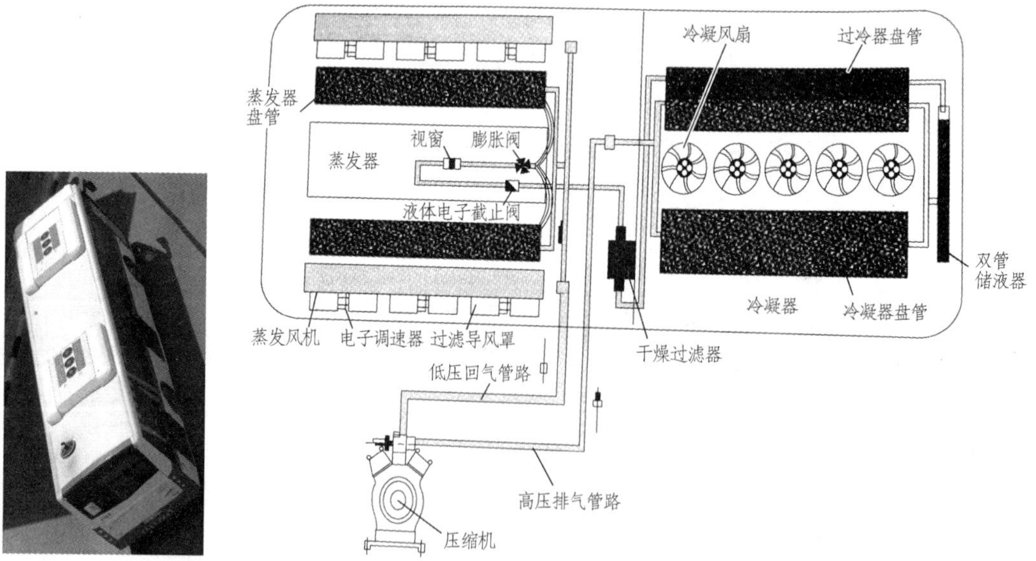

图 4-2-1　城市公交客车空调系统组成

二、空调系统工作原理

（一）空调制冷系统

汽车空调制冷系统由压缩机、冷凝器、干燥瓶、膨胀阀、蒸发器等组成，如图 4-2-2 所示，原理是通过物理反应，蒸发吸热，冷凝放热。冷冻剂即我们常说的冷媒或雪种在管路内循环，通过压缩机放热冷凝后到膨胀阀，再通过蒸发器蒸发吸热，达到制冷效果。

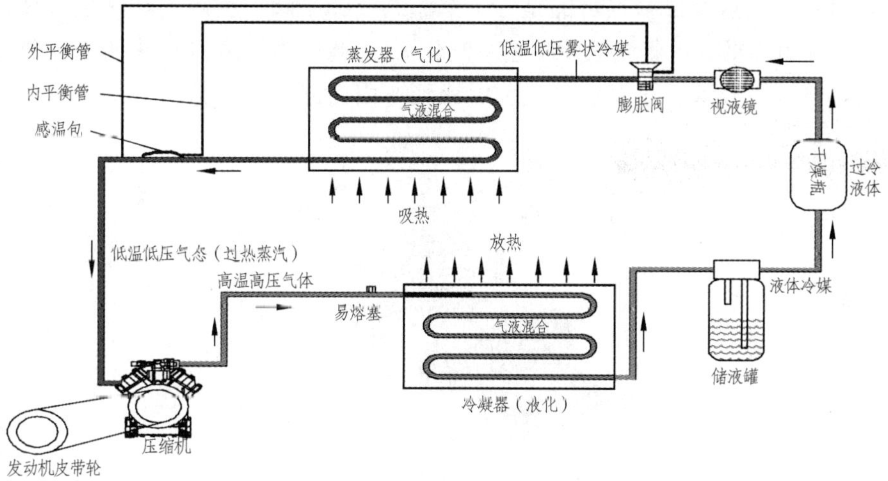

图 4-2-2　空调制冷系统组成

众所周知，当某种物体被冷却时，它一定会放出热量。为此在车上使用了一种压缩式制冷装置。制冷剂在封闭的管路中循环流动，并不断在液态和气态之间转换。即：① 将气体压缩；② 通过放出热量使气体液化（冷凝）；③ 在吸收热量的情况下，通过减压使液体汽化，这不是制冷，而是抽走车上空气中的热量。

制冷剂气体被压缩冷凝如图 4-2-3 所示，压缩机抽取凉的低压气态制冷剂，制冷剂在压缩机内被压缩，温度升高，这样制冷剂被压入循环管路中（高压侧）。

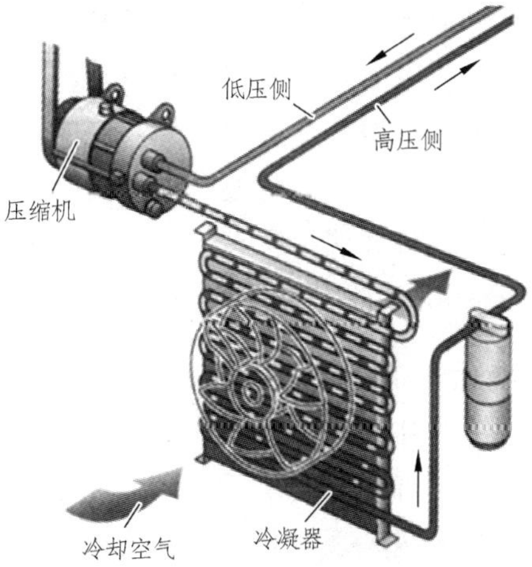

图 4-2-3　制冷剂气体被压缩冷凝

在这个阶段，制冷剂是气态的，并处于高温、高压下，约 1.4 MPa（14 bar），温度约 65 °C。制冷剂经过很短的路程进入冷凝器（液化器）内，冷凝器内已被压缩且变热的气体被流过的空气（迎风空气和风扇空气）带走了热量。在达到由压力决定的凝点时，制冷剂气体就开始冷凝，逐渐变成了液体。在这个阶段，制冷剂压力高，约 1.4 MPa（14 bar），温度降低约 10 °C。

液体制冷剂被膨胀蒸发吸热，如图 4-2-4 所示。液态的、压缩后的制冷剂继续流到一个狭窄点处，这个狭窄点可能是一个节流阀或膨胀阀。制冷剂在这里被喷入蒸发器内，于是压力降低，在蒸发器中蒸发（汽化），为此所需要的汽化热从流经蒸发器薄片的热新鲜空气中获取，于是空气变凉，因而车内温度也会降低。

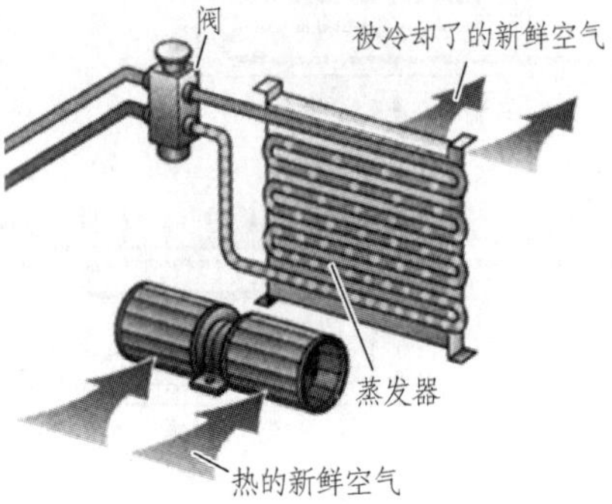

图 4-2-4　制冷剂膨胀蒸发过程

在这个阶段，制冷剂由液态变成气态，这个阶段压力低，约 0.12 MPa（1.2 bar），温度降低 0 ~ 7 °C。变成气态的制冷剂从蒸发器中流出，它被压缩机再次抽取，重新在环路中运动。至此，这个循环过程结束。

（二）空调暖风系统

1. 空调暖风系统的作用

汽车空调暖风系统的作用主要是为车内提供暖气及风窗除霜并调节空气。它是将车内空气或进入车内的外部空气送入热交换器，吸收某种热能量，从而提高空气的温度，并利用鼓风机将热空气送入车内，提高车内的温度的一种装置。冬季取暖，汽车空调可以向车室内提供暖风，提高车室内的温度，使司乘人员不再感觉到寒冷，冬季或者初春，室内外温差较大，车窗玻璃会结霜或起雾，影响驾驶员和乘客的视线，不利于安全行车，这时可以用暖风来除去玻璃上的霜和雾。

2. 暖风系统的分类

汽车空调的暖风装置有很多种，主要有根据热源不同分类和按空气循环方式不同分类两种。根据热源不同分类，可分为热水暖风系统、独立燃烧暖风系统、综合预热暖风系统和气暖暖风系统。热水暖风系统利用的是发动机冷却液的热量，这种系统大多用于轿车、大货车及要求不高的大客车上。独立燃烧暖风系统安装有专门的燃烧机构，这种系统多用于大客车上。综合预热暖风系统是既采用发动机冷却液的热量，又装有燃烧预热器的综合加热装置，此种系统多用于大客车上。气暖暖风系统利用的是发动机排气系统的热量，这种系统多用于风冷式发动机上。

目前，汽车使用最为广泛的是水暖式和燃烧式。按空气循环方式不同分类，可分为内循环式、外循环式和内外混合循环式三种。内循环式，利用车室内空气循环，将车室内用过的空气作为载热体让其通过热交换器升温，升温后的空气再进入车室内供取暖用。外循环式，利用车外空气循环，全部用车外新鲜空气作为载热体让其通过热交换升温，升温后的空气再进入车室内供取暖用，高级轿车通常采用这种方式。内外混合循环式，指既引进车外新鲜空气，又利用部分车室内空气作为载热体让其通过热交换器升温，升温后的空气再进入车室内供取暖用。其介于内循环和外循环之间，是当前应用最广泛的方式。轿车上一般采用发动机的冷却液进行供暖，称为水暖式供暖系统。该系统利用冷却液作为热源，将冷却液引入热交换器（加热器），然后利用鼓风机将车厢内的空气吹过热交换器，从而使车厢温度升高。

三、空调系统主要部件的作用

（一）空调滤清器

汽车在开着空调行驶时，要吸入外部空气进入车厢内，但空气中含有许多不同成分的颗粒，如灰尘、花粉、煤烟、研磨颗粒、臭氧、氮氧化物、二氧化硫、二氧化碳、苯等。如果没有空调滤清器过滤，且这些颗粒进入车厢内，不但会污染汽车空调，降低冷却系统性能，而且会使人过敏，肺部受损，受臭氧刺激而心情烦躁，还有异味的影响，都影响行车安全。空调滤芯的作用：使空调格贴紧壳体，保证未过滤空气不会进入车厢；分隔空气中的灰尘、花粉、研磨颗粒等固体杂质；吸附空气中水分、煤烟、臭氧、异味、碳氧化物、SO_2、CO 等；强力和持久地吸附水分，使汽车玻璃不会蒙上水蒸气，使司乘人员视线清晰，保证行车安全；给驾乘室提供新鲜空气，避免驾乘人员吸入有害气体；强效杀菌除臭。

如图 4-2-5 所示，汽车空调滤芯的安装位置有车外与车内之分，部分轿车上还具有内部、外部空调滤芯。城市公交客车的空调滤网在车内顶棚，如图 4-2-6 所示。

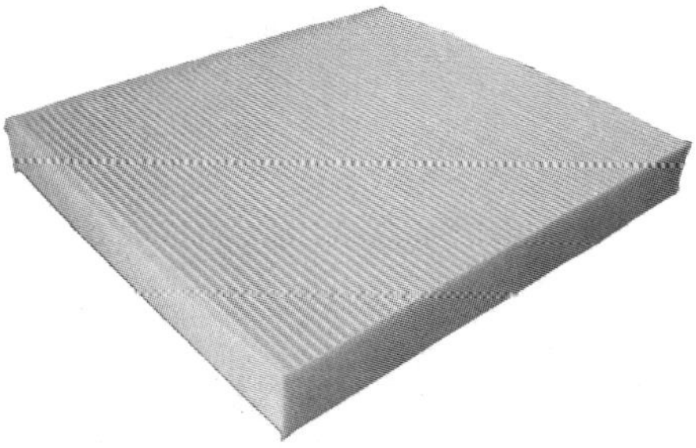

图 4-2-5　汽车空调滤芯

图 4-2-6　城市公交客车空调滤网

（二）压缩机

压缩机的功能就像人体的心脏一样，促进血液（制冷剂）在系统中流动，它是一种专门用于提高制冷剂压力的部件。客车空调常用的压缩机有两种：博克压缩机和比泽尔压缩机，如图 4-2-7 所示。

图 4-2-7　城市公交客车压缩机

（三）冷凝器

如图 4-2-8 所示，冷凝器的作用是将气体状的热制冷剂液化或冷凝。要达到此目的制冷剂必须放出热。冷凝器风扇强迫空气通过冷凝器的翅片，与其进行热交换，由于空气温度低于冷凝器翅片温度，因而将热从冷凝器中带走，使制冷剂冷凝从气体变为液体。

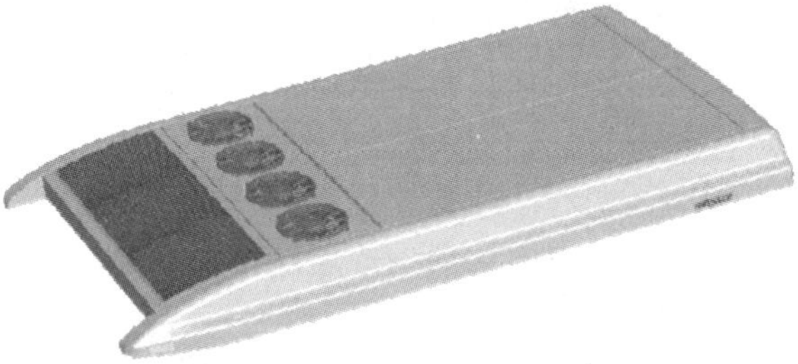

图 4-2-8　冷凝器外观结构

（四）冷凝器风机

如图 4-2-9 所示，冷凝器风机均采用轴流式电机，其空气流动方向与轴线平行。它的特点是风量大、风压小、耗电量小。轴流式风机由扇叶和电动机组成，电动机为防水型。

图 4-2-9　冷凝器风机

（五）干燥过滤器

制冷系统中，存在制造时没有处理干净而遗留的微量碎屑，或由于制冷剂的不纯净而带入脏物，也可能由于制冷剂对系统部件内壁发生侵蚀作用而脱落杂质。如果这些污物积聚在膨胀阀（或节流管）内、将阻碍制冷剂流通。因此，管路中必须安装过滤器。由于一般制冷剂工质遇到水会对金属产生强烈的腐蚀作用，而且水在彭胀阀中容易形成冰堵现象，影响制冷剂工作正常进行，所以需要干燥器。在客车空调中，这两者常常是合为一个容器，称之为干燥过滤器。为保障空调的正常运行，建议一般每年更换一次。

（六）视液镜

如图 4-2-10 所示，视液镜（俗称视窗）用来直接观察系统中制冷剂的流动，并确定系统是否充液不足。当系统正常运时，可在视窗中观察到无气泡液体的稳定流动。若存在气泡或泡沫，通常表示系统有故障或制冷剂泄漏。

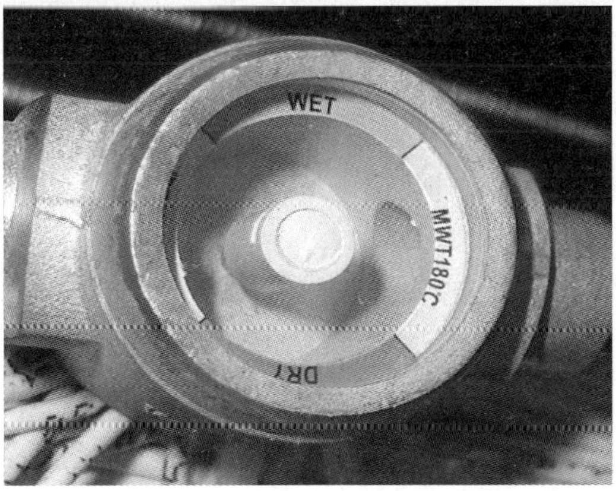

图 4-2-10　视液镜

（七）热力膨胀阀

如图 4-2-11 所示，热力膨胀阀的工作原理是通过感温包感受蒸发器出口端热度的变化，导致感温包内充注的工质产生压力变化，并作用于传动膜片上，促使膜片形成上、下位移，再通过传动片将此力传递给传动杆，从而推动阀针上下移动，使阀门关小或开大，起到降压与节流作用，同时自动调节蒸发器的制冷剂供给量保持蒸发器出口端为设定的热度，并使蒸发器热交换面积得到充分作用，以及减少制冷液击冲压缩缸现象的发生。因此，热力膨胀阀有三种主要功能：节流、调节和控制。

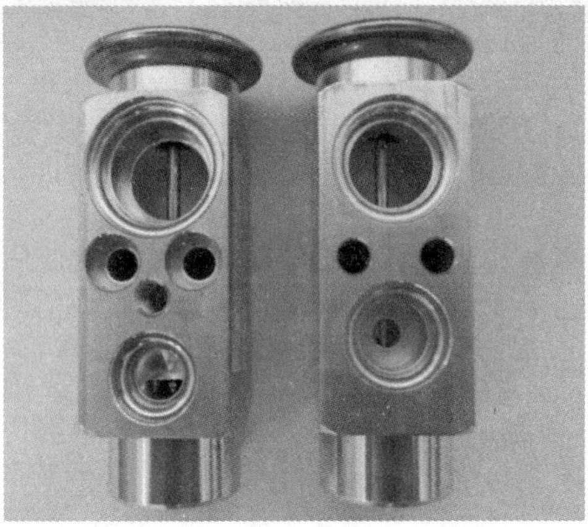

图 4-2-11　热力膨胀阀

（八）空调蒸发器

汽车空调蒸发器属于直接风冷式结构，如图 4-2-12 所示。它利用低温低压的气雾态制冷剂，蒸发时吸收周围空气中的大量热量，释放出冷气（热交换过程）从而达到车内降温的目的。

图 4-2-12　汽车空调蒸发器

（九）空调操控面板

按模式键：可以切换空调的工作模式，模式有制冷、通风、制热、自动。
按新风开关：可以切换新风、臭氧发生器、新风自动，如图 4-2-13 所示。

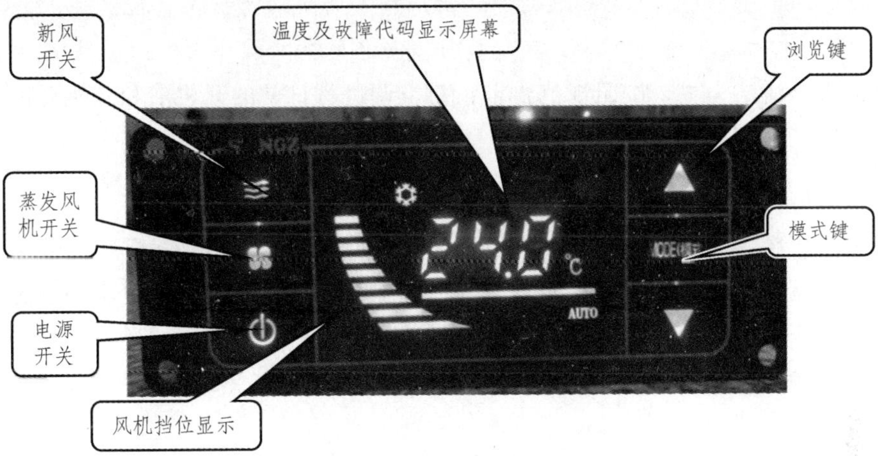

图 4-2-13　空调操控面板

四、汽车空调系统维护的意义及项目

汽车在不同的道路环境中行驶，灰尘、汽车尾气、花粉等多种污染物，都会污染车内的空气。使用汽车空调时会使空调系统的风道内黏附灰尘等污染物。由于风道经常保持潮湿温热的状态，因此风道成为最适宜病菌滋生繁衍的场所。空调滤芯是污染物和细菌的主要载体，如果汽车经常在灰尘较多的道路上行驶，被吸附在蒸发器叶片上的杂质和灰尘太多，空调滤芯就会过脏。污染物也会积聚在蒸发器的叶片上，成为霉菌和病菌生长的温床，这种情况下打开车用空调，在汽车内就会闻到一股发霉的味道。如果不对车用空调进行检查、保养和清洗，就会对人体产生有害的影响。

汽车空调中的加热或制冷装置包括暖风水箱和空调蒸发器，在通过蒸发器时，空气中的水蒸气会在蒸发器的表面遇冷而凝结成水珠。正常情况下，凝结的水会流到空调加热（制冷）装置的外壳底部，并且洗刷掉上面附着的灰尘，最后通过导管排放到车外。但是系统太脏可能会导致空调排水管堵塞，最后可能会产生车内积水或空调出风口喷水现象，所以需定期检查空调排水管。汽车冷凝器由迂回的蛇形管构成，该管与薄金属片刚性连接在一起。这样可获得较大的散热面积和更好的热传递效果。

在接通空调装置后，冷凝器由散热器风扇冷却，以保证制冷环路的正常工作。冷凝器一般安装在散热器的前方，这样可以提高冷凝器的效率。但汽车在行驶过程中无法避免会使冷凝器过脏而堵塞，尤其是在较恶劣环境中行驶。这样会导致冷凝器散热不良，空调系统高压压力升高，制冷能力下降，严重时空调会被切断，所以需定期清理冷凝器。

五、维护作业项目

驾驶员日常维护车辆驾驶员应在日常对空调进行必要的检查和维护，如滤尘网的清洗、皮带的张力调整、压缩机油面的检查等项目的维护，见表 4-2-1。

1. 维护要点

以检查、清洁为主。按照规范要求，对空调进行日常的开机前和开机后的检查和维护。

2. 新机保养

新车出厂后，上牌正式营运前的保养为新机保养。其目的是：排除因装车疏忽、装车不当、调整不当所留下的一切故障隐患。保养内容以新机保养说明书规定为准。以检测、紧固、调整为主。重点针对空调安装及客车厂质量控制的环节，并按照规范要求，对空调系统及相关的零件进行复检、维护。

3. 定程保养

客车空调使用一定时期或一定里程的保养。其目的是：排除空调系统因使用一定时期或一定里程后而产生的干、脏、松、缺、漏等所引起的一切故障隐患。定程保养为每年一次，在每年夏季空调使用前的春季进行，特殊情况在冬季关机开始进行。

4. 冬季保养

以检测、清洁、紧固、调整、补充、更换为主。按照规范要求，对空调系统及相关的零件进行维护。

5. 春季保养

以检测、清洁、紧固、调整、补充、更换为主。按照规范要求，对空调系统及相关的零件进行维护。

表 4-2-1　客车空调保养项目及保养方式一览表

序号	作业项目	保养方式		
		新机保养	定程保养 冬季（关机）保养 春季（开机）保养	特别保养
1	压缩机总成			分解、大修
1.1	压缩机	检测、紧固	清洁、检测、紧固	
1.2	轴封	检测	检测	
1.3	压缩机截止阀	检测	检测	
1.4	离合器总成	检测	清洁、检测	

续表

序号	作业项目	保养方式		
		新机保养	定程保养 冬季（关机）保养 春季（开机）保养	特别保养
2	压缩机、支架机构总成	检测、调整、紧固	检测、紧固	
3	传动皮带	检测、调整	检测、调整	
4	制冷管路	检测、紧固、调整、防护	检测、调整	
5	冷凝器、蒸发器总成	检测、紧固	检测	
5.1	壳体及保温层	检测	清洁、检测	
5.2	芯体	检测	清洁、检测	
5.3	蒸发风机、冷凝风机	检测	检测	分解、更换
5.4	压力保护装置	检测	检测	
5.5	滤尘网		检测、清洁	
5.6	储液罐	检测	检测	
5.7	膨胀阀	检测、紧固	检测、紧固	
5.8	视液镜、制冷剂、干燥过滤器	检测	检测	更换
5.9	截止阀	检测	检测	
6	排水管路	检测	检测	
7	电器系统			
7.1	线束及接插件	检测	检测	检测、更换
7.2	发电机	检测、紧固	清洁、检测、紧固	分解、大修
7.3	电容盒	检测	检测	检测、更换
7.4	电控盒／板	检测	检测	
7.5	继电器、保险	检测	检测	
7.6	温度、除霜传感器	检测	检测	
7.7	操纵器	检测	检测	
7.8	压力开关	检测	检测	
8	发动机怠速	检测	检测	
9	系统压力	检测	检测	
10	空调系统效能	检测	检测	
11	其他	检测	检测	

技能实训

空调维护保养

1. 安全要求及注意事项

（1）严禁赤脚或穿拖鞋、高跟鞋和裙子上课，留长发者要戴工作帽。

（2）进入车辆实训场地后，未经老师批准，不得动用实训车辆的各项设备。

（3）实训时，未经老师批准，不准进入车厢内，防止车辆意外起动造成重大事故。

（4）举升车辆前应确定支撑位置正确，支撑牢靠。

（5）车辆举升至指定高度后，确定锁止才可进入车辆底部。

（6）实训结束，降下车辆前，确保车底无人才可举升解锁。

（7）实训结束，整理、清洁工具和场地。

2. 设备/工具/耗材要求

（1）设备：公交客车整车一辆或客车空调台架、常用工具一套，压缩空气及管路。

（2）耗材：棉纱、润滑脂。

3. 空调皮带的检查与维护

客车空调压缩机、发电机动力来源于发动机，通过三角皮带连接进行动力传输，如图 4-2-14 所示，皮带本身的好坏与否、张力状态直接影响着空调的正常使用，因此对皮带状况的检查及维护非常重要，是每个驾驶员必须重视的工作之一。

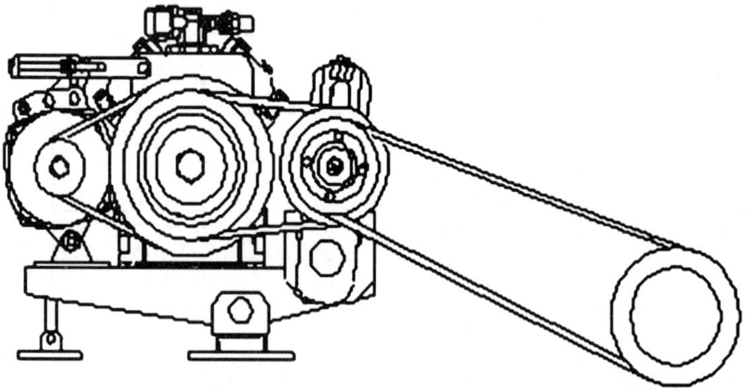

图 4-2-14　客车空调压缩机、发电机、发动机之间的皮带连接

4. 空调滤尘网的清洁维护

城市公交客车要按时清洗空调滤尘网，每周冲洗 1 ~ 2 次。

对于粉尘较大的地区，清洗的时间可根据实际情况自行缩短。在空调停用的季节，滤网至少一个月清洗一次。

5. 压缩机油量及轴封的检查与维护

大巴空调普遍采用的是活塞式压缩机，此种压缩机的轴部通过轴封的滑动密封面进行密封，轴封的密封性能和润滑都依靠冷冻油。因此，少量漏油（少量滴落）是正常的。在实际的使用过程中，驾驶员需要对压缩机进行必要的检查，一旦出现轴封不正常的漏油现象，应立即报修。

压缩机冷冻机油油量标准：

（1）压缩机磨合期为 250 h，在磨合期内渗油属于正常现象，不必担心，只有大量泄漏才需加油。

（2）从观察窗可以观察到压缩机冷冻油平面度：起动 10 ~ 15 min 后，实施油位检查。因为，实际上压缩机的安装位置不同（倾斜位置），所以最好还是通过两个玻璃视孔来检查油面，至少必须在一个玻璃视孔中可以看见油面（因运行时，有一部分油到顶置内，新车调试时应反复确认）。

（3）空调未运行时，其中一个压缩机油面高度建议不低于视液镜面的 1/3，如图 4-2-15 所示。

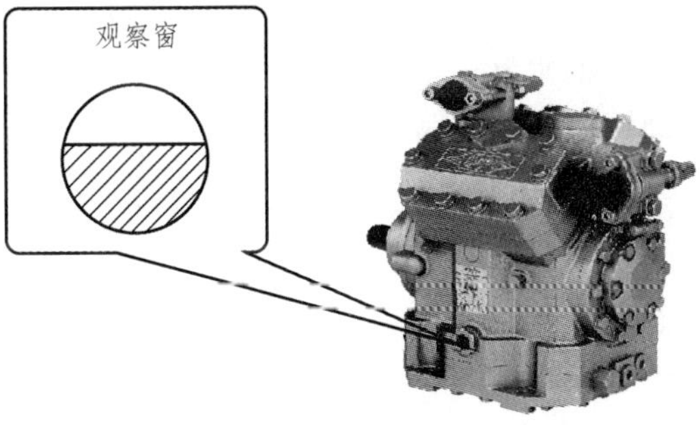

图 4-2-15　压缩机冷冻机油油量检查

6. 通过观察窗检查空调系统情况

空调在运行中出现制冷效果不好时，其中一个主要的原因是因为空调制冷剂不足造成的，通过观察窗的查看可以判断出制冷剂是否充足。

干燥过滤器在系统中起着过滤水分和杂质的作用，是有一定使用期限。失效的干燥器可能会造成系统堵塞，导致空调无法正常工作。通过观察窗的查看可以判断干燥过滤器是否失效。

因此，驾驶员必须通过观察窗对空调系统进行必要的检查。

检查制冷剂量是否足够：制冷剂不足，空调将出现制冷效果差或不制冷的现象。一般情况，只要接头紧固、密封良好，空调系统中的制冷剂不需要补加，如图 4-2-16 所示。空调作为一个密封的系统，制冷剂自然泄漏量非常小，基本可以忽略不计。

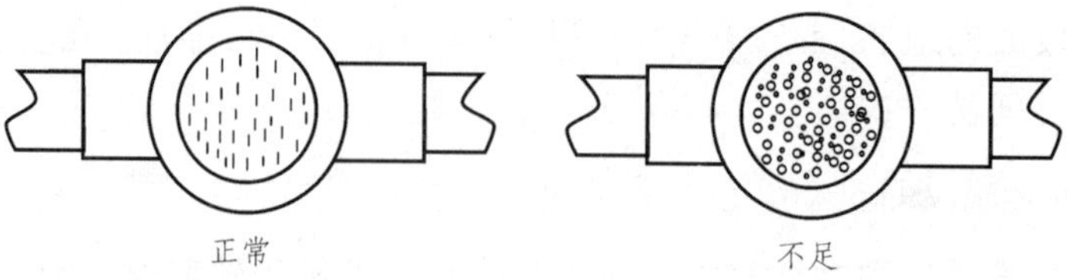

图 4-2-16　空调制冷剂观察

检查及判断方法：起动空调，从回流口处视液镜观察，怠速时，没有明显的气泡，但有时偶见气泡说明制冷剂适量；发动机转速在 1 500 r/min 时，液流中有明显的气泡，并且气泡持续流动，说明制冷剂不足。发现制冷剂量不足时，应向专业维修人员报修。

任务三　刮水器系统检查与补给

一、刮水器系统的作用

刮水器系统的作用是刮除风窗玻璃上的雨水、雪或灰尘，确保驾驶员有良好的视线。刮水器的驱动方式有真空式、气动式和电动式三种，目前城市公交客车上广泛使用的是电动式刮水器。电动刮水器，普遍具有高速、低速及间歇三个工作挡位，而且除了变速之外，还有自动回位的功能。

二、刮水器系统的结构与组成

（一）大客车刮水系统组成

大客车刮水器，也称之为雨刮系统，如图 4-3-1 所示，其基本结构是由电动机（见图 4-3-2）、传动机构（见图 4-3-3）和刮水片三部分组成。

图 4-3-1　大客车刮水器

图 4-3-2　刮水器电动机

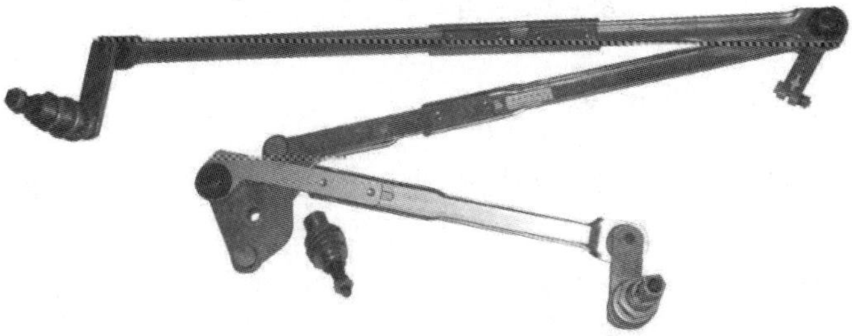

图 4-3-3　雨刮传动机构

如图 4-3-4 所示，刮水器工作是由电动机轴端的蜗杆驱动蜗轮，蜗轮带动摇臂旋转，摇臂使拉杆往复运动，从而带动安装在刷架上的刮水片左右摆动。

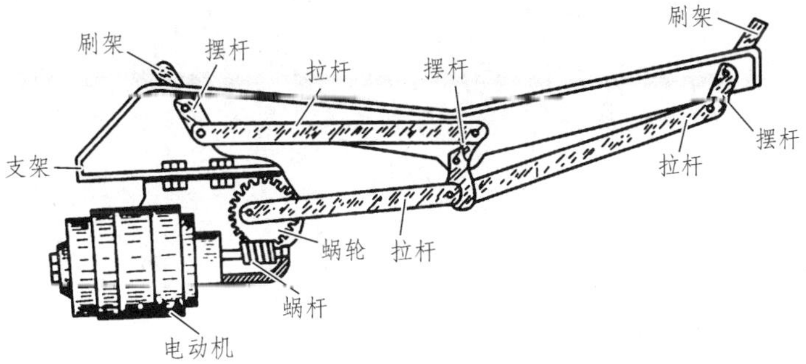

图 4-3-4　刮水器

（二）电动洗涤器

电动洗涤器的作用是在需要的情况下向风窗表面喷洒专用洗涤液或水，在刮水片配合工作下，保持风窗玻璃表面的清洁。电动洗涤器由储液罐、洗涤泵、软管、三通接头和喷嘴等组成，如图 4-3-5 所示。当按下控制开关时，电动机即带动洗涤液泵齿轮旋转，洗涤液以一定的压力经喷嘴喷到风窗玻璃的外表面上。

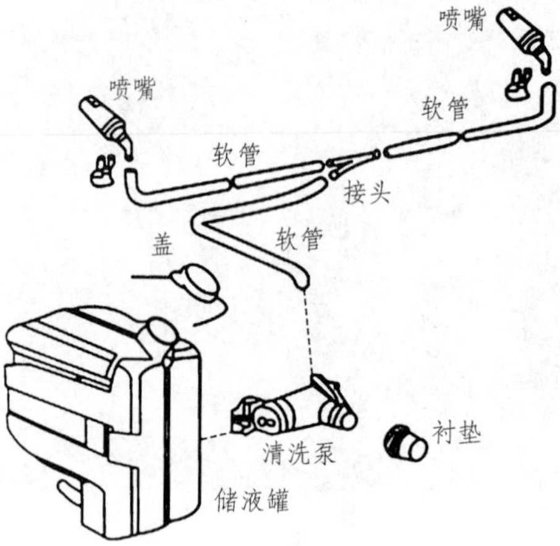

图 4-3-5　电动洗涤器的组成

（三）刮水器的控制开关

如图 4-3-6 所示，刮水控制开关装在组合开关右手边的操作杆上，控制刮水片的动作。

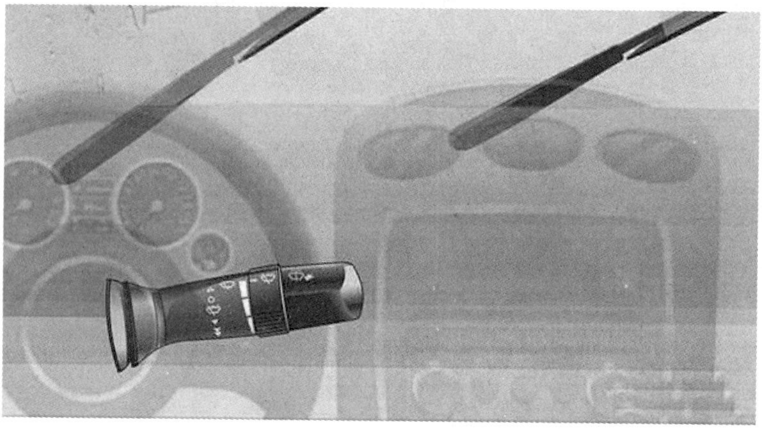

图 4-3-6　刮水控制开关

刮水电动机控制方式有以下几种挡位。

（1）OFF 挡：即停止挡，无论刮片运行到何种位置，当从别的挡位回到 OFF 挡时，电动机都会利用蜗轮上的导电盘缺口，始终停留在固定的位置。

（2）ON 挡：即慢挡，操作杆向上拨动一格，此时电机的低速线圈通电，电机低速旋转，用于下小雨时刮水。

（3）II 挡：即快挡，操作杆再次向上拨动，此时电动机的高速线圈通电，电动机高速旋转，用于下大雨时刮水。

（4）间歇挡：其利用间歇继电器完成，每隔几秒才刮一下，此挡用于下小雨时刮水。

（5）喷水挡：在刮水器处于停止状态时，操作杆向上方向抬一格，此时喷水电动机运转，喷出玻璃洗涤液，同时刮水电机低速旋转，当操作杆回位时，停止喷水，刮水电机停到固定位置。平时不用时，操作杆处于 OFF 位置。

技能实训

1. 安全要求及注意事项

（1）严禁赤脚或穿拖鞋、高跟鞋和裙子上课，留长发者要戴工作帽。

（2）进入车辆实训场地后，未经老师批准，不得动用实训车辆的各项设备。

（3）实训时，未经老师批准，不准进入车厢内，防止车辆意外起动造成重大事故。

（4）举升车辆前应确定支撑位置正确，支撑牢靠。

（5）车辆举升至指定高度后，确定锁止才可进入车辆底部。

（6）实训结束，降下车辆前，确保车底无人才可举升解锁。

（7）实训结束，整理、清洁工具和场地。

2. 设备/工具/耗材要求

（1）设备：大客车整车一辆、三件套，常用工具一套。

（2）耗材：备用雨刮片、洗涤液、润滑脂。

3. 洗涤液的检查与添加

（1）洗涤液的配制

玻璃洗涤液是一种不带磨蚀性物质，能迅速清除玻璃上污垢，令玻璃清透明亮的清洁用品。适用于一般汽车玻璃、有机玻璃及塑料窗，如风窗玻璃及天窗等。玻璃洗涤液的俗称是玻璃水。一般来说，我国汽车用品零售市场上的玻璃洗涤液可分三种：一种夏季常用的，一种专为冬季使用的防冻型玻璃洗涤液，一种是特效防冻型。通常情况下，驾驶员可自己配制玻璃洗涤液。通常的配方是用硬度不超过 205pm（百万分率）的清水加上家用洗涤液，两者按 20：1 的比例混合。

在实训教师的指导下完成洗涤液的配制。

（2）洗涤液的检查

在实训教师的带领下，对照仪表板检查洗涤液状态。部分车辆可以通过显示标志来观察洗涤液的量是否足够。

大部分客车可直接观察洗涤液储存罐，如图 4-3-7 所示。一般情况下洗涤液储存罐都是透明的，可以直接观察到洗涤液剩余量的多少。

图 4-3-7　客车洗涤液储存罐

（3）洗涤液的添加

如果仪表板上的洗涤液警告灯点亮，或是驾驶员在做日常维护过程中发现储存罐中的洗涤液不足，应打开储存罐的加液口，将配制好的洗涤液添加到罐中，然后拧紧加液口。

4. 刮水片的更换

（1）判断刮水片的性能

如果出现以下情况之一，说明刮水片的性能下降，需要及时更换刮水片。

① 正常情况下，打开刮水器，刮水过后在前挡风玻璃上出现了明显的水迹粗痕，部分区域清楚，部分区域模糊，甚至出现条纹状的痕迹。

② 在打开刮水器工作时，刮水片与风窗玻璃间摩擦引起异响。

③ 通过观察发现刮水片明显老化、变形，开裂。

（2）刮水片的使用周期

刮水片的使用频率是相当高的，尤其在南方多雨的地区，刮水片每年的刮刷次数都会上万甚至几十万次；另一方面，刮水片的工作环境是相当恶劣的，要面临高温曝晒、寒冬冰冷沙尘、酸雨腐蚀及风蚀等。因此，刮水片的工作寿命也是非常有限的。

建议刮水片的更换最好一年一次。

（3）刮水片的更换

① 首先是确定车辆使用的是哪种规格的刮水片，通常的方法是参考随车手册，查看该车注明的刮水片型号。

② 注意支杆连接至刮水摇臂的方式是否匹配，因为有的支臂是用螺丝固定到摇臂上，安装时要注意。

③ 将刮水片拉起来，用手指在清洁后的橡胶刮水片上触摸，检查是否有损坏，以

及橡胶叶片的弹性状况。若叶片老化、硬化、出现裂纹，则此刮水片不合格，需更换，如图 4-3-8 所示。

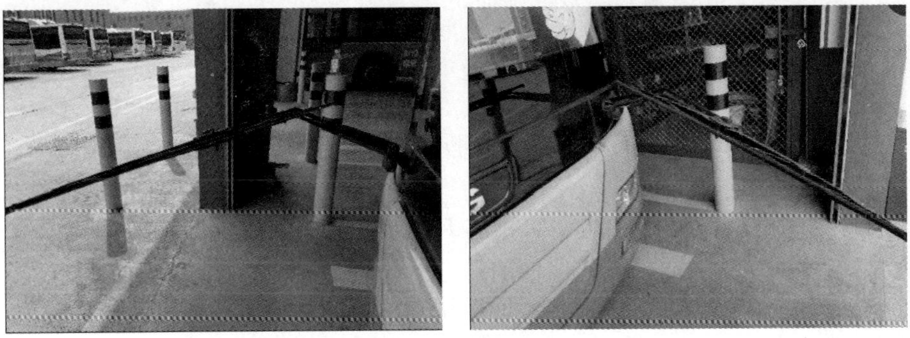

图 4-3-8　检查刮水片

④ 在试验时，将刮水开关置于各种速度位置处，检查不同速度下刮水是否保持一定速度。特别是在间断工作状态下，还要留意刮水片在运动时是否保持恒定速度。

⑤ 检查刮水状态，以及刮水支杆是否存在摆动不均匀或漏刮的现象。如果出现以下三种情况，说明此刮水片不合格：一是摆幅不顺、雨刷不正常跳动；二是橡胶之接触面与玻璃面无法完全贴合而产生擦拭残留；三是擦拭后玻璃面呈现水膜状态，玻璃上产生细小条纹、雾及线状残留。出现以上三种情况的任何一种都需要更换刮水片。

课后练习

一、填空题

1. 照明设备主要用于______、______、______、_____及夜间检修等。
2. 汽车照明灯根据安装位置和用途不同，一般可分为：______、________。
3 ____灯在有雾下雪暴雨或尘埃弥漫等情况下用来改善道路的照明情况。
4. 尾灯装在汽车的尾部，夜间行驶时，用来__________________。
5. 汽车仪表与报警装置由________________、_________等组成。
6. 汽车空调系统是实现对车厢内空气进行_____、______、______和_____的装置。
7. 汽车空调按驱动方式分为______和______。
8. 汽车空调制冷系统由______、______、______、______、______等组成，
9. _________的作用主要是为车内提供暖气及风窗除霜并调节空气。
10. 大客车空调常用的压缩机有两种：________和_________。

11. 大客车刮水器其基本结构是由_____、_____和_____三部分组成。
12. 电动洗涤器由_____、_____、_____、_____和_____等组成。

二、选择题

1. 下列关于汽车照明系统的叙述不正确的是（　　）。
A. 前照灯的光源是灯泡
B. 充气灯泡采用钨丝作灯丝，灯泡内充以氩和氮的混合惰性气体
C. 反射镜可使光线向较宽的路面散射
D. 配光镜也称散光玻璃，由透明玻璃压制而成，是透镜和棱镜的组合体
2. 转向信号灯的最佳闪光频率应为（　　）次/min。
A. 40 ~ 60　　B. 70 ~ 90　　C. 100 ~ 120　　D. 20 ~ 40
3. 制动灯要求其灯光在夜间能明显指示（　　）m 以外。
A. 30　　B. 60　　C. 100　　D. 50
4. 倒车灯的灯光颜色为（　　）色。
A. 红　　B. 黄　　C. 白　　D. 橙
5. 有关某车单侧前照灯近光不亮故障检修不正确的是（　　）。
A. 检查灯光开关大灯位是否接触良好
B. 检查相应熔丝是否损坏
C. 用万用表检测供电及搭铁电路是否良好
D. 观察改侧灯泡灯丝是否烧断
6. 制动灯的灯光颜色应为（　　）色。
A. 红　　B. 黄　　C. 白　　D. 橙
7. 空调制冷系统工作时，膨胀阀前后管道应（　　）。
A. 前冷后热　　B. 前热后冷　　C. 前后一致　　D. 以上都不是
8. 汽车空调检测合格出风口温度范围应为（　　）°C。
A. 0 ~ 4　　B. 4 ~ 10　　C. 10 ~ 15　　D. 15 ~ 20
9. 空调压缩机电磁离合器的间隙一般为（　　）mm。
A. 0.1 ~ 0.3　　B. 0.3 ~ 0.5　　C. 0.5 ~ 1.0　　D. 1.0 ~ 1.5
10. 引起制冷系统发生异响的原因主要发生在。
A. 压缩机　　B. 冷凝器　　C. 低压开关　　D. 蒸发器
11. 空调系统中蒸发器的作用是（　　）。
A. 控制制冷剂流量
B. 其中的制冷剂吸收车厢中的热量
C. 将制冷剂携带的热量散发至大气中
D. 以上都不是

12. 空调系统中冷凝器的作用是（　　）。

A. 控制制冷剂流量

B. 其中的制冷剂吸收车厢中的热量

C. 将制冷剂携带的热量散发至大气中

D. 以上都不是

13. 汽车空调系统中储液干燥器的作用是（　　）。

A. 储液　　B. 吸湿　　C. 过虑杂质　　D. 以上都是

三、判断题

1. 汽车会车时应采用远光灯，无对面来车时采用近光灯。（　　）

2. 前照灯应使驾驶员能看清车前 100 m 或更远距离以外路面上的任何障碍物。（　　）

3. 在调整光束位置是，对具有双丝灯的前照灯，应该以调整近光光束为主。（　　）

4. 牌照灯属于信号及标志用的工具。（　　）

5. 汽车上除照明灯外，还有用以指示其他车辆或行人的灯光信号标志，这些灯称号为信号灯。（　　）

四、简答题

1. 简述刮水器的工作原理。

2. 简述电动洗涤器的作用。

3. 简述空调系统产生异响故障的原因及排除方法。

4. 简述空调系统各级维护要点。

项目五

城市公交车辆常见故障及应急处置

知识目标

（1）掌握城市公交车辆 CNG 发动机常见故障的检测。
（2）掌握城市公交车辆底盘各系统常见故障的检测。
（3）掌握城市公交车辆电气部分常见故障的检测。
（4）能够对城市公交车辆常见故障进行思路分析。
（5）能够对城市公交车辆的常见故障进行应急处理。

技能目标

（1）会用故障分析树对常见故障进行分析，指出相关故障部件。
（2）会使用简单工具对简易故障进行处理。
（3）能对城市公交车辆各总成部件进行故障分析并排除。
（4）会用专用工具设备或软件对城市公交车辆进行故障分析。

任务一　城市公交车辆 CNG 发动机常见故障处理

城市公交车辆在行驶途中常遇到一些偶发性的故障，驾驶员或者是驻站维修人员可以通过故障现象的细化来缩小可能涉及故障零部件范围，在保证运营安全的前提下进行临时处理，而具体零部件排除方法及排除步骤则由维修人员进一步处理。

常见故障处理思路。如图 5-1-1 所示。

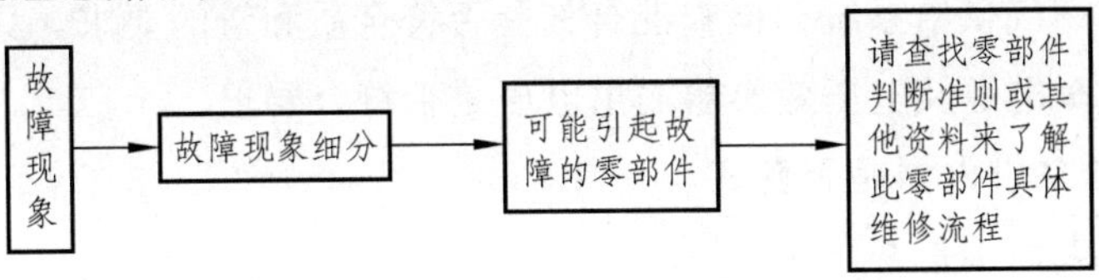

图 5-1-1　故障分析处理思路导图

一、城市公交车辆 CNG 发动机无法起动

（一）故障分析

CNG 发动机无法起动故障分析思路导图，如图 5-1-2 所示。

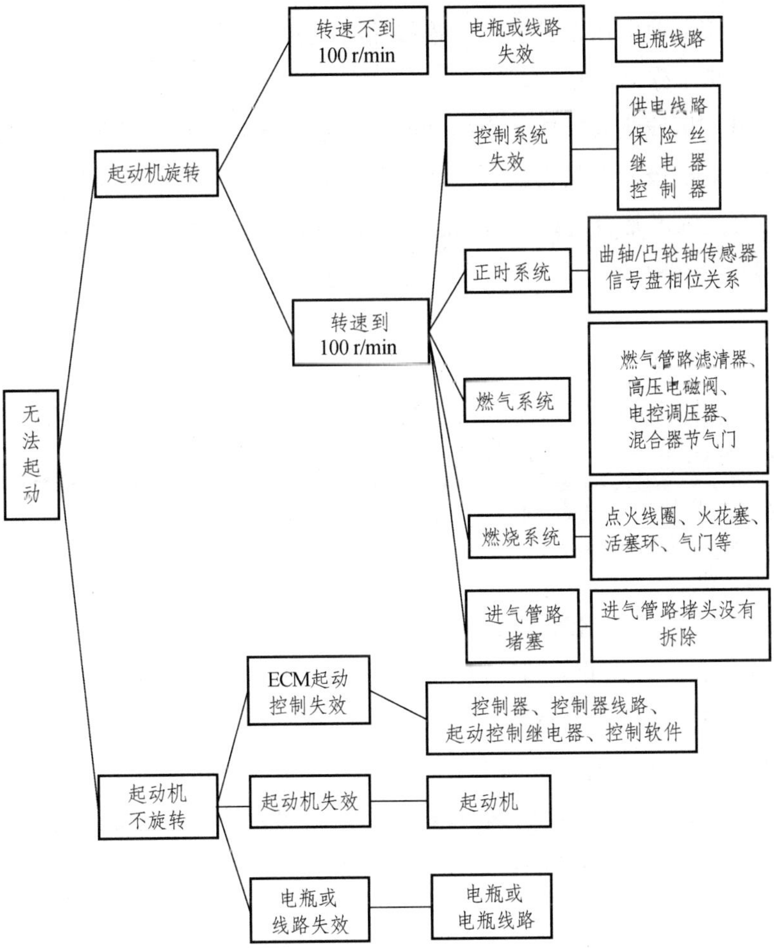

图 5-1-2　CNG 发动机无法起动故障分析思路导图

（二）检查部位及步骤

出现该故障，首先应检查电源（+12 V）供给系统、点火系统、起动系统是否工作正常，然后检查燃气供给系统，检查混合气是否符合质和量的要求。具体步骤如下：

（1）检查整车电源及电压变换器输出电压是否符合要求。

（2）检查 12 V 继电器是否良好。

（3）检查线束插接是否可靠。

（4）检查曲轴位置传感器是否良好。

（5）检查 ECU 是否工作正常。

（6）检查钢瓶是否有天然气。

（7）天然气管路是否畅通，阀门是否开启。

（8）空气滤清器是否良好，进气管路是否畅通。

（9）燃气装置是否有故障，ECU 电源打开后，减压器电磁阀应有“哒哒”响声。

（10）检查蓄电池电压是否过低、连接是否正常。

（11）起动机工作是否正常。

（12）检查高压线跳火性能，应出现较强蓝色长火焰，检查高压线是否漏电。

（13）火花塞电极间隙是否正常，有无积炭。

（14）混合气浓度是否过稀，调整怠速调整螺钉，顺时针加浓，反时针变稀，或取一张混合器膜片铜垫片。

（三）维修建议

在发动机本体（活塞、气门）无故障的情况下，电控发动机出现无法起动的原因大致可分为燃气路故障、电路故障、正时系统故障。当燃气路、电路、正时系统发生故障时也能导致发动机无法起动。

1. 供电方面

电路是否失效的几种判断方法：

（1）点火钥匙旋转到 ON 挡，拔开水温传感器或进气压力温度传感器，在线束端测量是否有 5 V 参考电压，若有则代表控制器正常上电。

（2）故障诊断仪是否能够正常连接，若能则代表控制器正常上电。

（3）点火钥匙旋转到 ON 挡，若故障灯自检则代表控制器正常上电。

若电路失效直接对控制器的供电线路进行测试，图 5-1-3 所示为发动机 ECU 上电基本线路。

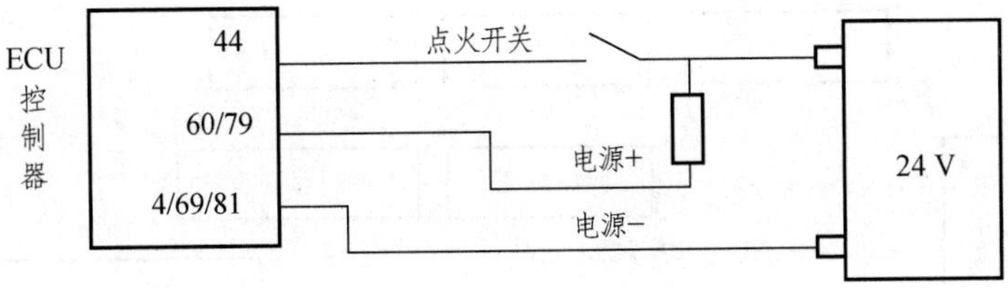

图 5-1-3　发动机 ECU 上电基本线路图

2. 正时系统

正时是否失效可以通过诊断仪来观察起动过程中是否有发动机转速信号判断。而转速信号又可以通过诊断仪中的发动机转速能否达到 100 r/min 及发动机转动声音来综合判断。

但是当发动机监测到起动转速大于 100 r/min 时（若为双传感器还需分别使用单曲轴传感器以及单凸轮轴传感器进行测试），也不能判定正时肯定正常，当其他检查项目都进行完毕并找不到故障点时，就需要通过盘车人工来确认正时相位是否符合要求。

3. 燃气系统

燃气系统是否失效可通过起动过程观察诊断仪界面中的电控调压器出口实际压力是否能够到达电控调压器出口目标压力来予以判断，若实际值不能到达目标值附近，则认为电控调压器或调控调压器之前气路有问题。

若起动过程电控调压器出口实际压力能够达到目标压力，则需继续检查混合器、节气门是否出现了故障。

4. 燃烧系统

燃烧系统重点检查点火部分，是否失效可通过起动过程外挂火花塞观察是否跳火予以判断。活塞、活塞环、气门故障表现为气缸压力不足，可通过检测气缸压力予以判断。

5. 进气方面

进气管路是否严重堵塞可通过观察发动机起动时诊断软件显示的增压压力是否为负压（小于环境压力）予以判断。若增压压力严重低于环境压力，则认为进气管理严重堵塞，影响起动。

二、城市公交车辆 CNG 发动机功率不足

（一）故障分析

CNG 发动机功率不足故障分析思路导图，如图 5-1-4 所示。

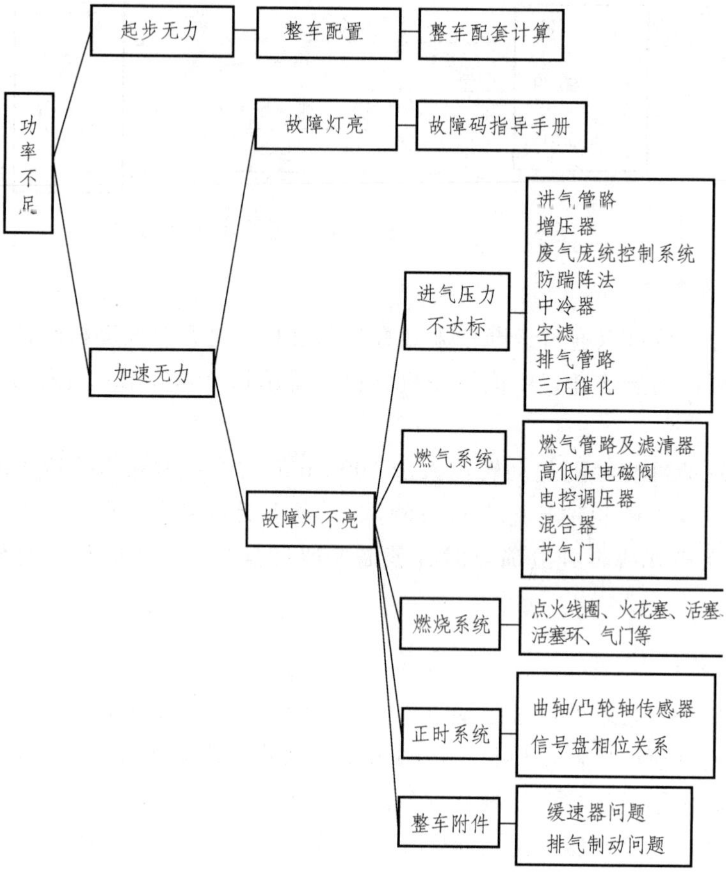

图 5-1-4　CNG 发动机功率不足故障分析思路导图

（二）检修方法

首先要按汽油发动机的检查方法检查一下发动机的工作情况，进行断缸试验，看是否个别缸不工作或工作不好，每缸做比较。有无气缸漏气现象，气门间隙是否正常。在确定上述部位没有故障后，判定故障可能发生在燃气装置上。

故障排除方法：

（1）天然气动力阀间隙太小，天然气流量不够，混合气过稀。调整方法：松开动力阀锁紧螺栓，当发动机达到最高转速时，再调整动力阀调整螺栓，然后锁紧。国Ⅲ机的动力阀装在减压器出气口，R（－）方向为小，L（+）方向为大。

（2）未按发动机排量正确调整减压阀低压端压力，使高速时天然气供气不足；调整方法：当天然气汽车怠速运转时，松开减压阀旁通阀螺栓，反之，气量减小。

（3）混合器皮膜破损，不能形成合理的空燃比，更换皮膜。

（4）二级阀片行程过小。

（5）减压器电磁阀阀芯、阀孔破损，进气量不够，则更换电磁阀。

（6）空气滤清器是否良好，进气管路是否畅通。

（7）增压系统是否有漏气，检查排气管垫、增压器接口、中冷器、混合器、进气管及各连接硅胶管，增压器有无损坏（国Ⅲ机）。

（8）检查压力平衡管是否漏气或破损。

（9）检查燃气步进电机及减压器出气口到混合器之间的管路。

（10）检查天然气过滤器滤网有无堵塞。

（11）中冷增压连接部分、中冷器有无漏气、堵塞。

（12）绝对压力传感器是否损坏。

（13）三元催化器是否有堵塞排气筒现象。

（14）燃气步进电机损坏或退回不到位。

三、维修建议

造成功率不足的原因很多，若能够排除是整车配置的原因，一般情况下发动机都是处于故障状态，这时故障码的信息就非常重要，务必首先按照《故障码指导手册》排除能够造成发动机功率下降的故障码，之后再按照故障灯不亮的建议来进行排除。

需要注意的是不要忽视整车附件对动力输出的影响，特别是缓速器、排气制动，它们很有可能发生故障或者被误操作。

1. 进气方面

对于国三增压发动机来说，进气压力对发动机动力性影响巨大。进气压力是否达标可以通过诊断软件中 TIP（节气门前压力）参数在空车最高转速时是否能够达到峰值 19 psia 来初步判断（不同机型会有所不同，需自己留意下正常车的数值）。若相差很远则必定不达标，若能达到也仍需要进一步路试来判断。

2. 燃气系统

燃气系统气路是否失效可通过自由加速以及跟车过程观察诊断仪界面中的电控调压器出口实际压力是否能够跟随电控调压器出口目标压力来判断，若实际值长时间偏离目标值，则认为电控调压器或调控调压器之前气路有问题。注意在收油门时由于管路形成真空，此时电控调压器实际压力会低于目标压力。若起动过程电控调压器出口实际压力能够达到目标压力，则需继续检查混合器、节气门。

3. 燃烧系统

可通过断缸测试观察转速、MAP 值、点火提前角的变化判断各气缸工作情况，若断开其中一缸，上述参数无变化或变化微弱，则说明此缸工作不良。

点火部分对性能的影响非常大，建议优先拆检。正常情况下，热车怠速时的 MAP 值一般为 3.5 ~ 6 psia，若此值过大且各缸工作一致 ，则可能为气门间隙过小。

4. 正时系统

对于电控发动机，正时系统直接控制点火提前角，如果点火提前角不能够精确控制，出现偏早或偏晚的现象，则会影响发动机性能。

正时是否异常可通过诊断软件的点火提前角予以判断，怠速时点火提前角应为正值。但是当诊断软件显示提前角为正值时，也不能判定正时肯定正常，当其他检查项目都进行完毕并找不到故障点时，就需要通过盘车人工来确认正时相位是否符合要求。

四、城市公交车辆 CNG 发动机发抖

（一）故障分析

CNG 发动机发抖故障分析思路导图，如图 5-1-5 所示。

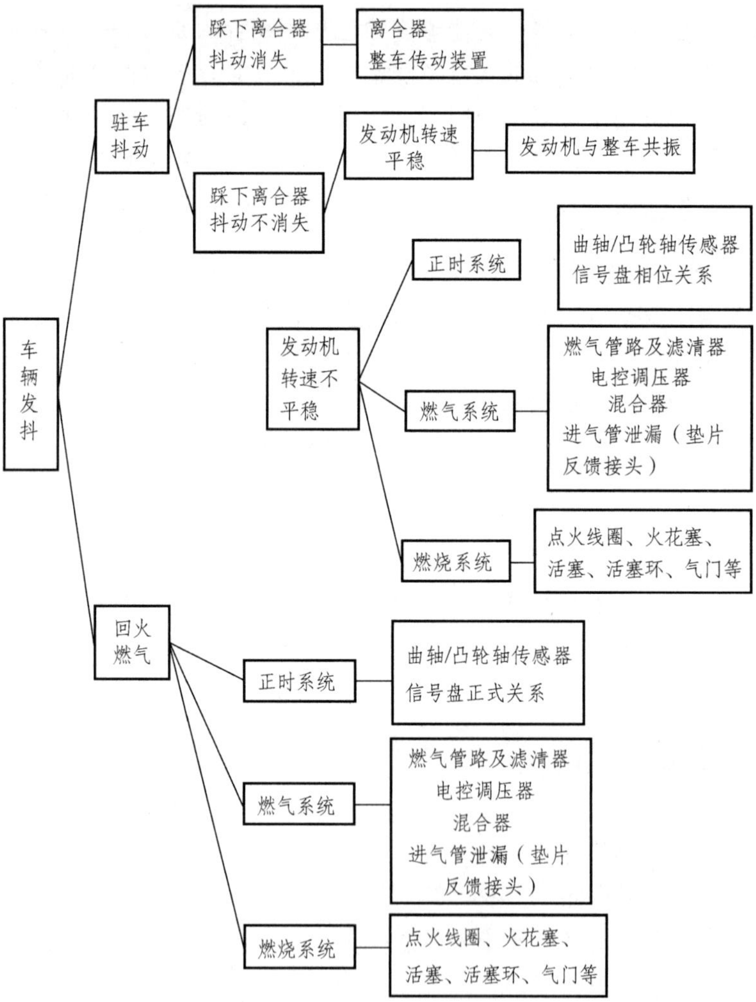

图 5-1-5 城市公交车辆 CNG 发动机发抖故障分析思路导图

（二）维修建议

驻车情况下，发动机转速是否平稳可以通过诊断仪中的发动机转速是否波动过大（一般不超过 ± 10 转）判断，若转速平稳但仍旧整车抖动，则基本属于发动机与整车共振造成，若怠速时抖动可以通过调整发动机机脚垫来缓解振动。

1. 燃气系统

燃气系统气路是否失效可通过自由加速以及跟车过程观察诊断仪界面中的电控调压器出口实际压力是否能够跟随电控调压器出口目标压力来判断，若实际值长时间偏离目标值，则认为电控调压器或调控调压器之前气路有问题。注意在收油门时由于管路形成真空，此时电控调压器实际压力会低于目标压力。

若自由加速以及跟车过程电控调压器出口实际压力均能够跟随目标压力，则气路需继续检查混合器、测试节气门。

2. 燃烧系统

可通过断缸测试观察转速、MAP 值、点火提前角的变化判断各气缸工作情况，若断开其中一缸，上述参数无变化或变化微弱，则说明此气缸工作不良。

点火部分对性能的影响非常大，建议优先拆检。正常情况下，热车怠速时的 MAP 值一般为 3.5 ~ 6 psia，若此值过大且各缸工作一致 ，则可能为气门间隙过小。

3. 正时系统

正时是否异常可通过诊断软件的点火提前角予以判断，怠速时点火提前角应为正值。但是当诊断软件显示提前角为正值时，也不能判定正时肯定正常，当其他检查项目都进行完毕并找不到故障点时，就需要通过盘车人工来确认正时相位是否符合要求。

五、城市公交车辆 CNG 发动机常见故障案例简易处理

（1）天然气气路正常，缸线跳火不强，发动机无法起动，如何处理？

用万用表检测 12 V 电压正常，发动机起动时检测电压，电压降至 8 ~ 9 V。此故障一般出在以下情况：

① 电瓶承储电量不够；

② 电源变换器内部某个元件接触不良，导致电压下降；

③ 发动机上某个传感器部件内部短路，导致电压下降，如氧传感器、节气门位置传感器、温度传感器等传感器插头拔掉，起动正常。

故障件更换后问题排除。

（2）正常行驶中发动机突然熄火，需间隔几十秒甚至几分钟才可起动，行驶一段时间又出现类似现象，如何处理？

此故障一般出在以下情况：

① 电源变换器内部元件发热断路；

② 12 V 继电器发热接触不良；

③ 曲轴位置传感器发热失效；

④ 电磁阀线圈发热失效；

⑤ ECU 内部发热也可能出现此现象（这种情况很少）。

故障件更换后问题排除。

（3）发动机正常运行，出现熄火后无法起动现象，如何处理？

经检查供气正常，所有电控系统部件（包括 ECU、信号传感器、点火线圈等）均完好，但缸线不跳火，起动前测量 ECU、转速信号传感器、点火线圈输入电压正常，起动时测量电控系统电压由 12 V 降至 2 V 左右，从电瓶直接拉一组电源线到 ECU，故障现象相同。

经检查系整车电源供给系统故障，搭铁不良造成，重新连接后，故障排除。

（4）发动机出现热车不易起动现象，如何处理？

当发动机熄火后，马上起动出现起动困难，这时要检查一下发动机配气系统、点火系统是否有存在故障，若无再检查下面几项：

① 混合器阀芯是否有卡滞现象，使混合气过浓；

② 减压器输出压力是否过高，超出正常值；

③ 空气滤清器是否堵塞，导致进气不足；

④ 减压器循环水管路是否被堵，使减压器出现冰堵现象；

⑤ 电控插头是否有接触不良。上述问题排除后，故障解决。

（5）运行中的发动机自动熄火后，无法起动，如何处理？

经检查，供气系统和电控系统均完好，发动机有气有火，取掉进气管道后，发动机正常起动。无法起动原因为进气管内被吸入塑料布将进气管道部分堵塞，致使进气阻力偏大（应不大于 2.45 kPa），混合气过浓。此类故障，在新车制造和发动机维修后也有出现过。

（6）发动机有气有火，但发动机无法起动，如何处理？

取掉进气管道后，发动机仍无法起动，排除供气系统和电控系统的故障后，把整车排气管取掉，发动机起动正常。原因为排气管在制造和维修过程中，排气阻力偏大（应不大于 15 kPa）。此类故障，在新车制造和维修发动机后也有出现过。

（7）电控、点火、供气系统工作正常，但发动机起动困难或无法起动，如何处理？

首先检查，发动机是否有气有火，排除电控系统的故障后，重点检查空燃比浓度，先取掉中低压减压阀致混合器胶管，放完胶管内天然气，重新装好后起动，能正常起动，然后更换混合器阀芯后，故障排除。原因为混合气过稀，更换阀芯后，空燃比正常。

（8）电控、点火、供气系统正常，但发动机启动困难或无法起动，如何处理？

重点检查空燃比浓度，调整混合器上的怠速调整螺钉，顺时针加浓，反时针变稀。

若故障仍不能排除，如空燃比过浓，则在混合器阀芯上加一张铜垫片，反之则减一张铜垫片。

（9）电控、点火、供气系统正常，但发动机起动困难或无法起动，如何处理？

重点检查空燃比浓度，中低压减压阀出口压力最高可达 80 kPa 左右，如过高，则空燃比过浓，通过调整中低压减压阀背面的螺钉，逆时针为出口压力调低，顺时针为调高，如调整后仍不能排除故障，则需更换中低压减压阀。

（10）发动机无法起动，没有着火迹象，无法起动，如何处理？

检查电路、气路都正常，人为乱缸，没有着火迹象，调整混合气浓度，加浓和变稀，没有反应，更换混合器，故障排除。原因：混合气太稀。

（11）发动机在行驶中出现断电现象，如何处理？

检查气路正常，电源正常，线束没有问题，更换曲轴位置信号传感器后，故障排除。原因：传感器瞬间出现断电或短路现象。

（12）发动机可起动、怠速正常，但加速至 32 000 r/min 时，转速下降、逐步降至为 0、空挡易熄火、熄火后重起、无法起动，如何处理？

继电器型号不正确造成。正确型号为 DC 12 V/40 A。更换后，故障排除。

（13）发动机突然熄火，无法起动，等 10 min 左右，又能起动，如何处理？

检查电磁阀未打开，减压器上电磁阀打不开的原因有几点：

① 电源未接通或电磁阀搭铁不好，也可能是电压过低，起动时压降过大，起动时检查电瓶电压，电源变换器输出电压是否有 12V；

② 电磁线圈故障，使开启功率不足；

③ 阀芯通气孔被堵，阀芯和阀座的配合间隙太小，阀芯不能自由滑动；

④ 阀芯 O 形圈或橡胶垫损坏。

更换、修复后，故障排除。

（14）发动机怠速不稳，忽高忽低，有时转速下不来，如何处理？

检查节气门初始位置，调节气门初始位置至规定值，故障排除。

（15）怠速不稳，用机械控制怠速，仍不稳定，换混合器，故障仍没有排除，如何处理？

换低压减压器后，故障排除。

（16）怠速不稳定、怠速步进电机自动控制，踩油门加速至 2 000 r/min，松油门怠速回不到 650 r/min，转速约 1 200 r/min 时，如何处理？

检查燃气供给系统、点火系统、怠速步进电机控制是否正常。若正常，进行调试：点火锁钥匙打开，12 V 电源供给 ECU，不起动发动机，节气门位置显示值调至 3C ~ 3F（调节怠速螺钉）（有条件时用诊断软件监控）怠速调到 650 r/min，加速后，怠速回到 650 r/min，发动机怠速稳定，故障排除。

（17）发动机正常运行过程中，出现自动熄火故障如何处理？

有时在加油或油门未动、无论冷车和热车的工况下，发动机无规律地出现自动熄火，此时需重新回一次钥匙再起动，发动机工作正常。经检查，供气系统和电控系统均完好，后从电瓶直接拉一组电源线到电源变换器，单独提供给 ECU 后，故障排除。原因：整车电源供给系统出现故障，造成发动机在运行中熄火。

（18）发动机运行中挂空挡，转速很快下降，出现自动熄火故障如何处理？

更换中低压减压器总成后，重新起动，发动机工作正常。故障排除。原因：因急丢油门，中低压减压器反馈速度较慢，致使空燃比急剧变稀，转速很快下降，出现自动熄火。

（19）发动机空车转速到不了 3 200 r/min，如何处理？

检查电路正常，此现象多为气路故障问题，供气量不够，去掉电磁阀阀芯后，转速能上 3 200 r/min，换电磁阀，故障排除。原因：电磁阀升程不够造成，供气量不足。

（20）点火、供气系统正常，但发动机无力，如何处理？

检查发现步进电机驱动模块未插接到位，重新插接后故障排除。步进电机驱动模块对燃气步进电机进气量调控，若步进电机处于关闭状态，燃气供给量不够，从而导致发动机功率不足。

（21）电控、点火系统正常，发动机无力，加大油门，无高速，如何处理？

天然气不锈钢管出气口内径变小，致使发动机无力。重点检查天然气供给管路是否堵塞，拆卸供气管道时发现，天然气不锈钢管在切割时内孔存在飞边，致使内径变小，造成供气量不足，扩孔后故障排除。

（22）发动机动力不足，小负荷可以，大负荷不行，如何处理？

检查绝对压力传感器，国Ⅲ机此传感器作用大，燃气步进电机根据压力信号和转速信号工作。

（23）发动机气耗高，动力又差，如何处理？

用断缸法检查每缸的工作情况，发现有一缸或两缸没有工作。替换法排除问题，要么是线圈问题，要么是高压线问题，或是 ECU 问题。更换故障件后，故障排除。

（24）发动机动力不足，跑不起，如何处理？

检查发现点火线圈连线接插件少装，或没有安装到位、发动机工作时接插件抖动脱落，造成发动机工作不良，动力不足。另外也发现有减压器连接胶管抱箍松脱、引起动力不足、压力平衡管连接螺帽处松动、中冷器胶管抱箍松脱、中冷器密封不严、有漏气现象，致使发动机动力不足。

（25）发动机耗气量高，同时不好起动，如何处理？

在混合器阀芯上加一张铜垫片时，空燃比变稀，反之减一张垫片，空燃比变浓。如加一张垫片后，发动机无法起动，则减一张垫片。原因：空燃比过浓或过稀，均可能造成不好起动、耗气量高。

（26）发动机气耗高，动力又差，如何处理？

断缸检查每缸的工作，发现有一缸或两缸没有工作。替换法排除问题，要么是线圈问题，要么是高压线问题，或是 ECU 问题。更换故障件后，故障排除。

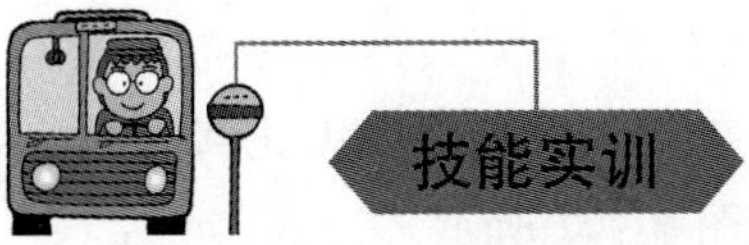

城市公交车辆 CNG 发动常见故障的排除

1. 安全要求及注意事项

（1）严禁赤脚或穿拖鞋、高跟鞋和裙子上课，留长发者要戴工作帽。

（2）进入车辆实训场地后，未经老师批准，不得动用实训车辆的各项设备。

（3）实训时，未经老师批准，不准进入车厢内，防止车辆意外起动造成重大事故。

（4）发动机运行时，严禁将手伸入发动机舱内。

（5）进气道及三元催化器清洗实训过程中必须严禁烟火，并在实训区域内配有灭火器。

2. 设备/工具/耗材要求

（1）设备：CNG 公交车整车一台，常用工具一套，检修专用软件一套或专用设备一套。

（2）耗材：清洁棉纱，备用火花塞等。

3. 针对实训车辆设置故障

故障 1：发动机抖动严重，伴随无力故障。

（1）故障现象：发动机抖动严重，伴随无力。

（2）故障检查：连接诊断仪，先读取故障码，无当前故障码与历史故障码，使用诊断仪监测发动机转速，波动较大，有将近 40 转左右的波动，于是做断缸测试，测试显示如图 5-1-6 所示。

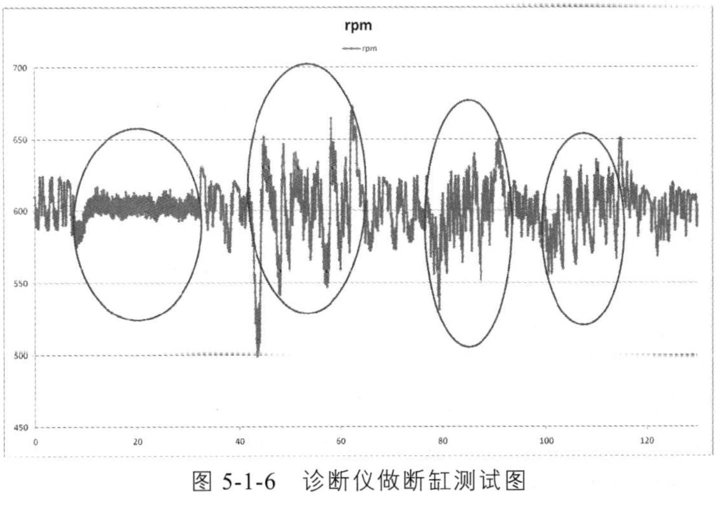

图 5-1-6　诊断仪做断缸测试图

由断缸测试可以很明显的看出来1缸有问题。

通过外挂火花塞跳火测试以及与正常工作的缸互换点火线圈、火花塞后确认为点火线圈失效导致，更换1缸点火线圈后断缸测试如图5-1-7所示。

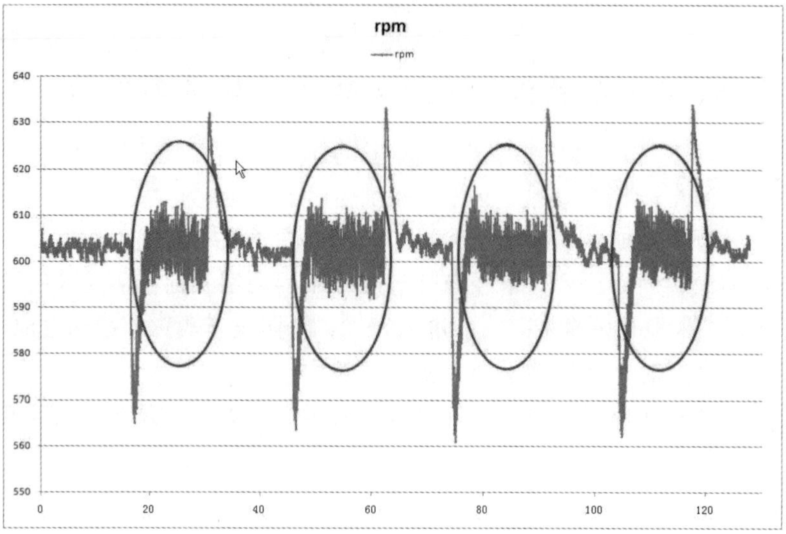

图 5-1-7　更换 1 缸点火线圈后断缸测试图

故障2：发动机转速不稳。

（1）故障现象：发动机转速不稳。

（2）故障检查：连接诊断软件后采集转速波动数据如图5-1-8所示。

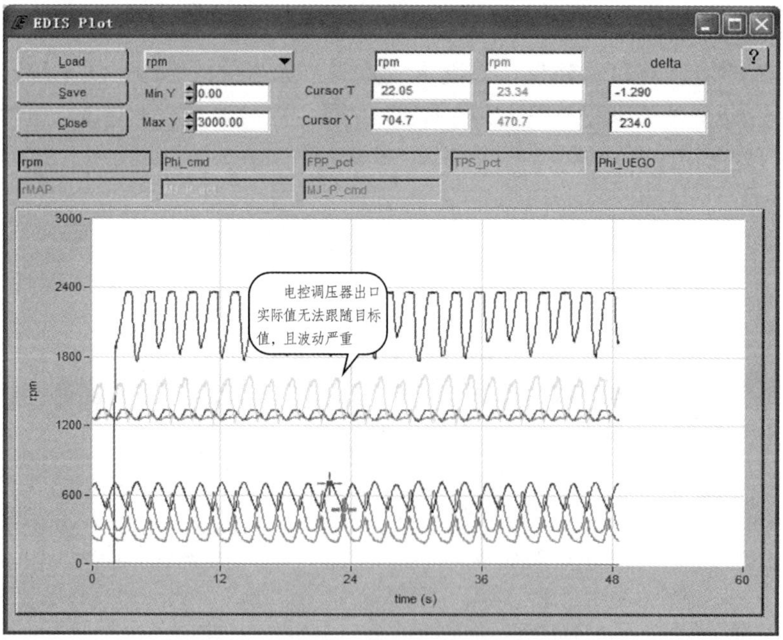

图 5-1-8　诊断仪采集转速波动数据图

从数据上看电控调压器出口压力实际值无法跟随目标值，且波动严重，分析为电控调压器或调控调压器之前气路的问题。涉及的零部件有：燃气管路及滤清器、高低压电磁阀、电控调压器，抽掉电磁阀阀芯后通过断开气瓶出气口管路往电控调压器进气口方向吹气，确认通气顺畅，可判断为电控调压器失效，更换后故障排除。

故障 3：动力性差。

（1）故障现象：动力性差，无力。

（2）故障检查：连接诊断软件后，在怠速时采集发动机运行工况数据如图 5-1-9 图所示。

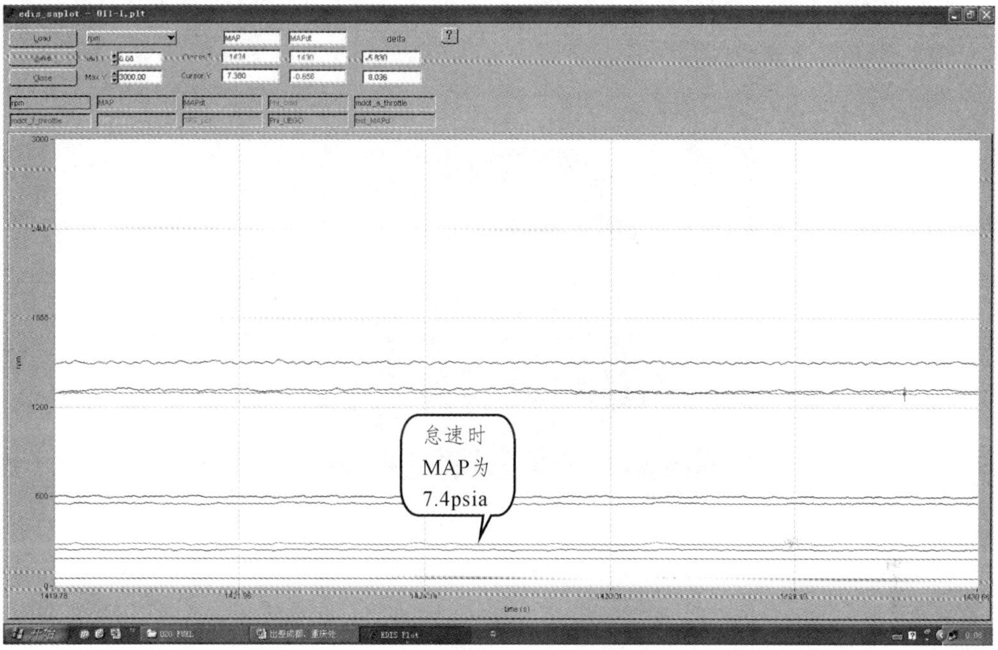

图 5-1-9　诊断软件在怠速时采集发动机运行工况数据图

从采集数据上发现 MAP 过高，判断可能为缺缸或者气门间隙过小引起。通过诊断软件判断气门关闭不严的原理为：怠速时，发动机进入的混合气产生的功仅需要克服发动机摩擦功和附件功即可。当气门关闭不严时，热效率下降，为克服同样的摩擦功和附件功，必须充进更多的混合气。而根据速度密度法，怠速时进入发动机的混合气流量与进气歧管压力（MAP）成正比，正常情况下，发动机怠速时 MAP 为 3.5 ~ 6 psia，如果发动机热车后在怠速时 MAP>6.5 psia，则说明气门关闭不严或者有几缸不点火。

断缸测试发现各缸工作一致，没有失火现象，判断为气门间隙过小，调整后检查动力是否恢复。

（3）故障检查：通过连接诊断软件，测试分析各传感器监测到的数据，内容如下：

① 转速：怠速时波动只有 2 转，原地加速转速能很快到达最高空车转速；

② 水温：诊断显示值与实际值相符（参考仪表显示以及经验值）；

③ 提前角：显示怠速时为 10°，在正常范围内；

④ TIP（节气门前压力）：自由加速时能达到 23 psia（参考正常机型，不同机型有所不同）；

⑤ MAP（进气歧管压力）：怠速时为 4 psia，在正常范围内；

⑥ 电控调压器出口实际压力与目标压力相符；

⑦ WGP 值：怠速为 23.5，急加速过程中能快速降到 0 附近；

⑧ 油门开度与节气门开度测试正常；

⑨ 断缸测试各缸工作一致。

从诊断软件的检查测试部分未能分析出异常点，下一步则进行点火部分的拆检，拆检出来的火花塞如图 5-1-10 所示。

图 5-1-10　拆检出来的火花塞实物

测量发现火花塞电极间隙为 0.8 mm，已超过正常允许范围上限 0.6 mm，且电极贵金属烧蚀严重，根据此检查现象分析为火花塞点火不良导致无力。更换新火花塞后试车动力恢复。

任务二　城市公交车辆底盘常见故障及排除

一、变速器换挡困难

1. 故障现象

变速换挡操作困难，进挡、退挡操作较费力。

2. 故障原因

（1）变速器拨叉变形。同步器工作异常、磨损过度成损坏。

（2）操纵杆变形松旷。
（3）离合器分离不彻底，不能完全切断动力。

3. 故障排除

（1）更换变形的拨叉。
（2）检查同步器定位弹簧、花健毂外齿是否有卡带变形现象，如有，则更换。

二、变速器行驶时脱挡

1. 故障现象

车辆行驶时，起步加速、制动减速、路面颠簸过程中，挡位易自动脱开到空挡。

2. 故障原因

（1）变速器挡位自锁装置失效。
（2）变速器拨叉变形。
（3）齿轮或同步器磨损。
（4）操纵杆件连接松旷。

3. 故障排除

（1）检在更换拨叉轴。
（2）更换变形的拨叉（根据易发生脱挡的挡位来相应检查）。
（3）更换磨损的齿轮或同步器（根据易发生脱挡的挡位来相应检在）。
（4）更换磨损变形的操纵杆件。

三、变速器挂挡有打齿响声

1. 故障现象

离合器工作正常，挂挡时出现明显的齿轮干涉声音。

2. 故障原因

（1）更换相应挡位同步器的同步环。
（2）更换磨损的齿轮。
（3）拨叉变形。

3. 故障排除

（1）更换相应挡位同步器的同步环。
（2）更换磨损的齿轮。

四、变速器异响

1. 故障现象

车辆运行时，变速器内存在异响。

2. 故障原因

（1）变速器内轴承磨损（一、二轴轴承，差速器轴承）。

（2）齿轮磨损（一、二轴传动齿轮，差速器齿轮）。

（3）变速器=轴本体磨损。

（4）变速器内润滑油严重不足，或变速器内进水，或使用劣质润滑油。

（5）变速器内零件固定不良。

3. 故障排除

（1）检查、更换磨损轴承。

（2）检查、更换磨损齿轮。

（3）检在、更换磨损的第二轴。

（4）更换或添加足量专用润滑油（如已经出现磨损则需要更换相应零件）。

（5）重新装配或更换。

五、变速器挡位操作异常

1. 故障现象

变速器挂挡操作无法正常进行，不能准确找到所需挡位。

2. 故障原因

（1）变速器换挡操纵杆件衬套松旷或脱落。

（2）变速杆下端弧形工作面磨损或变速叉轴导块上的槽磨损过大。

（3）变速叉轴互锁机构中的锁销或锁球磨损过大，失去了互锁作用。

（4）在三轴变速器中，当第二轴前端滚针轴承烧结，将使变速器第一、第二轴连成一体，会造成仅有空挡与直接挡，其余挡位不能转动。

3. 故障排除

（1）更换操纵杆件衬套。

（2）更换换挡机构。

（3）更换锁销或锁球。

（4）更换轴承，清洗变速器轴及零件，然后重新进行装配。

六、制动效果不好

1. 故障现象

汽车行驶中，制动时减速变慢，制动距离变长，踏板力度变硬或变软。

2. 故障原因

（1）制动主缸故障。
（2）制动轮缸故障，如油封破损。
（3）制动管路渗漏，管路中有气体。
（4）真空助力器故障。

3. 故障排除

（1）检修主缸，特别是主缸活塞密封状况，必要时需更换。
（2）检修轮缸，更换油封或分泵总成。
（3）检查系统密封性，进行系统排气。
（4）检查或者更换真空助力器。

七、制动跑偏

1. 故障现象

汽车制动时，出现跑偏现象。

2. 故障原因

（1）汽车同一轴上两侧轮胎品牌不同、气压不相等、磨损程度不同，导致轮胎直径差别大或摩擦系数不同。
（2）某一制动器工作不良。
（3）悬架或底部安装连接出现松动。

3. 故障排除

（1）必须使汽车同一轴上两侧轮胎品牌相同、气压相等、磨损程度相同。
（2）检修制动器。
（3）检修连接出现松动的部位。

八、制动时发抖

1. 故障现象

车辆制动时，转向盘与车身抖动。

2. 故障原因

（1）前制动盘磨损不均匀，出现凹槽。

（2）制动蹄片变形，制动蹄片磨损不均（鼓式）。

（3）前制动盘端面跳动量过大。

（4）盘式制动器的摩擦片卡滞。

（5）底部连接部位出现松动。

3. 故障排除

（1）检查前制动盘端面跳动量，更换前制动盘。

（2）更换制动蹄片（鼓式）。

（3）检修盘式制动器，必要时更换。

（4）检修前制动卡钳。

（5）检修出现松动的部位。

九、制动器发热且磨损异常

1. 故障现象

制动器温度过高且摩擦片磨损不均匀。

2. 故障原因

（1）制动蹄片间隙自动调整功能失效。

（2）制动蹄回位弹簧有故障。

（3）驻车制动器调整不当。

（4）制动管油道堵塞。

（5）制动主缸有故障。

3. 故障排除

（1）检修间隙自动调整功能。

（2）检查并维修或者更换回位弹黄。

（3）调整驻车制动器。

（4）清洁制动管道。

（5）检修制动主缸。

任务三　城市公交车辆电器部分常见故障处理

一、制动灯不亮

制动灯对其他的公路使用者非常重要，如果制动灯不亮，将无法及时给后方的驾驶员出示信号，交通事故有时就是这么发生的。因此，应定时检查制动灯。

1. 制动灯不亮的原因

（1）制动灯灯丝烧断，灯泡损坏。

（2）制动灯开关失灵，不能控制制动灯工作。

（3）制动灯搭铁不良。

2. 制动灯不亮的检修方法

（1）首先拆下制动灯灯泡，看灯丝是否烧断。

（2）如灯泡完好，可踩下制动踏板，然后测量制动灯泡电源线接线柱是否有电。如有电，则说明制动灯搭铁不良；如无电，应检查制动灯开关和线路。

（3）短接制动灯开关接线柱，若制动灯亮，说明制动灯开关有故障，应更换；如不亮，则说明线路中有断路，查出断路点加以修复即可。

二、转向灯不闪光

1. 故障现象

接通点火开关，打转向灯开关时，转向灯都不闪光。

2. 故障原因

（1）转向灯熔丝熔断、电源线路断路或灯系中有短路处。

（2）闪光继电器损坏。

（3）转向灯开关损坏。

3. 故障诊断与排除

（1）检查转向灯熔丝是否熔断。

① 若熔断，说明转向灯电路有短路故障。可在断路的熔丝两端串上一只试灯，再把转向信号灯开关的接线拆下，此时试灯点亮，则说明熔丝至转向信号灯开关这段中有搭铁故障，可用断路法在这段线路中找出搭铁部位。

② 若在转向信号灯接线拆下后，试灯熄灭，则应接好拆下的导线拨动转向信号灯开关，拨到哪一边试灯变暗，说明此边正常；拨到另边试灯亮度不变，则说明该侧有搭铁故障，进一步找出搭铁部位，排除故障。

（2）若短接闪光器两接线柱，当接通转向信号灯开关时，转向信号灯全不亮；而接通危险警告灯开关时转向灯全亮，则说明转向开关或转向开关至闪光器的接线有故障。如果接通危险警告开关时转向灯仍不亮，应按电路图重点检查线路故障。

三、电喇叭声音沙哑

1. 故障现象

按下电喇叭开关时，电喇叭声音沙哑、发网或声音刺耳。

2. 故障原因

（1）蓄电池电量不足，电压低。

（2）电喇叭触点烧蚀，接触不良。

（3）衔铁气隙调整不当。

（4）振动膜片破裂、弯曲。

（5）电喇叭固定螺钉松动。

（6）电喇叭调整螺母过紧或松动。

（7）弹簧钢片折断。

3. 故障检查与排除

（1）先检查蓄电池电量是否充足：打开前照灯开关，如果灯光暗淡或者在发动机未起动前电刺叭声音沙哑，但当发动机起动加速到中速以上运转时，电喇叭声音恢复正常，则为蓄电池亏电所致。

（2）若是蓄电池电量充足，供电电压正常，电喇叭声音仍沙哑，那么进而检查电喇叭固定支架螺栓和扬声筒固定螺钉是否松动。若这些疑点都排除，则故障原因在喇叭本身，更换喇叭即可。

四、机油压力警告灯点亮

机油压力正确时才能保证将机油输送到发动机的所有摩擦件表面，过高或过低都会影响发动机正常工作，甚至造成发动机零部件的损伤。所以，当机油压力灯警告点亮时应立即停机查找原因，待排除故障后方可继续工作。

1. 故障原因

以下原因都可能使机油压力警告灯点亮：

（1）机油油量不足，使机油泵的泵油量减少或因进空气而泵不上油，致使机油压力下降。

（2）发动机温度过高，容易使机油变稀，从配合间隙中大量流失而导致油压下降。

（3）当机油泵零部件损坏或因磨损、装配等问题出现间隙过大时，将会造成机油泵不出油或出油不足的故障。

（4）曲轴与大、小瓦之间的配合间隙不当，过紧会使机油压力升高，过松会使机油压力降低。

（5）机油滤清器、吸油盘堵塞同样会使机油压力降低。

（6）回油阀损坏或失灵：若主油道回油阀弹簧疲劳软化或调整不当，阀座与钢珠的配合面磨损或被脏物卡住而关闭不严时，回油量便明显地增加，主油道的油压也随之下降。

（7）机油选用不当：如果用错或牌号选用不当，发动机运转时会因机油黏度太低而加大泄漏量，从而使油压降低。

（8）机油管路中有漏油、堵塞现象。

2. 故障诊断与排除

针对以上可能的原因逐个进行诊断与排除。

课后练习

一、判断题

1. 城市公交车辆在行驶途中常遇到一些偶发性的故障，驾驶员在保证运营安全的前提下可以进行临时处理。（　　）
2. 火花塞电极间隙偏大，有部分积炭对发动机起动没有太大影响。（　　）
3. 混合器皮膜破损，不能形成合理的空燃比。（　　）
4. 正常情况下，热车怠速时的 MAP 值一般为 3.5 ~ 6 psia。（　　）
5. 发动机转速是否平稳可以通过发动机转速是否波动过大判断，一般不超过 ± 30 转。（　　）
6. 出现故障用诊断仪读不出故障码时可以不用处理。（　　）

二、填空题

1. 燃气系统是否失效可通过起动过程观察诊断仪界面中的电控调压器出口_____是否能够到达电控调压器出口_____来判断。
2. 燃烧系统重点检查点火部分，是否失效可通过起动过程外挂火花塞观察是否_____判断。活塞、活塞环、气门故障表现为_____不足，可通过检测_____判断。
3. 在发动机本体（活塞、气门）不考虑的情况下，电控发动机出现无法起动的原因大致可分为_____、_____、_____。
4. 对于电控发动机，正时系统直接控制_____，如果点火提前角不能够精确控制，出现_____或_____的现象，则会影响发动机性能。
5. 城市公交车辆 CNG 发动机常见故障有_____、_____、_____等。
6. 城市公交车辆底盘常见故障有_____、_____、_____、_____、_____、_____等。

三、简答题

1. CNG 发动机无法起动故障分析思路。
2. CNG 发动机功率不足故障分析思路。
3. CNG 发动机发抖故障分析思路。
4. 简述城市公交车辆 CNG 发动常见故障及排除方法。
5. 简述城市公交车辆底盘常见故障及排除方法。
6. 简述城市公交电器部分常见故障及排除方法。

参考文献

[1] 熊莅葵. 汽车电气与电子设备检测仪器[M]. 北京：中国劳动社会保障出版社，2018.

[2] 郑烨珺. 汽车电气设备维修[M]. 北京：机械工业出版社，2013.

[3] 王启瑞. 汽车电气及电子设备[M]. 合肥：安徽科学技术出版社，2000.

[4] 黄孟涛. 汽车电气设备维修[M]. 北京：中国劳动社会保障出版社，2004.

[5] 蒋璐璐. 汽车电气系统检修[M]. 北京：清华大学出版社，2012.

[6] 王盛良. 汽车电气设备构造与检修技术[M]. 2版. 北京：机械工业出版社，2013.

[7] 左伟奇，许泳滨. 汽车电气设备检修[M]. 长沙：湖南大学出版社，2015.

[8] 冀旺年. 汽车车身电气设备系统及附属电气设备[M]. 北京：电子工业出版社，2005.